本书是国家社科基金青年项目"欧盟的新安全战略研究"
（项目批准号：16CGJ024）的研究成果

珞珈政管学术丛书

# 欧盟新安全战略及中国应对

## EU Global Strategy and the Implications to China

周晓明◎著

中国社会科学出版社

**图书在版编目(CIP)数据**

欧盟新安全战略及中国应对 / 周晓明著. -- 北京：
中国社会科学出版社，2025. 2. -- (珞珈政管学术丛书).
-- ISBN 978-7-5227-3219-0

Ⅰ. D814.1

中国国家版本馆 CIP 数据核字第 2025J01Z55 号

---

| | | |
|---|---|---|
| 出 版 人 | 赵剑英 | |
| 责任编辑 | 郭曼曼 | |
| 责任校对 | 韩天炜 | |
| 责任印制 | 李寡寡 | |

---

| | | |
|---|---|---|
| 出　　版 | 中国社会科学出版社 | |
| 社　　址 | 北京鼓楼西大街甲 158 号 | |
| 邮　　编 | 100720 | |
| 网　　址 | http://www.csspw.cn | |
| 发 行 部 | 010-84083685 | |
| 门 市 部 | 010-84029450 | |
| 经　　销 | 新华书店及其他书店 | |

---

| | | |
|---|---|---|
| 印　　刷 | 北京君升印刷有限公司 | |
| 装　　订 | 廊坊市广阳区广增装订厂 | |
| 版　　次 | 2025 年 2 月第 1 版 | |
| 印　　次 | 2025 年 2 月第 1 次印刷 | |

---

| | | |
|---|---|---|
| 开　　本 | 710×1000　1/16 | |
| 印　　张 | 17.75 | |
| 插　　页 | 2 | |
| 字　　数 | 256 千字 | |
| 定　　价 | 95.00 元 | |

---

凡购买中国社会科学出版社图书，如有质量问题请与本社营销中心联系调换
电话：010-84083683

# 《珞珈政管学术丛书》
# 出版说明

　　自 2013 年党的十八届三中全会提出"国家治理体系和治理能力现代化"的重大命题以来，"国家治理"便成为政治学和公共管理的焦点议题。相比于"政府改革""政治发展"和"国家建设"，"国家治理"是一个更具包容性的概念，也是内涵本土政治诉求的概念。改革开放以来尤其是近十年来，中国在此领域的自觉追求、独特道路、运作机理和丰富经验，成为中国政治学和公共管理研究的富矿所在。对此主题展开自主挖掘和知识提纯，是政治学者和公共管理学者义不容辞的责任。

　　武汉大学政治与公共管理学院由政治学和公共管理两个一级学科构成，每个一级学科的二级学科较为完备，研究方向也比较齐全，形成了颇具规模的学科群。两个一级学科均学术积累深厚，研究定位明确，即始终注重对政治学和公共管理基本问题的理论探讨与实践探索。从内涵上讲，不管是政治学，还是公共管理，探讨的问题都属于"国家治理"的范畴，也无外乎理念、结构、制度、体系、运行、能力和绩效等不同层面。在此意义上，持续探索国家治理现代化的理论与经验问题，也就成为学院人才培养、科学研究和学科发展的主旨。

　　对社会科学学者而言，专著相比于论文更能体现其长远的学术贡献。对科学研究和学科建设而言，代表性著作和系列丛书更是支撑性的评价维度。为迎接武汉大学 130 周年校庆，更为了集中呈现学院教师十余年来学术研究的最新进展，激励老师们潜心治学、打磨精品，同时也为了促进学院的学科建设，推出有代表性的学者和作品，学院经讨论后决定启动《珞珈政管学术丛书》出版计划，并与长期以来与学院多有合作的中国社会科学出版社再续前缘。经教师个人申报，学院教授委员会把关，2023 年共有十份书稿纳入此套丛书。

这套丛书的内容，大体涉及政治学、国际关系和公共管理三大板块。既有国内治理，也有国际关系；既有经验挖掘，也有理论提炼；既有量化研究，也有质性研究；既有个案呈现，也有多案例比较。但大都围绕国家治理现代化的重大现实议题展开，因此初步形成了一个涵盖问题较为丰富的成果集群。需要说明的是，这次的丛书出版只是一个开端。《珞珈政管学术丛书》是一套持续展开的丛书，今后学院教师的学术书稿在经过遴选后，仍可纳入其中出版。相信经过多年的积累，将会蔚为大观，以贡献于政治学界和公共管理学界。

学者靠作品说话，作品靠质量说话。这套丛书的学术水准如何，还有待学界同行和广大读者的评鉴。而从学术角度所提的任何批评和建议，都是我们所欢迎的。

武汉大学政治与公共管理学院院长

刘伟

2023 年 8 月 24 日

# 序　言

　　有这样一块土地，在这里，曾经发生过推动主权国家体系、近代国际关系和国际法体系建立的三十年战争；在这里，曾经发生过人类历史上两次最大规模的世界战争；在这里，先后诞生了现代区域一体化机制。这里就是欧洲。由 27 个成员国组成的欧洲联盟，有独特的法律体系和治理结构，在经济与社会发展、外交与安全、警察与刑事司法合作方面不断统一，在世界经济、政治、安全、科技、教育、文化、社会、环境保护、人权等诸多方面发挥着日益重要的作用，在国际舞台中扮演着重要角色。①

　　作为国际社会的一支重要力量，欧盟早在冷战结束后就积极构建其安全战略。2003 年，欧盟出台首份安全战略《更美好世界中一个安全的欧洲——欧洲安全战略》（*A Secure Europe in A Better World——European Security Strategy*，ESS 2003），该战略的目的是保障欧盟自身安全并使欧盟在国际舞台发挥作用以共同应对恐怖主义、有组织犯罪等全球性挑战。2008 年，为了研判《欧洲安全战略》的执行情况和效果，欧盟又出台了《欧洲安全战略执行报告》（*Report on the Implementation of the European Security Strategy*，ESS Report 2008）。然而，经过八年多的发展，欧盟面临的内外部环境发生了新的变化，欧盟自身的机制性和结构性缺陷使其很

---

　　①　曾令良：《欧洲联盟法总论——以〈欧洲宪法条约〉为新视角》，武汉大学出版社 2007 年版，第 1 页。

难应对一个联系日益紧密、对抗日趋激烈、局势日趋复杂的世界。在这样的背景下，欧盟于 2016 年 6 月出台了《统一的目标、共同的行动：为了更强大的欧洲——欧盟共同外交与安全政策的全面战略》（*Shared Vision，Common Action：A Stronger Europe—A Global Strategy for the European Union's Foreign And Security Policy*，以下简称 EUGS）。[①] 该战略是继 2003 年《欧洲安全战略》和 2008 年《欧洲安全战略执行报告》后，欧盟外交与安全政策领域出台的一份新的战略报告，因此也被称为欧盟新安全战略。

欧盟新安全战略以建立强大的欧洲为目标，以有原则的实用主义为指导思想，确定了欧盟对外行动的四项原则和五项优先事务，为欧盟在外交与安全领域的政策和行动提供了重要指导。与 2003 年的旧安全战略相比，欧盟新安全战略具有全面性、务实性、原则性和自主性四个突出特点。全面性体现为欧盟在地域范围、议题设置和应对策略上的广度和深度；务实性体现了欧盟在指导思想、原则和具体政策上的实用主义导向；原则性表明欧盟仍然没有放弃其价值观外交的基本目标，只是转变了其向外推广欧盟价值观的途径和方式而已；自主性表明欧盟意在安全、防务乃至经济、政治、贸易等诸多领域提高自身在决策和行动上的主动性，寻求独立于美国而建立自身独立的外交与安全政策行动目标和行动能力。[②] 自新安全战略出台以来，欧盟致力于保障自身的安全、加强周边地区的复原力建设、运用综合方法解决冲突和危机、构建合作型区域秩序并积极参与全球治理。

欧盟新安全战略中的很多内容都直接或间接对中国以及未来的中欧关系走向产生影响。虽然新安全战略对中欧关系的定位仍然是全面战略伙伴关系（Comprehensive Strategic Partnership），但欧盟在不同的政策

---

① European External Action Service, "Shared Vision, Common Action: A Stronger Europe, A Global Strategy for the European Union's Foreign And Security Policy", June 2016, https://eeas. europa. eu/archives/docs/top_ stories/pdf/eugs_ review_ web. pdf, p. 2.

② 金玲：《"主权欧洲"：欧盟向"硬实力"的转型?》，《国际问题研究》2020 年第 1 期。

领域对中国有不同的定位：在与欧盟目标一致的领域，如气候变化、全球治理等领域，欧盟认为中国是欧盟的合作伙伴（cooperation partner）；在寻求利益平衡的领域，如贸易领域，欧盟认为中国是欧盟的谈判伙伴（negotiating partner）；在高科技领域，欧盟认为中国是欧盟在追求技术领先地位上的经济竞争对手（economic competitor）；在制度和治理领域，欧盟认为中国是提倡另一套治理模式的系统性竞争对手（systemic rival）。欧盟针对不同的政策领域，对中国采取灵活务实的做法。① 欧盟新安全战略下的中欧关系，虽然在气候变化、经贸投资和全球治理等领域会有深入的合作，但也会在高科技、网络空间、人权等领域存在分歧和竞争。未来的中欧关系将会在合作与竞争并存的状态下发展。此外，值得关注的是，拜登当选美国总统以来，对内大力推进宏观经济政策调整，促进基础设施和高科技投资；对外拉拢盟友，利用 G20 等多边平台制约中国。拜登的一系列举措也将对欧美关系和中欧关系产生影响。因此，我们理解新安全战略下的中欧关系，不能仅仅看新安全战略文件本身，不能仅仅看中欧关系本身，应该从更广泛的地域范围、更宏观的议题范围和更多层次的双边和多边关系的视角来理解中欧关系，中国也要制定针对欧盟新安全战略的全面战略（Global Strategy），阐明中国的核心利益，确定中国对外行动的目标和任务，抓住合作的机遇，有效应对分歧，推动中欧关系在求同存异中发展并与欧盟携手促进全球治理体系更加优化。

---

① The European Commission，"Joint Report to the European Parliament and The Council：EU-China A Strategic Outlook"，December 2019，https：//eur-lex. europa. eu/legal-content/EN/TXT/PDF/? uri＝CELEX：52019JC0005，pp. 2-12.

# 目　录

# 第 一 章

## 《里斯本条约》前的欧盟共同
## 外交与安全政策及欧盟旧安全战略

欧盟作为区域性组织发展的典范，涉及成员国在经济、政治、安全、外交等诸多领域的一体化。欧盟的共同外交与安全政策（Common Foreign and Security Policy，CFSP）作为欧盟一体化的重要内容，对欧盟能否在国际舞台上发挥作用至关重要。然而由于共同外交与安全的各种政策和战略本身内容庞杂，受国际形势影响很大，加之欧盟条约修订频繁，每次修订，共同外交与安全政策规范也都做了不同程度的调整，为后续的执行造成很大的难度。

## 第一节　《里斯本条约》前的欧盟
## 共同外交与安全政策

欧洲经济共同体 1991 年首脑会议通过了《欧洲联盟条约》，亦称《马斯特里赫特条约》。[①] 该条约成立欧洲联盟，并将共同体事务、共同

---

① 该条约由《欧洲经济与货币联盟条约》和《政治联盟条约》组成，由于此次会议在马斯特里赫特举行，故亦称《马斯特里赫特条约》。

外交与安全政策和司法与内务政策确定为欧盟的三大支柱，标志着欧洲的政治一体化进程得到了欧盟基础条约的保障。1993 年，该条约正式生效。下文简要回顾欧盟共同外交与安全政策自《马斯特里赫特条约》以来至当前有效的《里斯本条约》生效前的演进历史。

**一 《里斯本条约》前历次条约中的欧盟共同外交与安全政策**

（一）《马斯特里赫特条约》下的欧盟共同外交与安全政策

《马斯特里赫特条约》下的欧盟共同外交与安全政策主要包括如下三个方面：一是将共同安全与防务政策（Common Security and Defence Policy, CSDP）并入共同外交与安全政策中去，并明确欧盟共同外交与安全政策的目标、决策程序和执行手段；二是明确西欧联盟（Western European Union）是欧盟的重要组成部分，其职能是执行欧盟在共同安全与防务领域的决策；三是将欧盟共同外交与安全政策的预算并入欧盟预算中去，从而确保了欧盟外交与安全行动的行政开支。[①]

从法律效力上看，《马斯特里赫特条约》对欧盟共同外交与安全政策最大的贡献在于增强了该政策的法律强制力。[②] 首先从措辞上看，《马斯特里赫特条约》采用了"应该确保""应该负责""应该制定并执行"等命令性法律术语，与《欧洲统一法案》中的"软法"性质形成鲜明对比。其次，条约明确欧盟共同外交与安全政策的制定和执行，不再仅依赖于成员国，而是由欧洲理事会基于全体一致原则来制定，[③] 并由欧盟理事会在欧洲理事会所确定的一般原则的基础上执行。

（二）《阿姆斯特丹条约》下的欧盟共同外交与安全政策

1997 年，欧盟成员国签署了《阿姆斯特丹条约》，该条约取代《马斯特里赫特条约》成为欧盟的基础条约。条约在共同外交与安全政策

---

①　具体说来，行政费用被列入共同体的预算，但是有关共同外交与安全政策行动上的支出，需要在欧盟理事会全体一致通过由共同体预算支出的情况下，才列入共同体预算，否则，这部分经费由成员国分担。See Article J. 11, Treaty on European Union（Maastricht）.

②　See Article J. , J. 1, J. 2, J. 3 and J. 4, Treaty on European Union（Maastricht）.

③　Article D. and J. 8, Treaty on European Union（Maastricht）.

领域较之前的《马斯特里赫特条约》有较大幅度调整与补充，具体体现在：从法律基础看，条约明确法治原则是欧盟共同外交与安全政策的基础，对各成员国和欧盟机构都有拘束力；① 从决策程序看，增设特定多数表决程序，少数成员国弃权不妨碍共同外交与安全政策决议的通过；从执行机制看，提高欧盟的权能范围，设立共同外交与安全政策高级代表职位，由欧盟负责共同外交与安全政策的执行和贯彻。

（三）《尼斯条约》下的欧盟共同外交与安全政策

《尼斯条约》对共同外交与安全政策做了更为实质的完善，是政治一体化过程中的又一个里程碑。具体体现在：在决策程序上，强化特定多数表决的适用范围；在执行机制上，组建欧盟军队和警察部队，设立欧洲防务局和常设军事机构；在权能上，默示承认欧盟在共同外交与安全政策领域的国际法主体地位，规定欧盟在该领域缔结的条约对欧盟机构具有拘束力。②

此后，欧盟2001年首脑会议一致通过《拉肯宣言》，进一步展现了欧盟深入推进一体化并在全球化的世界中发挥新作用的野心和乐观情绪。③

## 二 《里斯本条约》前欧盟共同外交与安全政策评析

从1991年《马斯特里赫特条约》到2001年的《尼斯条约》，欧盟共同外交与安全政策的法律地位不断增强，相关机制也不断完善。欧盟在外交与安全领域拥有了独立于成员国的目标、宗旨、规则、程序和机构。然而，欧盟共同外交与安全政策的执行效果却不佳，无法应对国际形势的变化，也无法对外以"统一的声音"说话和行动。究其原因，欧盟共同外交与安全政策在决策程序、执行机制、经费预算等方面面临来自欧盟层面和成员国层面的诸多障碍。

①　Article 6（1），Treaty on European Union（Amsterdam）.

②　Article 24，Treaty on European Union（Nice）.

③　Joris Larik，"The EU's Global Strategy in the Age of Brexit and 'America First'"，December 2017，https：//ghum.kuleuven.be/ggs/publications/working_papers/2017/193larik，p.20.

**（一）欧盟层面的障碍**

来自欧盟层面的障碍主要体现在决策机制、运作机制和经费预算等方面。

从决策机制来看，虽然有效多数表决制在《阿姆斯特丹条约》中扩大适用于该领域，但欧盟共同外交与安全政策在关键问题上的决策程序仍然具有很强的"政府间性质"的全体一致同意（concensus）程序，① 成员国在该领域仍然具有很大的决定权和选择权。②

从运作机制来看，共同外交与安全政策的运作机制庞大且复杂，涉及欧盟层面的机构，还涉及成员国的政治、外交、军事等部门；涉及欧洲理事会、欧盟理事会、欧洲议会等欧盟核心机构，还涉及政治与安全委员会、欧盟军事委员会等欧盟共同外交与安全政策特有的机构。多个机构相互交叉、权责不明，极易造成决策时议而不决、协调时效率低下、行动效果迟缓滞后等问题，使得欧盟在"能力与期望差距"上的问题凸显。

在经费预算与执行方面，欧盟军事行动的预算经费十分有限，一体化程度和超国家性很强的欧盟，在安全与防务上的行动经费仍很大程度上取决于成员国支持的程度，从而极大地制约了欧盟防务一体化的深入发展。

**（二）成员国层面的障碍**

来自成员国层面的障碍主要体现在三个方面：一是主权情结问题。共同外交和安全政策将欧洲一体化扩展到了具有"高级政治"属性的政治外交领域，触及成员国最为核心与敏感的神经，成员国极不情愿在这些领域让渡主权。欧盟在这一领域一体化的程度实质上取决于成员国让渡主权的多少和合作意愿的大小。二是成员国之间存在利益分歧。在共同外交和安全政策领域，成员国的利益存在很大分歧。如英国，因其

---

① Joris Larik, "The EU's Global Strategy in the Age of Brexit and 'America First'", December 2017, https: //ghum. kuleuven. be/ggs/publications/working_ papers/2017/193larik, p. 18.

② Article J. 8 (2), J. 8 (3), J. 9, Treaty on European Union (Maastricht).

未加入欧元区，防务问题是其在欧洲舞台充分发挥作用的突破口，但为保持英美特殊关系，尽可能维护自己独立的政治和军事空间，英国力主将共同外交和安全政策限制在政府间合作的范围内。法国也出于主权考虑和维护其欧洲大国地位的需要，并不赞成赋予共同外交和安全政策更多的超国家性。成员国的利益分歧成为共同外交和安全政策发展的障碍。三是成员国间缺少共同的战略文化。成员国对防务和安全、武力的效用、战争的作用以及和平的内涵各有各的理解，导致欧盟层面无法形成统一的安全战略并采取一致的行动。欧盟成员国在伊拉克战争问题上的分裂就是典型的例子。

总之，在《里斯本条约》之前的欧盟历次条约中，在共同外交与安全政策领域，欧盟自身经历了从松散的成员国间的合作到一个具有默示主体资格的国际组织的转变。虽然欧盟的共同体支柱具有超国家性，但共同外交与安全政策仍是国际条约法指导下的具有"政府间主义"性质的国家合意（consensus）。欧盟自身在这一领域没有立法权，欧盟法院对共同外交与安全政策的管辖权也十分有限，欧盟的强制力从本质上来说仍是国际法层面的强制力。欧盟的成员国，特别是一些历史悠久、领土面积较大、在国际舞台上曾经发挥过重要作用的成员国，往往不愿意失去其国家主权、国家特性和在国际舞台上的独立影响力。此外，欧盟共同外交与安全政策的目标过于宽泛且缺乏可操作性，历次条约也没有对欧盟在共同外交与安全政策领域的权能做出明确界定。

基于上述种种原因，欧盟外交与安全政策的发展存在诸多阻力和障碍。随着欧盟的改革和发展不断深入、欧盟在世界经济舞台上作用的增强和国际社会对多极国际秩序的呼声的增强，特别是科索沃战争、"9·11"事件等一系列国际情势的变迁，欧盟成员国之间长期的政治合作的传统及欧盟共同外交与安全政策的弊端越来越明显，欧盟不断被诟病为"经济巨人、政治侏儒"。欧盟亟待制定统一的外交与安全战略，明确对外政策的目标和具体任务，以统一的立场开展对外行动。

# 第二节　欧盟旧安全战略概述

冷战后，欧盟共同外交与安全政策虽然在机构框架、制度建设、政策实施等领域取得了实质性进展，但仍然面临诸多障碍，涉及共同安全与防务政策目标、任务、性质与运作机制，军费预算投入，军事研发能力与科技水平，北约和美国等诸多因素。这其中既有机制上不够完善的地方，也有凝聚力不强的原因。由于欧盟一直没有一个统一的安全战略制定统一的宗旨和行动，导致欧盟共同外交与安全政策的执行效果不佳。

## 一　欧盟旧安全战略出台的背景

随着一体化特别是经济一体化程度的不断加深，冷战后的欧盟迎来了一个朝气蓬勃的发展机遇期，正如旧安全战略开篇自信而乐观地写道："欧洲正处于前所未有的富裕、安全与自由之中，20 世纪前半叶的暴力已经被欧洲历史上前所未有的和平与稳定所替代。"[①]

而事实上，冷战后的世界并非如大多数学者所预测的那样安宁、平静。以伊拉克战争、海湾战争、阿富汗战争、利比亚战争等为代表的传统安全问题和以恐怖主义、金融危机、气候问题、网络安全问题等为代表的非传统安全问题频现。全球化在促进经济发展的同时，由其带来的生态恶化、资源短缺、恐怖主义、武装冲突、贫困与饥饿、跨国犯罪、毒品泛滥、金融危机、气候问题、网络安全等问题也影响着各个地区国家的稳定与发展。安全治理已不再是一种单纯的国际政治理论，而是一个紧迫的实践问题。[②]

---

① European Council, "Enropean Security Strategy: A Secure Europe in a Better World", December 2003, https://www.consilium.europa.eu/media/30823/qc7809568enc.pdf, p. 27.

② 俞可平：《全球治理引论》，《马克思主义与现实》2002 年第 1 期。

相应地，在欧盟经济繁荣、社会进步的背后，欧洲面临的安全环境与国际形势已悄然发生变化，传统的主权国家或国家联盟发起大规模战争的威胁减少，取而代之的是大规模杀伤性武器扩散、恐怖主义愈演愈烈、失败国家和有组织犯罪增多、地区冲突频发，这些威胁时刻考验着欧盟能否在政治上崛起，也考验着欧盟共同外交与安全政策的执行效果。

1999年，科索沃战争的爆发将欧盟共同外交与安全政策缺乏统一战略的弱点暴露无遗，欧盟内部最大的军事资源提供者——英国和法国因此产生了深深的怀疑与困惑，表达了未来欧洲应该在统一的旗帜下谋求共同行动的立场。当大多数欧盟成员国在科索沃与美国"并肩战斗"的时候，欧盟内部已开始启动共同安全与防务政策的关键步伐。"9·11"事件发生后，美国政府发布国家安全战略，强调"美国正在与全球恐怖分子作战"，华盛顿有可能"在必要时单独采取行动先发制人"。2001年9月21日，欧洲理事会特别会议呼吁与那些发生恐怖主义的国家和地区进行深度政治对话，强调将所有国家融入一个安全、繁荣、发展和开放的世界体系中。

2003年的伊拉克战争，在欧洲内部造成了明显分歧，多数成员国普遍认为以军事途径解决恐怖主义威胁并不是首选方式。伊拉克危机留给欧盟的教训是：当欧盟分裂时，其影响力势必被弱化。各成员国纷纷探索让欧盟重新团结起来的方法。在这样的背景下，在成立整整十年后，欧盟于2003年出台第一份安全战略文件——《更美好世界中一个安全的欧洲——欧洲安全战略》（*A Secure Europe in A Better World—European Security Strategy*，简称 ESS 2003）。许多学者认为2003年安全战略文件中罗列的安全威胁与美国类似，这其实是对美国安全战略的一种回应，是欧盟与美国合作应对安全挑战的体现。但也有分析家认为，虽然欧盟与美国在威胁的认识上大体一致，但二者应对威胁的方法大相径庭，这说明欧洲与美国在安全战略上存在分歧，欧洲试图自主探索应对安全威胁的模式。

## 二　欧盟旧安全战略的主要内容

在一个前所未有的全球相互依存和互联互通的时代，没有一个积极主动的多边议程，任何国家或区域实体都无法在国际决策中发挥主导作用。2003 年的欧盟旧安全战略为欧盟具备这样一个多边议程迈出了试探性的一步。

该战略由三个部分组成：欧盟所处的安全环境、欧盟对外行动的战略目标和欧盟政策的具体要求。旧安全战略开篇即乐观地指出"欧洲从未如此繁荣、安全和自由……随着法治和民主的逐步普及，独裁政权转变为安全、稳定和充满活力的民主国家"①。在乐观自信的基调基础上，欧盟分析其所处的安全威胁主要来自更多样、更隐秘也更不可预测的外部威胁，如恐怖主义、大规模杀伤性武器扩散、地区冲突、失败国家和有组织犯罪。②为应对上述威胁，欧盟旧安全战略明确欧盟对外行动的三个目标：一是实现欧盟周边安全，在欧洲东部和地中海建立一个管理完善的国家圈。安全是发展的前提，不良治理通常是周边国家失衡的原因，要通过建立国家系统、维持国家机构的稳定等行为促进欧盟周边国家的善治。二是通过推进民主、人权、善治等应对失败国家以及有组织犯罪等威胁；推行人权、民主和善治等价值观是欧盟外交政策和欧盟旧安全战略的核心要素。③三是建立以有效多边主义为基础的国际秩序，发展更强大的国际社会及运作良好的国际机构，其中包括加强联合国等国际机制在国际事务中的作用，推进建立由善治的民主国家所建构的国际社会。为实现这三大目标，欧盟旧安全战略指出欧盟对外行动的

---

① European Council, "Enropean Security Strategy: A Secure Europe in a Better World", December 2003, https://www.consilium.europa.eu/media/30823/qc7809568enc.pdf, p. 27.

② European Council, "Enropean Security Strategy: A Secure Europe in a Better World", December 2003, https://www.consilium.europa.eu/media/30823/qc7809568enc.pdf, pp. 30-32.

③ Joris Larik, "The EU's Global Strategy in the Age of Brexit and 'America First'", December 2017, https://ghum.kuleuven.be/ggs/publications/working_papers/2017/193larik, p. 20.

具体要求是更积极、更有效、更协调、加强伙伴关系并携手同行。[①]

### 三　欧盟旧安全战略的效果评析

2003 年的欧盟旧安全战略是基于当时的地缘政治环境而出台的战略文件。在"9·11"事件及此后的阿富汗战争、伊拉克战争的背景下，该战略为欧盟共同外交与安全政策建设提供了整体框架，在一定程度上促进了欧盟安全与防务能力的提升。该战略对安全威胁的界定内容反映了欧洲对安全以及威胁的概念已经突破了传统安全范畴，应对安全问题的机制与方法也不同于以军事为基础手段的传统机制。欧盟旧安全战略整体上体现了一种宏观的、运用综合手段处理安全问题的倾向。

但是，随着国际形势的不断变化，欧盟内部呼吁进行战略审查的声音越来越响亮。很多人认为 2003 年欧盟安全战略理想主义色彩浓厚，报告通篇洋溢着欧盟主观上的乐观与优越感，使得"欧盟的安全战略更像是一个概念"，[②] 它只是明确了欧盟应该先做什么，却没有明确行动目标和优先事项，无法对欧盟成员国的对外行动起到真正的指导作用，也没有发挥其应有的功效。此外，欧盟长期以来被称为规范性力量，价值观外交是 2003 年欧盟旧安全战略的一大特点。欧盟强调价值观多于国家利益，更多地认为国家利益是民族国家的腐朽观念，所以并没有在外交政策上界定出明确的利益，这也成为后续执行过程中的薄弱环节。此外，战略文件虽明确规定了欧盟应如何在国际舞台上采取行动，但没有具体说明欧盟应集中在哪些政策领域采取行动，这使得其多边议程过于笼统，缺乏优先事项。[③]

此后，为了证明该战略的执行效果，欧盟于 2008 年发表该战略的

---

① European Council, "Enropean Security Strategy: A Secure Europe in a Better World", December 2003, https://www.consilium.europa.eu/media/30823/qc7809568enc.pdf, pp. 39-41.

② 朱淦银：《欧盟安全战略发展研究》，军事谊文出版社 2009 年版，第 132 页。

③ Balazs Ujvari, ed., "The EU Global Strategy: Going beyond Effective Multilateralism?", June 2016, https://core.ac.uk/download/pdf/76830807.pdf, p. 9.

执行报告。2008 年的执行报告是在欧盟旧安全战略总体框架下，根据五年来的实施情况进行检验，进而提出改进措施。① 因此，2008 年的执行报告只是对 2003 年欧洲安全战略的"小修小补"，没有解决根本问题。

---

① European Council, "Report on the Implementation of the Enropean Security Strategy", December 2003, https://www.consilium.europa.eu/media/30823/qc7809568enc.pdf, pp. 12–25.

# 第 二 章

# 欧盟新安全战略的历史背景

受 2008 年国际金融危机的影响，西方国家一定程度上走向衰落。欧盟面临着传统安全关切上升和非传统安全威胁倍增的局面，处于"内忧外患"的境地：内有恐怖主义袭击事件频发、难民危机的冲击、英国脱欧带来的欧盟分裂和疑欧力量的上升等危机；外部处于动荡之环的包围之中，"东线"俄罗斯带来巨大的潜在军事压力引发欧盟对传统安全的关切，"南线"叙利亚长期内战、利比亚内部各个派别的冲突，"伊斯兰国"的异军突起及其所造成的地区安全威胁和恐怖主义泛滥。旧安全战略已然无法应对债务危机、难民危机、恐怖主义、英国脱欧以及民粹主义泛起等多重危机叠加的负面影响。《里斯本条约》虽然对欧盟共同外交与安全政策做了大幅改革，但在面对这些挑战时仍力不从心，没能有效解决欧盟成员国之间、成员国与欧盟机构之间以及欧盟机构相互之间在处理上述一系列危机中的矛盾与冲突，暴露出机制性缺陷。[①] 此外，以中国、印度等为代表的新兴国家崛起，国际影响力随之提高，[②] 参与全球治理和塑造国际规则的意愿和能力

① European External Action Service, "The European Union in a Changing Global Government", March 2016, https：//eeas. europa. eu/archives/docs/docs/strategic_ review/eu-strategic-review_ executive_ summary_ en. pdf.

② Antonio Missiroli, "Toward EU Global Strategy：Background, Process, References", European Union Institute for Security Studies, 2015, p. 136.

逐步增强。① 欧美国家如何调整其应对安全威胁的政策以适应国际新形势，新兴国家如何参与全球安全治理，以及欧美与新兴国家如何携手合作，共同应对多样化的安全威胁成为欧盟面对的重要且迫切的议题。②

在上述内外因素综合作用下，欧盟于 2015 年开始酝酿新的安全战略。其目标有两个：一是进行安全战略反思，广泛而密集搜集成员国关于欧盟安全威胁和应对策略的意见，并力求在成员国内部达成最大程度的一致，增强成员国对欧盟一体化和发展前景的信心。二是在战略反思后探索对外行动的目标以在重要领域实现共同行动。③ 经过一年的讨论并向各成员国、欧盟机构和民间社会广泛征求意见后，④ 欧盟于 2016 年 6 月 28 日发布了《共同愿景、共同行动：走向更强大的欧洲——欧盟共同外交与安全政策的新安全战略》，该战略为欧盟应对内外安全威胁提出了新的应对之策，标志着欧盟在外交与安全和扩展全球影响力上迈出了重要一步。

# 第一节　不断变化的外部环境

正如帕斯特在《世纪之旅：七大国百年外交风云》的前言中所描述的，"全球化似乎正在压缩世界使其日益趋同，但与此同时，世界又

---

① Robert Kappel, "The Challenge to Europe: Regional Powers and the Shifting of the Global Order", *Intereconomics*, Vol. 46, 2011, https://www.intereconomics.eu/contents/year/2011/number/5/article/the-challenge-to-europe-regional-powers-and-the-shifting-of-the-global-order.html.

② Attila Ágh, "The Renewal of the EU Democracy: From Multilevel Governance to Global Governance", *Journal of Comparative Politics*, Vol. 3, No. 1, 2010, p. 4.

③ Michael Smith, "Implementing the Global Strategy Where It Matters Most: The EU's Credibility Deficit and the European Neighbourhood", *Contemporary Security Policy*, Vol. 37, No. 3, 2016, p. 15; Sven Biscop, "All or Nothing? The EU Global Strategy and Defence Policy after the Brexit", *Contemporary Security Policy*, Vol. 37, No. 3, 2016, p. 27.

④ Nathalie Tocci, "The Making of the EU Global Strategy", *Contemporary Security Policy*, Vol. 37, No. 3, 2016, pp. 461-472.

好像走向四分五裂"①。冷战后，随着全球化的不断加深，欧盟所处的外部环境也不断发展变化。2016年欧盟发布的新安全战略将欧盟所处的外部环境归纳为三个特点：世界的联系日趋紧密、各种力量的对抗日趋激烈、国际局势日趋复杂。这三个特点相互交织，在全球层面和区域层面都有鲜明体现。

**一 世界的联系日趋紧密**

从宏观的国际大背景来看，第三次科技革命后现代交通方式的飞速发展、互联网和其他电子媒介的出现以及网络技术的全面运用，打破了传统的时空观念，使当今时代的人们与外界乃至整个世界的联系更加紧密。加拿大传播学家麦克卢汉1964年在《理解媒介：人的延伸》一书中首次提出"地球村"（Global Village）概念，即信息时代人与人之间的时空距离骤然缩短，整个世界会紧缩成一个"村落"，此外他还预言未来人们的交往方式会"重新村落化"，即一种以个人对个人的交往方式集合成"反都市化"的原子型社会。麦克卢汉在20世纪预言的"地球村"不仅在21世纪成为现实，而且还促进了世界经济一体化进程。总的来说，"世界的联系日趋紧密"表现为物理空间的流动性增强、信息空间的连通性增多和经济市场的开放性加大。

**（一）物理空间的流动性增强**

物理空间的流动性增强首先表现为国际旅游业的蓬勃发展。新安全战略出台的2016年，据世界旅游组织（UNWTO）发布的2015年年度报告（UNWTO Annual Report 2015），2015年国际旅游人次上升4.4%，达到11.84亿人次。全球前往境外旅游目的地的过夜游客比2014年增长了5000万人次。这是国际旅游人次自2010年以来，连续第6年以4%以上的速度增长。以区域视角来看，由于当时欧元对美元和其他主要货币贬值，前往欧洲的国际游客以超过6亿人次居首位，比2014年

---

① ［美］罗伯特·A. 帕斯特：《世纪之旅：七大国百年外交风云》，胡利来、杨韵琴译，上海人民出版社2001年版，第28页。

增加了 2900 万人次；前往亚太地区的游客近 2.77 亿人次，比 2014 年增加 1300 万人次；而前往美洲地区的游客也近 2 亿人次。① 从图 2-1中也可以清晰看到 2015 年前 20 年国际旅游人次在总体上始终保持增长趋势，自 2009 年起至 2015 年连续每年都保持高速增幅。

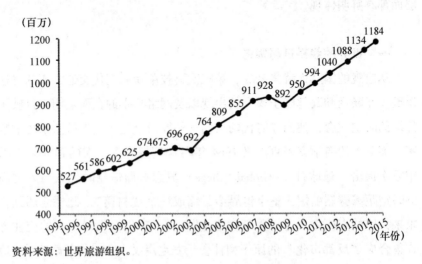

（百万）

资料来源：世界旅游组织。

**图 2-1　1995—2015 年国际旅游人次数**

其次是全球移民的发展。根据国际移民组织（IMO）《2018 年全球移民指标报告》②（*Global Migration Indicators 2018*）以及联合国经济和社会事务部（UNDESA）官网公布的数据，③ 国际移民总人数一直保持增长趋势（见图 2-2）。从 2000 年的 1.74 亿人，2005 年的 1.92 亿人，2010 年的 2.21 亿人，最后到 2015 年的 2.49 亿人。此外，自 2005 年起国际移民人数增幅开始上涨，国际移民人数占世界总人口的比重也在逐

① World Tourism Organization, UNWTO Annual Report 2015, October 2016, https：//www. e-unwto. org/doi/epdf/10. 18111/9789284418039.

② International Organization for Migration, "Global Migration Indicators 2018", https：//publications. iom. int/system/files/pdf/global_ migration_ indicators_ 2018. pdf.

③ United Nations, Department of Economic and Social Affairs, Population Division, "International Migrant Stock 2019", United Nations database, POP/DB/MIG/Stock/Rev. 2019.

年增加。从 2000 年的 2.8%，2005 年的 2.9%，2010 年的 3.2%，到 2015 年的 3.4%。从地理覆盖范围来看，国际移民的覆盖范围遍布全世界，2005—2015 年这 10 年间西欧、澳大利亚、沙特阿拉伯的移民人数不断增多。有学者基于国际移民人数随时间变化的情况，推测全球每五年约有 3500 万—4000 万人移民。

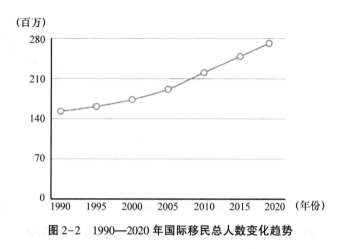

（百万）

图 2-2　1990—2020 年国际移民总人数变化趋势

最后是难民问题的出现。联合国经济和社会事务部（Department of Economic and Soical Affairs，UNDESA）统计了每五年的难民人数（包括寻求庇护者）。2000 年为 1650 万人，2005 年为 1376 万人，2010 年为 1588 万人，2015 年为 2465 万人。而联合国难民事务高级专员公署（Refugee Agency，UNHCR）的统计数据则更为清晰明了，相较于 2003—2012 年之间较为平稳的波动，2012 年起难民人数开始进入一种"陡坡式增长"态势。

（二）信息空间的连通性增多

根据国际电信联盟（ITU）发布的数据（见图 2-3）①，网络使用人数占总人口比重自 2000 年起一直快速增长，2000 年占 6.5%，2005 年

---

① International Telecommunication Union，World Telecommunication/ICT Development Report and database，last accessed on December 24，2020.

占15.6%，2010年占28.7%，而2015年和2016年分别占到了41.5%和44.5%，已经接近世界人口的半数。世界银行整合英国Netcraft公司的调研数据后，在其官网数据库中也可以看到互联网技术与应用的迅猛增长（见图2-4），即安全互联网服务器的使用从2010年的1.87亿人到2015年的5.74亿人，2016年甚至达到了12.68亿人。①

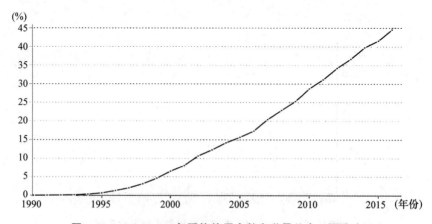

图2-3　1990—2016年网络使用人数占世界总人口百分比

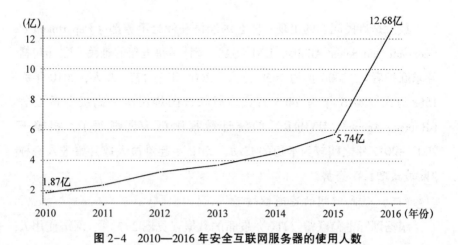

图2-4　2010—2016年安全互联网服务器的使用人数

---

①　World Bank，https：//data. worldbank. org. cn/indicator/IT. NET. SECR. P6？end＝2016 & start＝2010 & view＝chart & year＝2015.

（三）经济市场的开放性加大

通过观察世界银行数据库中关于 2000—2015 年世界商品与服务的出口和进口占 GDP 的比重①（见图 2-5、图 2-6）可以发现世界范围内的进口与出口的变化趋势是近似的；其次，2000—2015 年，尽管略有波折但在总体上世界范围内的进出口比重呈现出一种缓慢上升的趋势，2015 年的出口和进口比重较十几年前均提高了约 5%，也就是说到 2015 年世界范围内的进出口总比重占 GDP 的 57.8%；最后，即使是受 2008 年国际金融危机的影响，当年的进出口比重有明显下降，但其实际比重仍高于 2000—2003 年的最低点。可见，商品市场在世界范围内在日益开放。

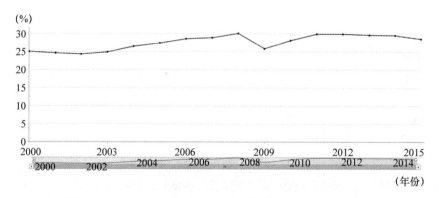

图 2-5　2000—2015 年世界商品与服务的出口占 GDP 的比重

相较于商品市场中的进出口与 GDP 占比的些许浮动，金融市场的外国直接投资金额②则呈现出更为明显的变化（见图 2-7），与商品市场呈现的特点相似，一方面外国直接投资的金额在整体上是一种波动式缓慢增长的过程，另一方面即使受金融危机影响，2008 年国际金融危

---

① World Bank Database：https：//databank. worldbank. org/indicator/NE. EXP. GNFS. ZS/1ff4a498/Popular-Indicators.

② World Bank Database：https：//databank. worldbank. org/indicator/NE. EXP. GNFS. ZS/1ff4a498/Popular-Indicators，last accessed on December 27，2020.

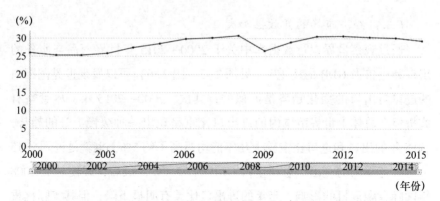

图 2-6　2000—2015 年世界商品与服务的进口占 GDP 的比重

机后的最低点仍然高于早年（2001—2003 年）的最低点。

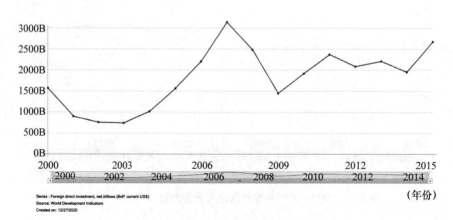

图 2-7　2000—2015 年外国直接投资金额

　　此外，上述商品市场和金融市场无一例外受到了 2008 年国际金融危机的巨大冲击。金融危机的余波也可以从侧面进一步印证当今世界的资本流通与市场开放关系密切。

　　可见，从国际旅游、国际移民、网络使用、进出口贸易、外国直接投资等数据中不难看出，2016 年之前，世界在物理空间的流动性、信息空间的连通性以及经济空间的开放性三个维度上日益呈现出或快速或缓慢的增长趋势，即在一个使之趋同的聚合力下，世界的联系正日趋紧密。

在欧盟层面，各成员国之间的联系也日益紧密。全球化浪潮带来的聚合力在欧盟层面具体表现则为欧洲一体化进程加速、拓宽和深化。一方面可以体现为横向上从西欧到欧洲整体，包括成员国数量、人口和领土的不断拓宽；另一方面可以体现为纵向上由低级政治向高级政治的不断深化，即从经济一体化向政治一体化的不断外溢。

首先，截至 2016 年，欧盟前前后后共经历了六次扩大过程。21 世纪以来，欧盟从 15 个成员国发展到了英国脱欧之前的 28 个成员国，其成员国数量大大增加。2004 年第五次扩张第一阶段中包括捷克、斯洛伐克、波兰、匈牙利等中东欧国家在内的 10 个国家正式加入欧盟。2007 年第五次扩张第二阶段中罗马尼亚和保加利亚正式加入欧盟。2013 年在第六次扩张中克罗地亚正式加入欧盟。至此，中东欧 16 国中已有 11 个国家成为欧盟成员国，面积增加了 27.79%，达到 451.31 万平方公里，人口增加了 26.8%，达到 5 亿人，经济总量增加了 11.3%，达到 17.37 万亿美元。此外，欧盟的扩大还在进行中，2003 年欧洲理事会在塞萨洛尼基的首脑会议将西巴尔干半岛的一体化作为欧盟扩大的首要任务，西巴尔干地区国家也陆续申请加入欧盟或展开入盟谈判。

其次，纵向上，欧盟经历了一个欧洲一体化不断深化的过程。以关税同盟为起点，着手建立共同市场，并向经济与货币联盟发展，从农业、渔业、贸易等低级政治领域逐步外溢到外交、边境、安全防务、司法等高级政治领域。例如，由于申根区的存在，欧盟内部人员可以流动自由，犯罪分子也不例外，所以欧盟国家的警察和司法机关必须互相合作，打击国际犯罪。2010 年成为欧盟常设机构的欧洲刑警组织（Europol）主要负责打击包括毒品走私、人口走私和非法移民网络、放射和核材料走私、恐怖分子、洗钱和制造欧元假钞等在内的国际犯罪。①

---

① Fontaine Pasca, *Europe in 12 Lessons*, Publications Office of the European Union, 2018, p. 28.

　　欧盟一体化的扩大和深化证明了欧盟作为一个整体比各个国家的总和更强大。在经济、社会、科技、商业和政治方面，欧盟比各个成员国单独行动更有影响力。共同行动和共同的话语权使其拥有单一主权国家所不具备的附加值。然而，随着欧洲一体化的不断深入，统一的大市场、欧元区的共同货币、申根区的人员自由流动等，使得各成员国之间的相互依赖加深，利益高度捆绑，这也意味着任何危机都将具有系统性特征，源于希腊并随后以多米诺骨牌效应倒向其他欧元区国家的欧债危机也从侧面印证了这一点。

## 二　各种力量的对抗日趋激烈

　　正如帕斯特在 20 世纪和 21 世纪之交时指出"宏大理论解释了技术与民主的整合力，以及宗教与民族的分裂力量"[①]。欧盟在 2016 年之前不仅面对着一个联系更加紧密的世界，而且还面对着一个对抗更加激烈的世界。一方面经济的相互依赖使得在世界范围内牵一发而动全身，一国的经济危机不再是一个国家的事，而是会波及其他国家；另一方面在科技与生产力蓬勃发展的时代，传统安全威胁还未褪色，非传统安全威胁愈演愈烈，呈现出传统安全因素与非传统安全因素相互交织的更为激烈的对抗局面。

### （一）传统安全威胁

　　在 2016 年之前，全球层面的局部战争与武装冲突主要呈现出"大乱不至、小乱不止，大战不打、小战不断，大势不变、小势不安"[②] 的特点，地理上表现为围绕"不稳定之弧"分布的特点。2010 年的西亚北非政治动荡和 2013 年的乌克兰危机对周边国家尤其是欧洲产生了较为深远的影响。2010 年底，"茉莉花革命"席卷突尼斯，随后一场大动荡，先后波及了埃及、利比亚、也门、巴林、叙利亚以及其他阿拉伯国

---

[①]　[美] 罗伯特·A. 帕斯特：《世纪之旅：七大国百年外交风云》，胡利来、杨韵琴译，上海人民出版社 2001 年版，第 32 页。

[②]　俞晓鹏：《全球局部战争与武装冲突 2008 年综述》，《外国军事学术》2009 年第 1 期。

家，甚至涉及中东世界之外，如希腊的反政府示威游行、美国的"占领华尔街"运动等。

2013 年 11 月 21 日，时任亲俄派的乌克兰总统亚努科维奇宣布中止和欧洲联盟签署政治和自由贸易协议，意图强化和俄罗斯的关系，却遭到乌克兰亲欧派的反政府武装的示威，引发群众暴乱。2014 年 2 月 22 日，乌克兰议会罢免总统亚努科维奇，决定提前举行大选。然而，在 2 月 24 日俄罗斯质疑乌克兰反对派"掌权"的合法性并意图武装干预乌克兰。2 月 26 日，俄罗斯武装部队在乌克兰边境集结并进行军事演习。随后克里米亚危机和顿巴斯战争也相继爆发。乌克兰危机的根本问题也可以说是国内民众对"向西走"还是"向东走"这一问题上的深度对立。然而由于乌克兰所处地理位置的特殊性，战略地位的重要性，以及复杂的历史根源，再加上克里米亚的塞瓦斯托波尔港口对于俄罗斯的重要军事战略地位，导致它始终在欧盟和俄罗斯之间摇摆。

（二）非传统安全威胁

1. 恐怖主义越发猖獗

联合国安全理事会在其发布的 2012 年年度综述报告中将恐怖主义设为专栏，指出"恐怖威胁发生性质改变……安理会对恐怖主义进一步扩散，恐怖主义分子利用高科技并和犯罪集团相勾结表示关切，强烈呼吁采取持续而统一的国际行动"[1]。随后的年度综述报告中，恐怖主义在报告中的位置不断靠前，到 2015 年跃居于第二位，仅次于"不扩散"专栏。2015 年年度报告指出"安理会着重关注恐怖主义，认定'伊拉克和黎凡特伊斯兰国'对国际和平与安全构成'前所未有'的威胁，督促不仅要打击其野蛮凶残的战术和充满仇恨的意识形态，还要采取全面措施切断其收入来源"[2]。这一专栏的设置和重要性更加表明恐

---

① 见《联合国安全理事会 2012 年年度综述报告》，2019 年 3 月 19 日，https：//www.un.org/securitycouncil/sites/www.un.org.securitycouncil/files/sc_ roundup2012_ zh.pdf，第 27 页。

② 见《联合国安全理事会 2015 年年度综述报告》，https：//www.un.org/securitycouncil/sites/www.un.org.securitycouncil/files/sc_ roundup2015_ zh.pdf。

怖主义问题已日渐突出，引起全世界人民的广泛关注。此外，网络与信息技术的迅猛发展也成为助力恐怖主义滋长与蔓延的重要原因之一。网络空间成为恐怖组织蛊惑人心、招兵买马、密谋策动的重要平台，网络恐怖主义甚嚣尘上，严重危及国家与社会安全。

2. 信息安全危机四伏

当今时代，社会信息化迅速发展，一个安全、稳定、繁荣的网络空间，对一国乃至世界和平与发展越来越具有重大意义。然而，正如美国著名军事预测学家詹姆斯·亚当斯在其著作《下一场世界战争：计算机是武器，处处是前线》中预言的那样，"在未来的战争中，计算机本身就是武器，前线无处不在，夺取作战空间控制权的不是炮弹和子弹，而是计算机网络里流动的比特和字节"①。世界在享受网络发展便利的同时也饱受网络攻击之苦，随着信息技术和互联网的进一步发展，传统的网络边界越来越模糊，非传统网络安全威胁有增无减。网络信息基础设施屡受全球性高危漏洞侵扰，重要信息基础设施和重要信息系统安全面临严峻挑战。此外，网络诈骗、网络黑客、网络金融犯罪、网络谣言以及或民事或军事网络战等问题越发猖獗，干扰和破坏着各国正常的生产和生活，乃至威胁着国家政权的稳定。此外，信息技术的发展，也成为恐怖主义泛滥的温床，使网络恐怖袭击愈演愈烈。因此，网络空间被视为继陆、海、空、天之后"第五维空间"，网络空间安全和互联网治理成为国际社会空前关注的一个全球性议题。

3. 生态安全日益重要

自20世纪80年代以来，气候变化和全球变暖就是一个屡见不鲜的话题。全球气温上升、海平面上升、冰雪大范围融化等加大了热浪、干旱、创纪录降雨和严重洪水等极端事件发生的风险。② 2015年3月21

---

① ［美］詹姆斯·亚当斯：《下一场世界战争：计算机是武器，处处是前线》，军事科学院外国军事研究部译，军事科学出版社2000年版，第8页。

② 参见世界气候组织官网，*The Global Climate in 2011—2015*：https：//ane4bf-datap1. s3-eu-west-1. amazonaws. com/wmocms/s3fs-public/1179_ EN. pdf？WevaJ8QIS5ntCjcWd7OYyZfhIDKuews9。

日，世界气象组织（WMO）发布了《2015 年全球气候状况声明》。声明称，"2015 年的全球气温打破了现代高温纪录，是全球和许多国家有记录以来最热的一年，在全球气候史上创下了很多记录"①。然而，全球变暖的趋势并没有停下脚步，世界气候组织在 2019 年的全球气候状况声明中指出，如果任由温室气体继续排放到大气中，气候变化将对生态环境系统、人类健康、粮食安全、人身与财产安全等方面带来更严峻的威胁，并将导致人口被迫迁徙，加剧区域冲突，危及全球金融稳定。② 在这样的背景下，欧洲议会于 2019 年 11 月 28 日宣布欧洲和全球进入气候和环境紧急状态（climate and environmental emergency），欧盟委员会于 12 月 11 日发布《欧盟绿色新政》（*European Green Deal*），提出欧盟要在 2050 年实现碳中和，将欧盟转变为公平、繁荣的资源节约型现代化经济体，应对气候变化、生物多样性丧失、森林和海洋遭到污染和破坏等挑战，使欧洲成为"世界上首个实现碳中和大陆"。以 2016 年为分水岭，不难看出在 2016 年前后，全球变暖趋势一直保持增长态势，气候变化也始终是全球治理的一大核心议题，生态安全问题任重而道远。

4. 公共卫生安全风险加大

国际公共卫生紧急事件（Public Health Emergency of International Concern，PHEIC）是指通过疾病的国际传播构成对其他国家的公共卫生风险，并有可能需要采取协调一致的国际应对措施的不同寻常的事件。构成"国际关注的突发公共卫生事件"要满足三个条件：一是此类事件应是严重、突然、不寻常、意外的；二是对公共卫生的影响很可能超出受影响国国界；三是可能需要立即采取国际行动。

2002—2003 年间散布至 29 个国家和地区的严重急性呼吸道综合征疫情，即 SARS 事件，造成全球超过 8 万人感染，导致包括医务人员在

---

① 参见《2015 年全球气候状况声明》，2019 年 2 月 19 日，世界气候组织官网（https：// library. wmo. int/doc_ num. php？ explnum_ id＝7935）。

② 参见《2019 年全球气候状况声明》，2019 年 3 月 22 日，世界气候组织官网（https：// library. wmo. int/doc_ num. php？ explnum_ id＝10216）。

内的 774 例病人死亡，引起联合国、世界卫生组织及媒体的关注。此
后，世界卫生组织于 2005 年制定《国际卫生条例》，成立由国际专家
组成的突发事件委员会，并声称各国负有对"国际关注的突发公共卫
生事件"做出迅速反应的法律义务。自 2009 年以来，共计有 6 次国际
关注的突发公共卫生事件，包括 2009 年甲型 H1N1 流感大流行、2014
年野生型脊髓灰质炎疫情、2014 年西非埃博拉疫情、2015—2016 年寨
卡病毒疫情、2018—2019 年刚果埃博拉疫情和 2019 年新冠疫情。如今
仍然没有完全消退的新冠疫情（COVID-19）警示我们，暴发于公共卫
生领域的"黑天鹅"事件绝不是类似事件的开始，也更不是结束。人
类卫生健康史也可以等同于一部与突发公共卫生事件的抗争史，各国始
终面临着传染病暴发带来的严峻挑战，公共卫生安全的全球治理仍然道
阻多艰。

### 三　国际局势日趋复杂

正如习近平主席提出"当今世界正处于百年未有之大变局"[①] 这一
论断，2016 年的欧盟也面临着一个更加复杂的世界，除了上述张力与
合力的相互拉扯，全球层面的权力转移和多元行为体层面的权力分散也
使得国际局势变得更为复杂。

全球层面权力转移的主要路径是新兴国家崛起导致国际经济力量对
比发生变化并溢出到政治领域，从而引起国际权力对比发生转移。2008
年国际金融危机后，世界主要经济体均受到不同程度的影响，虽然新兴
国家经济增速有所放缓，但是他们在全球经济中所占的比重继续攀升，
以中国、印度为代表的新兴国家日益崛起。中国经济在 21 世纪前 20 年
里平均增速达到 10%，成功使近 6 亿人摆脱贫困，按目前中国经济的发
展速度，预计到 2030 年，中国的国内生产总值将超过欧盟和美国的总
和，达到世界经济总量的 20%。类似地，印度 GDP 总值 2010 年占世界
GDP 的 6.3%，国际货币基金组织预计到 2030 年，印度 GDP 占世界

---

① 《习近平谈治国理政》第 3 卷，外文出版社 2020 年版，第 225 页。

GDP 的总值将达到 16%。① 而其他国家如巴西、墨西哥、印度尼西亚、韩国、尼日利亚、南非和土耳其都有可能提升其在全球的排名。与此形成鲜明对比的是，欧盟占世界 GDP 的比重不断下降，欧盟 2000 年占世界 GDP 的 23.5%，2010 年降至 18.8%，该比重将会在 2030 年降至 15.5%。② 随着经济实力的变化，国际体系与世界力量对比的"东升西降""新升老降"的趋势明显，新兴国家经济实力增强，力图谋求与之经济实力相适应的政治权力。以二十国集团（G20）领导人峰会为标志，新兴国家在全球经济治理中的地位得到大幅度提升，其参与全球治理，谋求政治权力的意愿更加强烈。由任何一个国家和一组国家集团主导国际事务的时代已经结束。新兴国家的崛起虽然能给欧盟的发展带来机遇，但是"新兴市场的快速发展也将重塑未来二十年的贸易模式"③，从而对欧盟形成竞争压力，"挑战欧盟所奉行的价值观和规则标准，并确立新的全球政治秩序"④。

多元行为体的权力分散表现为权力从国家行为体向非国家行为体转移。随着全球化和信息化的深入发展，全球层面和区域层面的国际政府间组织，地方、国家和国际层面的非政府组织，各个层面的公民社会网络，私营公司特别是跨国公司，以及个人都在不断地扩展自己对国际事务和国际体系的影响力，扮演更为显著的国际角色。这些非国家行为体，有些对人类的安全、发展和福祉做出积极的贡献，如气候变化领域的一些非政府组织；有些则助推世界金融危机从而引发国际体系的震荡，甚至对人类社会的安全和福祉构成巨大的威胁，如一些全球性的金

---

① Antonio Missiroli, "Towards an EU Global Strategy: Background, Process, References", European Union Institute for Security Studies, 2015, p. 139.

② Antonio Missiroli, "Towards an EU Global Strategy: Background, Process, References", European Union Institute for Security Studies, 2015, p. 136.

③ "Emerging Markets to Transform Trade Flows", http//www. ft. coms/s/0/d39237d4-8038-11e2-96ba-00144feabdc0. html.

④ Robert Kappel, "The Challenge to Europe: Regional Powers and the Shifting of the Global Order ", *Intereconomics*, Vol. 46, 2011, https://www. intereconomics. eu/contents/year/2011/number/5/article/the-challenge-to-europe-regional-powers-and-the-shifting-of-the-global-order. html.

融跨国公司、极端的恐怖组织等。①

新兴国家的崛起及其导致的国际力量对比的变化和权力从国家行为体向非国家行为体扩散是欧盟新安全战略出台的重要外部因素。

## 第二节　日益凸显的内部制约

欧盟新安全战略出台的另一个背景是日益凸显的欧盟内部制约因素。内部制约因素主要包括《里斯本条约》下欧盟共同外交与安全政策的机制性缺陷和多重危机叠加及其所导致的欧盟内部力量的失衡两方面。

### 一　《里斯本条约》下欧盟共同外交与安全政策的机制性缺陷

为了进一步推动欧洲一体化，应对欧盟扩大所面临的诸多问题，自2002 年起，欧盟制宪委员会花三年时间制定了《欧盟宪法条约》草案，对欧盟治理机构进行了大幅度改革，包括取消三大支柱、实现欧洲理事会制度化、改革欧盟委员会组成和运作方式、设立欧盟外交部长、扩大欧洲议会权力、改革欧盟决策机制等。但《欧盟宪法条约》草案签署后并未生效，欧盟成员国对于欧洲一体化深化后自身的权益保障抱有疑虑，欧洲一体化进程中一对最深的矛盾——超国家主义与政府间主义的矛盾仍然没能解决。面对欧盟制宪危机，2009 年的《里斯本条约》放弃以一种新的超国家政权最高宪法替代欧盟现有基础条约，而沿用欧洲历史上惯用的修订条约的形式，修订了《欧洲联盟条约》和《欧洲共同体条约》，并将后者更名为《欧洲联盟运行条约》。

（一）《里斯本条约》对欧盟共同外交与安全政策的改革

尽管《里斯本条约》是欧洲一体化道路上对政府间主义的妥协，

---

① 参见叶江《论当前国际体系中的权力扩散与转移及其对国际格局的影响》，《上海行政学院学报》2013 年第 2 期。

但还是做出了很多重大改革。其中对欧盟共同外交与安全政策有关的治理机构的改革包括：

第一，确立欧盟共同外交与安全政策的法律基础。《里斯本条约》取消欧盟"三个支柱"的划分，以"欧洲联盟"取代"欧共体"，正式赋予欧盟法人的地位，欧盟能够参与国际谈判、缔结国际协定、加入国际组织。[①]

第二，整合有关对外政策的条款。《里斯本条约》统一罗列欧盟对外政策的目标，大大促进了欧盟对外政策的一致性和有效性，有利于欧盟作为一个整体在国际舞台发挥作用。按照之前的条约，欧盟的对外政策被分割为不同的方面，由不同的部门运用不同的方法执行，如发展合作、人道主义援助等都分散在共同体条约内的各个部分中。但在实践中，这些对外事务往往相互联系、相互影响，需要各部门的配合。因此，《里斯本条约》对欧盟之前各项条约中有关对外关系的条款进行了整合，如在《欧洲联盟运行条约》第五编"联盟对外行动一般条款与共同外交与安全政策特别条款"中编入了发展合作、共同贸易政策、人道主义援助等内容，这不仅有利于欧盟对外政策的共同目标与原则的集中实施，也有利于对外事务权能分配更清晰，各机构活动更协调。欧盟共同外交与安全政策的执行方式包括：确定总体指导方针、采取立场与行动、加强成员国执行时的系统合作。欧盟可以将某些任务托付给成员国执行，包括执行人道主义与救援、预防冲突与维和、稳定局势等任务，在欧盟理事会通过执行决定时，理事会可将上述任务委托给一些具备必要能力且有意愿的成员国来执行。[②] 此项改革将有助于部分兼具意愿与能力的国家在共同外交与安全政策执行过程中提高影响力。

第三，大胆创新组织结构。首先，设立欧洲理事会常任主席。欧洲理事会成为欧盟正式机构，并设置常任主席，任期两年半，取消每半年

---

① Piotr Maciej Kaczynski, "Single Voice, Single Chair? How to Reorganise the EU in International Negotiations under the Lisbon Rules", *CEPS Policy Brief*, No. 207, 2010, p. 6.

② 程卫东、李靖堃译：《欧洲联盟基础条约——经〈里斯本条约〉修订》，社会科学文献出版社 2010 年版，第 26 页。

轮换一次的欧盟首脑会议主席国轮值机制。欧洲理事会常任主席是各成员国间的协调者，当成员国之间意见不一致时，他可以在成员国之间协调、周旋，如果一个成员国反对某个议题，他可以做出对该国在另一议题中进行利益补偿的承诺。尽管欧洲理事会的工作方法具有浓厚的政府间主义色彩，但常任主席取代轮值主席国的变革将超国家力量与政府间力量结合起来，既有利于内部凝聚力的提升，也有利于提高政府间主义决策的效率。其次，设立外交事务与安全政策高级代表。其职能包括：其一，高级代表在有关共同外交与安全政策事务上代表欧盟与第三方进行政治谈话，在国际组织和会议中阐明欧盟立场；其二，负责实施欧盟的外交与安全政策；其三，拥有一定的动议权，但必须与成员国和欧盟委员会共享，与之前由轮值主席国担任动议主体相比，高级代表的动议权更能代表欧盟整体利益，在政策上更具连贯性；其四，有权召集欧洲理事会特别会议。高级代表身兼数职，同时担任欧盟委员会副主席和对外事务委员会主席，领导对外行动署的工作，因此需要同时向欧洲理事会、欧盟委员会和欧洲议会负责。此外，设立对外行动署。对外行动署由欧洲理事会、欧盟委员会秘书处和成员国外交部调派官员组成，其具体组织机构和功能在条约中没有规定，由高级代表提议，由欧洲理事会咨询欧洲议会意见并经欧盟委员会同意后，以决定的方式做出安排。该部门独立性较强，不依附于其他欧盟机构，而是直接听命于高级代表，协助高级代表执行对外事务，整合、提高欧盟的情报搜集和危机处理的资源和能力。

此外，《里斯本条约》还强化了欧盟共同安全和防务政策和增强合作（Enhanced Cooperation）机制。条约将共同安全和防务政策纳入共同外交与安全政策之中，明确界定该政策的目标与内容，即调动欧盟军事与民事资源的能力，执行维持外部和平、联合裁军行动、人道主义救援、预防国际冲突等任务，并强调了成员国在其中的作用。① 随着欧盟

---

① 程卫东、李靖堃译：《欧洲联盟基础条约——经〈里斯本条约〉修订》，社会科学文献出版社 2010 年版，第 51 页。

成员国数量的不断增多，成员国之间在社会经济发展、国内决策程序等方面的差异越来越大，在欧盟的事务上不可能保持完全同步。① 对此，《里斯本条约》进一步明确了实施增强合作机制的前提、方式与适用范围。此种合作应至少有 9 个成员国参加，成员国比例从原来的 1/2 降低为 1/3。若其目标在一定期限内无法在整个联盟内实现，便可作为最后手段经欧盟理事会确认并授权实施。② 成员国可在共同外交和安全政策等领域按照此规定进行自由合作，从而让部分成员国在开展活动时无需经全体成员国的同意。表 2-1 对比了《里斯本条约》前后欧盟共同外交与安全政策的变化。

表 2-1　　《里斯本条约》前后欧盟共同外交与安全政策机制对比

| 内容 | 《里斯本条约》前 | 《里斯本条约》的规定 |
| --- | --- | --- |
| 法律地位 | 欧共体是独立的国际法主体，具有对外代表权，可以参与国际组织、可以与第三国或国际组织缔结国际条约、发展对外关系；欧盟不具备明示的法律主体资格 | 欧盟具有法律主体资格。在共同外交与安全政策领域，欧盟有权与第三国或国际组织缔结国际条约、对外代表欧盟、向第三国派出外交使团 |
| 结构、原则与目标 | 《马斯特里赫特条约》创立欧盟三大支柱，规定了欧盟的目的之一在于执行共同外交与安全政策，并逐步形成共同防务政策来确保欧盟在世界舞台上的地位。规定欧盟共同外交与安全政策的特殊目的 | 取消三大支柱划分，但共同外交与安全政策仍具有不同的规范与程序；规定欧盟对外政策总目标，强调执行共同外交与安全政策时成员国应保护个人数据的处理和流动；强调欧洲理事会、欧盟理事会、欧洲议会、欧盟法院、高级代表等在共同外交与安全政策中的地位 |
| 法律机制 | 共同外交与安全政策的法律机制包括：原则和一般指导方针、共同策略、联合行动、共同立场以及为实现共同外交与安全政策的目的而进行的通知、咨询和签订的国际协定 | 共同外交与安全政策的执行机制主要有界定一般指导方针、决定（界定欧盟的行动、欧盟采取的立场和为执行上述行动和立场的有关决定而做的安排）、增强系统性合作 |

① 王凯：《欧洲一体化进程——共同外交与安全政策的制度改革》，时事出版社 2017 年版，第 103 页。

② 程卫东、李靖堃译：《欧洲联盟基础条约——经〈里斯本条约〉修订》，社会科学文献出版社 2010 年版，第 42 页。

续表

| 内容 | 《里斯本条约》前 | 《里斯本条约》的规定 |
|---|---|---|
| 与欧盟有关机构的关系 | (1) 欧洲理事会<br>欧洲理事会和欧盟理事会主导欧盟共同外交与安全政策的决策；欧洲理事会界定基本原则、一般指导方针和共同策略<br>(2) 欧盟理事会<br>负责确保欧盟对外行动整体上的统一、一致和有效，执行欧洲理事会确立的基本原则和指导方针，向欧洲理事会提出有关共同策略的建议并通过联合行动和共同立场等方式执行共同策略；轮值主席国负责共同外交与安全政策领域决议的贯彻，在国际组织和国际会议中代表欧盟；轮值主席有权建议欧盟理事会在共同外交与安全政策领域订立有关的国际协定<br>(3) 欧盟委员会<br>有权在欧盟理事会的要求下提交有关联合行动执行的建议；在国际组织中，当轮值主席对外代表欧盟时给予全面的配合；有权在共同外交与安全政策领域向欧盟理事会提交问题和提议；密切关注欧盟共同外交与安全政策的执行<br>(4) 欧洲议会<br>接受轮值主席就共同外交与安全政策的执行情况的汇报与咨询，有权就此问题向轮值主席提问或提建议<br>(5) 成员国<br>应积极且毫无保留地本着忠诚和共同稳固原则支持共同外交与安全政策，有义务共同努力加强和发展彼此的政治稳固，抵制违背欧盟利益或影响欧盟在国际关系中有效与协调行动的行为；应该履行其在联合行动中采取的立场，确保其国内政策符合共同立场并在国际组织中坚持欧盟的共同立场 | (1) 欧洲理事会<br>欧洲理事会界定欧盟共同外交与安全政策及其他对外行动中战略利益和目标；界定共同外交与安全政策中的一般指导方针<br>(2) 欧盟理事会<br>负责解释和执行欧洲理事会界定的一般指导方针，并与高级代表共同确保欧盟对外行动的统一、一致和有效；就执行性行动采取决议；负责采取决议确立欧盟在区域性或实体性问题上的立场；欧盟理事会由政治与安全委员会协助，该委员会负责政策的制定和危机管理机制<br>(3) 欧盟外交与安全事务高级代表<br>(4) 欧盟委员会<br>欧盟委员会没有共同外交与安全政策的提议权<br>(5) 欧洲议会<br>原来由轮值主席承担的对欧盟议会的报告与咨询义务改由高级代表承担<br>(6) 成员国<br>与原条约基本相同 |
| 决策机制 | 全体一致同意是基本的决策机制，成员国的弃权并不能阻止决策的采纳；但成员国可以在一定情况下采用有效多数表决程序；规定成员国的强化合作程序 | 规定了全体一致同意是共同外交与安全政策的决策机制；成员国有权弃权，弃权的成员国可以不执行但是必须承认政策对欧盟的效力，如果弃权票数达到有效票数的三分之一或代表欧盟人口的三分之一时，有关决议将不予采纳。强调有效多数表决不适用于军事和防卫领域 |

续表

| 内容 | 《里斯本条约》前 | 《里斯本条约》的规定 |
|---|---|---|
| 与欧盟法院的关系 | 欧盟法院对共同外交与安全政策没有司法监督权。共同外交与安全政策的执行不能违背欧共体法 | 原则上排除欧盟法院在共同外交与安全政策领域的司法监督权（《欧洲联盟运行条约》第275条和第218条和《欧洲联盟条约》第40条例外） |
| 国际条约 | 没有明确规定欧盟是否在共同外交与安全政策领域有缔约权 | 《欧洲联盟条约》第37条，《欧洲联盟运行条约》第218条和第3条第（2）款对此做出详细规定 |
| 共同安全与防务政策 | 名称为ESDP，即欧洲安全与防务政策 | 将ESDP更名为CSDP，即欧盟安全与防务政策；引入灵活性机制 |
| 经费预算 | 有关共同外交与安全政策财政和行动上的支出主要依赖欧共体的预算，欧盟在该领域没有独立的预算 | 有关共同外交与安全政策行政上的开支由欧盟预算支出；行动上的开支由欧盟财政支出（行动具有军事和防卫意义的除外，欧盟理事会以全体一致方式决定不由欧盟预算支出的除外）。设立了共同外交与安全政策行动的"绿色通道"和"紧急启动基金" |
| 附加声明 | 无附加声明 | 13号声明中的第25，第28，第29，第31条规定共同外交与安全政策的条款，高级代表以及对外行动署不能违反成员国已有的对外政策或联合国宪章或安理会为成员国所设定的义务；14号声明规定共同外交与安全政策条款不得影响成员国外交政策的订立和执行 |

　　通过对比可以发现，《里斯本条约》下的欧盟共同外交与安全政策已不再仅是成员国之间的政治合作，它具有独立的法律体系和性质，是成员国通过具有独立法律人格的欧盟经合法决策程序制定的一系列实体与程序规范的总和，包括宗旨和目标、法律机制、决策程序和机构、执行机制、司法监督等。从这个意义上说，单纯地说欧盟共同外交与安全政策具有"政府间性质"已不再准确。共同外交与安全政策中的"共

同"表明成员国一致同意在特定时间、特定地点和特定条件下，赋予欧盟依照一定的决策程序就某一特定事件采取某个"共同"的政策。这个共同政策虽然不能超越或取代成员国的国内政策，但一旦某个共同政策做出，对内，就对成员国有拘束力，成员国有义务履行此政策；对外，就对第三国或国际组织产生一定影响，欧盟有义务承担相应的法律责任。

（二）制度性缺陷

自《马斯特里赫特条约》以来，欧盟一直运行三大支柱的制度框架，欧盟和欧共体既相互区别又有重叠，决策程序烦琐死板且牵涉多方，因此欧盟的决策和安排在实践上往往存在机构权限重叠、行动资源和工具匮乏、决策机制效率低下、政策不连贯、成员国难以协调一致等问题，使欧盟宏大目标与政策效果间存在较大的"期待—能力"差距。作为一个高度一体化的超国家组织，欧盟一直渴望用同一种声音说话，同一种步调行动。协调各成员国的利益、立场，提升凝聚力，是实现欧盟有效治理，提升整体实力，共同面对发展与挑战的现实要求。《里斯本条约》加深了欧洲对外关系工作上的"布鲁塞尔化"，即更多决策和安排将在欧盟体制下运行，从而有利于增强欧盟对外行动的一致性、有效性和效率，协调欧盟成员国利益，增强欧盟对外行动能力和欧盟国际行为能力的建设，有助于采取更加协调一致、更加有效的国际行动，有助于动用欧盟所有的手段与资源，增加欧盟在国际舞台上的分量。

但《里斯本条约》是依靠政治精英的妥协与合作推动的改革，这种改革并不彻底。政治精英的立场必然受其本国国内政治影响——随着欧盟东扩，欧盟内部的利益多元化和复杂程度越来越高，东、南欧国家国内政治经济情况与西欧核心国家相比差距较大，利益和实力的差异以及几次欧洲危机（如欧债危机、难民危机）的冲击放大了欧盟内部的分歧；尽管条约改革之下超国家组织的权能得到扩展，但并不意味着对权力的实际拥有，欧盟几大机构对成员国的约束力和对一体化的维系力不足，21 世纪以来欧盟多重危机叠加的现状凸显了《里斯本条约》下

欧盟共同外交与安全政策制度上的缺陷。具体表现为以下三点。

一是不同行为体之间的协调难题没有解决。虽然《里斯本条约》对欧盟的安全框架进行了调整，但也造成了欧盟代表权和机构权限重叠的不利局面。代表权的重叠表现在：欧洲理事会常任主席、高级代表、轮值主席国、欧盟委员会主席、欧洲议会主席、欧元区主席甚至处理具体问题的委员与专员（如气候变化谈判代表等）都可以在不同的场合对外代表联盟，如若不同主体发声不一致，可能会让外界对欧盟立场的接收产生误解偏差，进而影响到欧盟对外发声的严谨性和权威性。机构权限的重叠表现在：高级代表身兼数职，被普遍认为提高了欧盟统筹对外行动的能力。但条约条款对高级代表参与事务相关的行动机制规定十分模糊，极易造成机构部分权限重叠，加大高级代表协调上述机构、履行上述机构职责的难度。此外，欧洲议会、欧盟委员会、欧盟理事会在机构性质、职能、决策程序上存在差异，它们各自所代表的利益也有所不同。欧洲议会作为民选机构，更为重视人权、法治和民主等方面的问题，对外政策立场的意识形态色彩较浓，经济方面的务实程度较低；欧盟委员会是欧盟战略、政策和法律的执行机构，是真正意义上的超国家机构，其优先目标之一就是促进欧盟就业、经济增长和投资，在对外关系中格外重视经贸合作，对外立场较为客观务实；欧盟理事会是欧盟实质上的决策机构，代表各成员国利益，具有政府间性质，其决策结果通常是各成员国内部博弈的结果，对外政策方面更加关注欧盟的政治利益以及外交安全合作。总之，三大机构在对外政策上所代表的利益、政策侧重点和务实程度都有所不同，无法最大程度实现制度设计的意图，最终影响政策的制定实施。

二是对成员国的规范和约束没有实质性的进展，"政府间"性质没有发生质的改变。① 从欧洲政治合作发展到共同外交与安全政策，当成员国利益与对欧盟应承担的义务发生冲突时，不少成员国倾向于不履行

---

① 周晓明：《欧盟共同外交与安全政策法律机制探究——以〈里斯本条约〉为研究背景》，《人民论坛》2011 年第 350 期。

对欧盟应承担的义务，并且能避免任何处罚。成员国的这种行为抵消了欧盟加强共同外交与安全政策的行为能力建设的努力。《里斯本条约》后，共同外交与安全政策在本质上对成员国自身的利益给予了更多的关注。"政府间"性质的欧洲理事会和欧盟委员会支配了欧盟共同外交与安全政策的决策过程，① 而"超国家"性质的欧盟委员会和欧洲议会仅发挥着次要和边缘的作用。② "《里斯本条约》"对于规范成员国行动、加强共同外交与安全政策运作效力方面的表述仍流于纸上谈兵，对欧盟外交实践未必会产生多大影响。"③

三是经费预算方面没有明显突破。《里斯本条约》只是在紧急提案的经费支持上，即在民事或军事行动的经费方面，与欧盟的财政相挂钩。欧洲理事会通过有效多数表决的方式决定基金的建立、行政程序和监督，授权负责外交与安全事务的高级代表在需要的时候启动这一基金。而《里斯本条约》对预算经费程序的改革只不过是机构间平衡的一些调整，共同外交与安全机制面临的经费紧缺问题并没有得到根本解决。④ 表2-2总结了《里斯本条约》下欧盟共同外交与安全政策法律机制的新发展和弊端。

表2-2　《里斯本条约》下欧盟共同外交与安全政策机制的新发展与弊端

| 内容 | 新发展 | 弊端 |
|---|---|---|
| 欧盟的法律地位 | 明确赋予欧盟法律人格 | 没有明确规定欧盟在共同外交与安全政策领域的权能；欧洲议会和欧盟法院的权限仍很小；欧盟在该领域没有立法权 |

---

① 谢先泽、石坚：《〈里斯本条约〉生效后欧盟共同外交和安全政策的前景展望》，《解放军外国语学院学报》2010年第2期。

② 周晓明：《国际法视角下的欧盟共同外交与安全政策研究》，武汉大学出版社2013年版，第159—160页。

③ 徐贝宁：《从〈里斯本条约〉看欧盟共同外交与安全政策的机制对政策运作效力的影响》，《国际论坛》2009年第3期。

④ CEPS, EGMONT and EPC, "The Treaty of Lisbon: Implementing the Institutional Innovations", *Joint Study*, November 2007, p. 5.

续表

| 内容 | 新发展 | 弊端 |
|------|--------|------|
| 体系上 | 去掉三大支柱的划分，统一欧盟对外政策的目标 | 共同外交与安全政策领域仍旧遵循特殊规则和程序，"隐性"支柱依旧存在 |
| 表决程序上 | 增加多数表决机制和建设性弃权的适用范围 | 具有"政府间"性质的全体一致同意仍是共同外交与安全政策领域的基本表决原则 |
| 法律机制上 | 去除原条约有关联合行动、共同策略、共同立场的分类，统一采取欧盟"指导方针"和"决议"方式，以避免造成混淆 | 没有明确规定成员国在这一领域违背条约的后果和措施 |
| 机构设置上 | 设立欧盟共同外交与安全政策高级代表、欧洲对外行动署、外事委员会、欧洲理事会主席等职位，增强欧盟对外政策的连贯性和一致性 | 各个职位或机构的权限不清、分工不明，甚至产生矛盾，在欧盟内部以及国际社会造成很大困惑 |
| 财政预算上 | 欧盟共同外交与安全政策的行动和财政上的开支有了保障，大多数行动将由欧盟财政支出，同时设立"绿色通道"和"紧急启动基金"为行动提供保障 | 欧洲议会原则上不参与共同外交与安全政策的预算与拨款，仅有质询权。对预算经费程序的改革只是对机构间平衡的调整，未能从根本上解决共同外交与安全政策的经费紧缺问题 |
| 与其他对外政策的关系上 | 明确欧盟共同外交与安全政策和其他对外政策在地位上是平等的，彼此互不侵犯 | 实践中，条约没有明确欧盟规定共同外交与安全政策侵犯其他对外政策的具体标准和后果，导致欧盟法院在实践中没有统一的标准，自由裁量权很大，反之亦然 |
| 对个人权利的保护上 | 本着尊重人权的原则，条约明确规定个人财产、经济和部分政治权利因欧盟共同外交与安全政策的行动受到侵犯时，欧盟法院有管辖权 | 仅规定欧盟法院有管辖权，但对于因此类行为对个人权利造成侵犯的法律后果没有明确规定，法律责任承担主体亦不明确 |

## 二 多重危机叠加与欧盟内部力量失衡

冷战结束后，特别是《里斯本条约》通过以来，在欧债危机、难民危机等危机的冲击下，欧盟内部疑欧情绪持续发酵，成员国内极端主义政党获得支持率上升，将欧盟问题政治化以获取选举利益的呼声越来越大，这与"布鲁塞尔化"的目标背道而驰，英国脱欧公投就是最好的例子。与此同时，多重危机的叠加与持续影响深刻改变了欧盟内部力量之间的关系模式。成员国之间的矛盾和分歧日益暴露，欧洲不仅分裂为新老欧洲，还有南北欧洲、欧元区和非欧元区之分。欧盟内部长期以来所形成的力量均衡状态被打破，无论是法国和德国之间的力量平衡还是欧盟机构和成员国之间以及不同成员国之间的力量平衡都出现了明显的变化，欧盟内部不同力量的关系模式面临重塑，这也严重影响了欧盟在应对安全问题方面的能力。

（一）欧盟内外交困、多重危机叠加

1. 恐怖主义

从震惊世界的"9·11"事件开始，世界各地的恐怖袭击接连不断，欧洲大陆的恐怖袭击也愈演愈烈。自 2015 年以来，恐怖袭击在欧洲呈不断上升之势，巴黎、尼斯、伦敦、曼彻斯特、布鲁塞尔、柏林等地连续遭受恐怖袭击，使欧洲陷入恐慌。欧洲刑警组织发布的《欧盟恐怖主义现状与趋势报告》显示，2007—2013 年，欧盟成员国共发生 2208 起恐怖袭击事件（包含所有成功的、失败的和被阻止的恐袭）。① 欧盟反恐的主要思路是加大打击力度、加速反恐立法和加强防范措施，如增加对治安部门的人力和财力投入以及限制极端分子出入境、惩治恐怖主义活动的资助者等。可以说，上述措施在短期内是必需且有效的。但从长期来看，这些措施只能治标而不能治本。为了避免陷入反恐领域越反越恐的困境，欧盟需要制定更切实可行的反恐战略，采取反恐综合措施，从根本上消除恐怖主义的威胁。

2. 难民危机

2015 年以来，来自西亚、北非地区数量庞大的难民在短时间内涌入欧洲。仅 2015 年 11 月，经由地中海流入欧洲的难民及移民总数就高达 90 余万人，比 2014 年全年总量高出一倍。② 这场自第二次世界大战

① 史志钦：《欧洲为什么越来越不安全》，《人民论坛》2018 年第 10 期。

② International Organization for Migration, "Mediterranean Migration Update", December 2015, https://www.iom.int/news/mediterranean-migration-update.

以来规模最大的难民危机对欧洲的社会稳定、政治生态和安全环境都造成严重冲击，相关国家就难民安置问题争执不下，相互推诿，甚至拷问着"欧盟精神和价值"。就社会稳定而言，难民大量流入对欧洲的社会稳定造成负面影响，甚至有可能引发新的社会矛盾。2015 年 1 月至 11 月，难民营地发生 789 起暴力事件，其中 65 起为纵火事件。① 就政治生态而言，在欧洲经济不景气和失业率居高不下的背景下，难民潮导致一些欧洲国家的民族主义情绪和极右排外势力进一步抬头。近年来众多极右政党在欧盟各国崭露头角，英国独立党、奥地利自由党和丹麦人民党等极右势力发展迅速，全面挑战欧洲主流政治力量，甚至可能重塑欧洲社会体系和欧洲的政治格局。就安全环境而言，大量流入的难民带来了潜在的安全威胁，难民人员构成复杂，恐怖分子易冒充难民藏身其间，借机渗透破坏或在招募成员时，将难民营视为恐怖主义组织重点发展的对象。

3. 周边局势动荡不安

周边政策在欧盟的对外政策中占有重要一席。早在欧盟周边政策出台时，欧盟对其寄予厚望，力图通过支持周边国家积极实行政治和社会改革，在周边地区复制欧盟发展的经验和模式，从而建立环绕欧盟的稳定与繁荣的周边环境，确保欧盟内部的安全。然而近年来，欧盟花费巨大精力打造的"稳定和繁荣之弧"正逐步演变为"动荡之弧"。"东线"和"南线"相继出现问题。在"东线"，传统安全威胁上升。欧盟东部伙伴陷入分裂，一部分国家加入欧盟所主导的一体化，另一部分则参与俄罗斯主导的欧亚经济联盟。克里米亚入俄更是触及了欧盟的传统安全神经，深刻改变了欧洲冷战结束后的安全秩序，导致地缘政治和传统安全威胁回归欧洲，威胁到整个欧洲的和平秩序。② 在"南线"，非传统安全威胁激增。中东和北非被称为欧盟的"后院"。由于地理位置

---

① BBC News, "France Elections: National Front Leads in Regional Polls", December 2015, https://www.bbc.com/news/world-europe-35018849.

② "Merkel Speech at Lowy Lecture at the Westin in Sydney", https://www.lowyinstitute.org/sites/default/files/2014lowylecture-drangelamerkel_ 0. pdf.

上与欧洲大陆紧邻,该地区发生任何风吹草动都将可能对欧盟本土安全构成极大的挑战与威胁。然而近年来,中东和北非地区并不太平,随着欧美在该地区推行民主,原有的国家政治生态被打破,这些国家内部不同势力争相崛起,给欧盟安全造成严重的冲击。中东和北非动荡造成的恐怖主义威胁以及难民危机,反映出欧盟面临的安全威胁具有内外联动的特点,迫切需要欧盟加强内外政策的一致性,以综合方法应对各种威胁。①

4. 英国脱欧

2016 年 6 月 23 日,英国举行全民公投决定是否脱离欧盟。英国脱欧对欧盟产生多方面影响。首先,欧盟的国际影响力受到影响。随着英国的离开,欧盟将失去世贸组织 29 个席位中的 1 个席位和联合国安理会 2 个席位中的 1 个席位。欧盟的国际影响力被削弱,公信力也受到质疑。其次,英国脱欧鼓励民粹主义运动走向民族主义和狭隘主义,阻碍欧洲一体化进程,使欧盟面临前所未有的内外挑战。同时,也有学者认为英国脱欧对共同防务的影响具有两面性,短期而言,共同防务丧失了一大实力资源,安全与防卫领域的经费紧张问题会加剧;② 但长期来看利大于弊,细究欧盟安全与防务政策,英国从未表现出与其他国家共享能力的倾向,英国对共同防务设置的障碍随着英国脱欧而被消除了,从而不会对欧盟内部合作造成大的障碍。并且脱欧后的英国将无法阻止其余欧盟成员国充分利用欧盟机构和条约条款来参与欧洲的防务行动。因此,英国脱欧反而可能让事情变得更容易。③

(二) 欧盟内部力量平衡发生改变

欧盟自成立以来就设计了多种制度力图实现内部成员国之间的力量

---

① European Commission, "The European Agenda on Security", https：//ec. europa. eu/home-affairs/what-we-do/policies/european-agenda-security/legislative-documents_ en, last accessed on May 5, 2018.

② Daniel Fiott, ed., "The CSDP in 2020, The EU's Legacy and Ambition in Security and Defence", https：//www. iss. europa. eu/sites/default/files/EUISSFiles/CSDP%20in%202020_ 0. pdf.

③ Sven Biscop, "All or Nothing? The EU Global Strategy and Defence Policy after the Brexit", https：//www. tandfonline. com/doi/full/10. 1080/13523260. 2016. 1238120.

平衡。但正如英国《卫报》和美国 CNN 等西方媒体曾预言"2015 年将是拆散欧洲的开端"，多重危机下的欧洲政治与经济风险在随之而来的逆全球化浪潮中不断上升，不仅面对复杂严峻的外部环境，而且面临结构性失衡的内部分歧与矛盾。

首先，2008 年国际金融危机以来，全球深陷低速增长、进出口贸易低迷、量化宽松货币政策失灵的泥潭，欧盟也不例外。2009 年欧债危机进一步加剧了东西欧本就有的经济、政治、价值观和社会文化等方面的分歧与鸿沟。[①] 这种存在于"新欧盟"国家和"旧欧盟"国家间的差异在欧盟的快速发展时期本不显眼，但当欧盟面临发展困境时，则成为阻碍欧洲一体化的分裂力量。除上述东西欧鸿沟之外，欧盟内南欧和北欧的不平衡也十分显著。回顾欧元区的经济复苏之路可以发现，最早走出危机的是制造业发达的德国和高端产业优势明显的英国；而缺乏优势产业，社会福利又与经济状况不相匹配的希腊、西班牙、意大利等国则深陷债务泥潭。除国别和地理上欧盟被拆解得四分五裂外，经济危机后的欧盟在代际上也出现明显分化。以年轻人为主的中下层人群参与机遇恶化，失业率居高不下。中产阶级人口下降，极富和极穷人口增加，导致各国国内总需求下降，长期经济增长趋势放缓，不利于政治和社会稳定，并助推了欧盟各成员国内极右翼民粹主义政党的崛起。[②]

其次，2015 年难民危机也进一步加深了欧盟内部的分歧与冲突。欧洲难民危机之后，欧洲层面上始终缺乏统一、有效的措施。围绕移民难题，欧盟成员国分为三个阵营，矛盾与分歧日益公开化。第一阵营是南欧国家，由于自身经济能力有限，无力承担过多难民，要求欧洲加强边境管控、分摊责任。第二阵营是中东欧国家，由于经济发展低迷，国内年轻人失业率高，主张打击非法移民，反对在欧洲内部按照配额强制分摊移民。[③] 第三阵营是德国、法国和北欧国家。随着移民政策收紧，

①　鞠豪：《中东欧国家的欧洲化进程与欧盟边界的扩大》，《俄罗斯学刊》2019 年第 3 期。

②　郑春荣：《欧盟逆全球化思潮涌动的原因与表现》，《国际展望》2017 年第 9 期。

③　黄丹琼：《中东欧民粹主义兴起与欧盟内部分化》，《国际观察》2018 年第 1 期。

这些国家希望把移民挡在本国边境之外或遣回意大利和希腊，主张在欧洲层面分摊责任，共同解决难民危机。

此外，在应对"伊斯兰国"的威胁上，欧盟的主要对策仍是民事手段，包括加大对伊拉克的援助力度，加强对欧盟边境的管控和对回流的恐怖主义分子的监管力度等。而在打击"伊斯兰国"的军事行动上则行动迟缓，欧盟没有及时启动共同外交与安全政策框架下的联合行动，而是由成员国各行其是，以不同的方式加入美国领导下的同盟。这既反映了成员国对以欧盟的名义采取行动缺乏足够的政治意愿，更反映出成员国对使用军事行动的认知和能力缺陷。

回顾 2015 年至今，无论是应对乌克兰危机、难民危机抑或恐怖主义，欧盟成员国之间都出现了巨大的分歧，采取联合行动的意愿和能力都显著不足，长期以软实力著称的欧盟在应对安全问题上显得力不从心。2019 年底暴发的新冠疫情又一次加剧了成员国之间的分歧。关于新冠疫情的防控措施，旧欧盟国家指责匈牙利、波兰等国的政府行动牺牲民主，违背欧洲价值观；关于疫情带来的经济冲击，法、意、西等国主张发行"新冠债券"，却遭到德、奥、荷等国以道德风险和财政纪律考量予以反驳。此外，由于固有的制度性缺陷，欧盟对疫情协调不力，成员国各行其是。疫情早期，当意大利激活民事保护机制寻求医疗物资支持时，欧盟处于失灵状态，成员国各自为政。德国禁止医疗物资出口，法国单方面宣布征用口罩并对消毒液实施价格管控，成员国甚至相互截留物资。[1] 当然，在短暂混乱后，欧盟也充分发挥其调解作用，在共同边境管理政策的实施、医疗物资共同战略储备库的建立、复苏基金的成立等问题上达成共识，帮助欧洲渡过新一轮公共卫生危机。然而从长远来看，欧盟内部的分歧和矛盾长期存在且根深蒂固，很难在短时间内得到解决，一旦面临大型危机，极易再次引爆。

---

[1] 金玲：《世界秩序演变中的欧盟一体化前景》，《人民论坛》2020 年第 22 期。

# 第三章

## 欧盟对外行动的宗旨与原则

欧盟新安全战略是在欧盟面临严峻的内外安全态势的背景下提出的，它包括欧盟对外行动的宗旨、指导原则两方面内容。

## 第一节　欧盟对外行动的宗旨

自威斯特伐利亚体系形成以来，作为现代民族国家和现代国际法及国际关系的发源地，欧洲一直以规范性力量的典型样本自诩，并在欧盟一体化的历史进程中不断丰富和发展其价值理念。1973 年，九国首脑在欧共体哥本哈根峰会上发表《欧洲特性宣言》，提出民主、法治、社会正义、人权等价值，并提出要塑造共同体国家在国际事务中的"欧洲特性"，希望在共同价值与利益的基础上，更妥善地界定与世界其他国家的关系，形成共同一致的立场，提高共同体的国际地位。新安全战略出台之前，欧盟总体上奉行价值观外交，认为良政、民主和尊重人权是欧盟发展政策的主要目标，是实现和平与发展的前提条件。长期以来，欧盟通过贸易和援助附加条件的做法，在广大发展中国家推行价值观外交，甚至在国际社会以人权、民主和法治为名，直接干涉别国内政。

然而，由于近年来欧盟外部安全环境的变化和内部多重危机叠加的影响，欧盟的对外行动开始向实用主义转向，但仍然没有放弃其在对外政策和行动中的价值观坚守。欧盟新安全战略将这一理念界定为有原则的实用主义。"我们的利益和价值观是一体的。我们有兴趣在世界范围内推广我们的价值观。同时，我们的基本价值观植根于我们的利益。"①可见，欧盟的利益与价值观在某种程度上是绑定的，追求欧盟自身利益的过程同样是践行欧盟价值观的过程。欧盟新安全战略将根植于利益的价值观界定为四个方面，即和平与安全（Peace and Security）、繁荣（Prosperity）、民主（Democracy）与基于规则的全球秩序（A Rules-Based Global Order）。

## 一　和平与安全

维护欧盟和平与安全是欧盟新安全战略的首要目标。欧盟将促进和平并保障其公民和领土的安全。这里的安全包括欧盟内部安全和外部安全。内部安全与外部安全交织在一起，欧盟内部的安全将带来邻国和周边地区的和平；反之，没有外部安全就无法保障欧盟的内部安全。因此，欧盟外部地区的和平不可避免地需要欧盟在对外行动中施加影响力，在欧盟相邻的地区出现冲突和危机时采取包括减少冲突、不扩散政策、介入地区冲突方式等进行干涉，以促进人类安全，解决不稳定的根源，构建更安全的外部世界。为保障安全，欧盟需要提高安全与防务的能力，并与合作伙伴共同履行条约中的相互援助和团结的承诺。

## 二　繁荣

欧盟新安全战略的第二项价值是实现经济繁荣。这里的繁荣包括三个层次：一是促进内部经济增长、就业、平等以及安全健康的环境，实

---

① European External Action Service, "Shared Vision, Common Action: A Stronger Europe, A Global Strategy for the European Union's Foreign And Security Policy", June 2016, https://eeas. europa. eu/archives/docs/top_ stories/pdf/eugs_ review_ web. pdf, p. 5.

现可持续发展的目标，从而促进欧盟内部人民的繁荣。只有欧盟经济繁荣，才能为强大而安全的联盟提供基础和保障。二是在全球范围内建立强大的内部市场和开放的国际经济体系，塑造全球经济和环境的规则以促进市场的公平和开放。三是通过开放的海洋、陆地、空间、太空和网络空间，持续进入全球公共空间，通过确保资源和信息的自由流动和自由安全的网络来保障经济繁荣。

### 三　民主

欧盟继续坚持民主和法治原则，促进人权、尊重基本自由和法治，以增强欧盟民主的复原力。欧盟界定的民主原则包括正义、团结、平等、非歧视、多元、尊重多样性等方面。欧盟能否在内部持续坚持自己的民主也直接决定了其对外的影响力和可信度。同时，为维护欧盟民主的质量，欧盟将在移民、庇护、能源、反恐和贸易等领域尊重成员国国内法、欧盟法和国际法。

### 四　基于规则的全球秩序

欧盟领导人承诺将维护以规则为基础的全球秩序，以多边主义为主要原则，以联合国为核心，通过欧盟的综合力量，促进国际间商定的协议和规则，以控制强权政治，并为和平、公平和繁荣的世界做出贡献。建立在国际法基础上的多边秩序，包括《联合国宪章》和《世界人权宣言》的原则，是维护国内外和平与安全的唯一保证，有利于将欧盟的民主价值观嵌入国际体系之中，发挥联盟的全部潜力，促进经济繁荣、经济体的开放和全球联系的深入。

## 第二节　欧盟对外行动的指导原则

基于对欧盟所处的战略环境的客观评估以及对更美好世界的理想主

义憧憬，欧盟摒弃孤立主义和干涉主义，以有原则的实用主义为对外行动的指导原则，具体包括团结统一、积极参与、担负责任和伙伴关系四个方面。

## 一　团结统一

新安全战略指出在全球权力转移和权力扩散所导致的更复杂的世界里，欧盟必须团结一致。这种团结指在欧盟机构、成员国和民众之间建立团结统一的共同体。团结对于当前的欧盟而言既紧迫又至关重要。一个真正团结的联盟才有能力为其公民提供安全、繁荣和民主，并在世界范围内产生积极的影响力。事实上，欧盟成员国与欧盟的整体利益没有冲突，团结一致的欧盟有利于克服和解决欧盟成员国单独行动或采取共同行动时不协调等问题，只有通过一致的立场和行动才能实现欧盟的共同利益和欧盟公民的利益。

## 二　积极参与

全球化带来了许多全球性问题与挑战，环境退化、资源匮乏、跨国犯罪、恐怖主义等外部威胁对欧盟的内部政策产生重要影响。在一个相互联系更紧密的世界里，世界各国彼此相互依存，全球产业链和世界市场的形成、科学技术的飞速发展和近年来不断增长的移民，是欧盟需要充分参与全球市场并共同制定管理全球市场的规则的重要动因。因此，欧盟新安全战略指出，欧盟不会通过自我封闭来抵御外部威胁，孤立主义将使联盟失去未来发展的机会。欧盟将通过参与更广泛的合作，利用相互依存的国际关系所带来的机遇、挑战来管理欧盟与外部世界的关系，全面参与世界市场的建立和共同规则的制定。

## 三　担负责任

对安全问题的责任意识是欧盟新安全战略着重强调的原则之一。欧盟认为，在对抗日趋激烈的世界中，虽然没有"一刀切"的方案可以解决所有危机，并且不同政治文化背景的国家和地区也不能照搬欧盟的解决方案，但欧盟仍将积极履行责任，在总结过往的经验教训、客观认识解决地区安全问题的复杂性与长期性的基础上，为世界带来积极的变化。因此，欧盟将对周边地区的安全危机采取迅速行动，防止周边地区暴力冲突，并对危机做出负责任而果断的反应，促进当地达成的协议，并做出长期承诺。此外，欧盟还着眼于在全球范围内解决冲突和贫困的根源，并倡导人权的不可分割性和普遍性。同时，在承担责任方面，欧盟将采取更加务实的方式，而不是以"全球警察"的身份从外部强加解决方案。① 无论是欧盟还是其他全球行动者，在一个权力更加四分五裂的世界里，全球安全只能通过集体努力的方式来实现。

### 四　伙伴关系

作为一个负责任的全球利益攸关方，欧盟认为责任应该共享并注重发展与欧盟合作伙伴的关系。新安全战略指出，建立伙伴关系以共同承担责任是欧盟推进基于规则的全球秩序的指导原则。欧盟构建伙伴关系的对象很广泛，为了实现这一目标，欧盟与各国、各区域机构和国际组织接触，有选择地与那些提供全球公共产品和应对共同挑战所必需的合作者进行合作，并深化与民间社会和私营部门的伙伴关系。

总之，无论外部世界如何变化，国际格局如何调整，保障欧盟的和平与安全、促进繁荣、维护民主和构建基于规则的全球秩序是促进欧盟全体公民福利的应有之义和根本目标，也是欧盟塑造理想国际关系的主要目标。团结一致、积极参与、担负责任和促进伙伴关系是欧盟对外行动的根本原则，这些价值目标和原则事关欧盟自身稳定和发展，也关涉欧盟对外行动的效率和质量。

---

① European Union Institute for Security Studies, *Yearbook of European Security 2016*, April 2016, https：//www. iss. europa. eu/sites/default/files/EUISSFiles/YES_ 2016_ 0. pdf, pp. 136 - 139.

# 第 四 章
## 欧盟对外行动的主要任务与具体要求

在当今的欧盟，地区冲突、恐怖主义、混合威胁、气候变化、经济动荡和能源危机等传统和非传统安全危机时刻威胁着欧盟的领土以及区域内的民众。一些成员国内的疑欧情绪日益高涨也时刻威胁着欧盟的价值观和欧洲人的生活方式。欧盟新安全战略出台之际，正值英国脱欧公投举行，导致新安全战略出台几乎没受到媒体的关注，也极大地打击了欧洲一体化的信心。[①] 为了保存欧洲一体化所取得的成果并推动一体化的发展，欧盟必须兑现承诺，并推动成员国间相互帮助和团结。在这一背景下，欧盟新安全战略确定欧盟对外行动主要任务为：保障欧盟自身安全、构建东部和南部地区国家和社会的复原力、应对冲突和危机的综合方法、构建合作型区域秩序和面向 21 世纪的全球治理。

## 第一节　保障欧盟自身安全

欧盟新安全战略指出，欧盟对外行动的任务首先要保护欧盟自身的

---

① Margriet Drent and Dick Zandee, "After the EUGS: Mainstreaming a New CSDP", July 2016, https：//www. clingendael. org/sites/default/files/pdfs/After%20the%20EUGS%20-%20mainstreaming%20a%20new%20CSDP%20-%20EUISS%20-%20July%202016. pdf, p. 2.

安全（The Security of Our Union）。保护欧盟自身安全主要包括安全与防务建设、加强反恐、维护网络安全、保障能源安全和加强战略沟通五个方面。

## 一　安全与防务建设

欧盟新安全战略出台之际，欧洲防务署（European Defence Agency，EDA）的数据显示，从 2005 年到 2015 年的十年间，欧洲防务署参与国的国防开支下降了 10.7%（220 亿欧元）。英国脱欧使欧盟防卫能力发展和行动战略决策变得更为复杂。与此同时，美国的战略重心向亚太地区转移，其对欧洲安全的定位从欧洲安全的"提供者"向欧洲安全的"合作者"的转型，也促使欧盟重新审视自己在周边地区乃至全球层面的安全责任。[①] 在上述背景下，欧盟新安全战略对欧盟的安全与防务设定如下任务。

首先，加强欧盟的战略自主（Strategic Automony）。虽然北约可以基于集体安全机制保护欧盟很多成员国免受外部攻击，但欧盟仍然必须拥有、培训和组织自身的安全力量，自主采取果断行动以应对来自"东线"的混合威胁和"南线"的外溢效应。然而，欧盟现在的安全与防务政策在情报和侦察、远征行动的使能技术、精确弹药和确保海上通信线路安全等领域的能力仍存在不足。基于此，欧盟应加强自身在安全与防务领域的能力建设，[②] 明确安全与防务的军民志向、任务、要求和能力优先事项，明确界定冲突的种类、防卫的战略目标、能力建设、科技创新与研发，并加强欧盟机构之间、成员国与欧盟机构之间，甚至是欧盟防卫的陆、海、空实力之间的协调，确保其在没有美国的情况下有

---

① Gerhard Wahlers, "The Security Policy Dimension of Transatlantic Relation in the Context of the Ukrainian Crisis and the Strengthening of the CSDP", http：//www. kas. de/wf/doc/kas_ 41574-544-2-30. pdf, pp. 18-25.

② European External Action Service, "Shared Vision, Common Action：A Stronger Europe, A Global Strategy for the European Union's Foreign And Security Policy", https：//eeas. europa. eu/ archives/docs/top_ stories/pdf/eugs_ review_ web. pdf, pp. 18-23.

能力采取行动,① 依靠自身实力解决欧洲的安全问题,② 以满足欧盟自主防卫所需。③ 此外,互助和团结、投资和能力以及有效的欧洲防务技术和工业基础是任何可信的共同防务政策的关键特征,欧盟需促进成员国在安全与防务上共同努力和协调行动,促进成员国间开展更深层次的防务合作。

其次,欧盟在加强自身防务自主与能力的同时,应通过强有力的手段维持邻国的安全,帮助合作伙伴发展安全和防御能力(如危机管理和能力建设等),并维持"全球公共资源的可持续利用",如作为"全球海上安全提供者",关注亚洲地区的海上安全。④ 欧盟应确保成员国和欧盟机构之间团结协作以应对恐怖主义、混合威胁、网络安全、能源安全、有组织犯罪和边境管理等内外部挑战。例如在采用军事手段应对混合威胁上,欧盟可以向非北约成员国瑞典和芬兰部署欧盟战斗群,或协助波罗的海国家加强其国内安全,特别是应请求通过准军事部队;⑤ 对于外部危机管理(包括军事和民事方面),欧盟应有更高的反应能力,危机管理行动应涵盖从稳定、培训和援助到干预行动多个方面,根据需要配备足够的海空部队;欧盟需要有一个结构性的可持续发展边界安全政策,与边境安全有关的任务须增加对小型船只监视资产和边境警卫人员的供给。

再次,就集体安全而言,北约仍是大多数欧盟成员国防务的主要机制。但欧盟与北约的关系不应影响到非北约成员国的欧盟成员国的安

---

① Sven Biscop, "Peace without Money, War without Americans, Can European Strategy Cope?", *European Security*, Vol. 26, No. 1, 2017, pp. 151-152.

② Barry Posen, *Restraint: A New Foundation for US Grand Strategy*, Cornell University Press, 2014, pp. 48-57.

③ Daniel Fiott, "After the EUGS: Connecting the Dots", https://www.iss.europa.eu/sites/default/files/EUISSFiles/Alert_ 33_ EUGS. pdf, p. 2.

④ On the EU Global Strategy and the Neighbourhood, see Michael E. Smith, "Implementing the Global Strategy Where It Matters Most: The EU's Credibility Deficit and the European Neighbourhood", *Contemporary Security Policy*, Vol. 37, No. 3, 2016, pp. 24-35.

⑤ Wolfgang Wosolsobe, "After the EUGS: Specifying the Military Tasks", https://www.iss.europa.eu/sites/default/files/EUISSFiles/Alert_ 35_ EUGS_ military.pdf, p. 2.

全。因此，欧盟将在互补、协同和制度框架中深化与北约的合作并加强自身安全共同体能力建设，可靠的欧盟安全和防务建设应既可以确保欧盟能够自主行动和安排，又有利于与北约合作。除北约外，维护以联合国为核心、以规则为基础的全球秩序是欧盟的重大利益，欧盟将进一步协助和补充联合国维和行动，在关键领域采取多边外交举措，加强军事贡献。

最后，欧洲安全与防务自主性的提升不会一蹴而就，而是需要做好长期规划，尽早确定相关的能力目标。从短期目标来看，国防开支即使在一些成员国内不断增加，但由于分散和重复，欧盟层面并没有产生真正的安全防卫能力，欧盟关键的防卫能力不足问题仍没有得到解决。因此，欧盟成员国须继续深化军事合作。没有合作，欧盟的防御就没有足够的成本效益；从中长期目标来看，欧盟应加强知识库、情报收集和态势感知的能力建设，并进一步加强旨在确保研究和技术的战略自主性的所有手段，包括合作的相关方面。

## 二 加强反恐

鉴于欧洲已爆发多起恐怖袭击事件，新安全战略指出欧盟应加大对反恐的投入和采取反恐共同行动。首先，欧盟应推动成员国与欧盟机构之间实现反恐信息共享和情报合作。其次，欧盟须深化在打击暴力极端主义方面的教育、宣传，通过宗教和文化之间的对话以及加强与民间团体、社会行动者、私营部门和恐怖主义的受害者的合作来反对激进主义。最后，欧盟应进一步发展人权标准，与北非、中东、西巴尔干、土耳其及世界各地的合作伙伴进行反恐合作，共同打击暴力极端主义和恐怖主义。

## 三 维护网络安全

新安全战略指出，欧盟将更加重视网络安全，协助成员国免受网络攻击，并确保网络空间的开放、自由和安全使用。在网络安全方面，欧盟将致力于保护关键基础设施、系统和服务免受网络袭击威胁，减少网络犯罪，建立信息和通信技术系统，保证数据的可用性和完整性，确保欧洲数字空间的安全；在协助成员国方面，欧盟将支持成员国之间在政治、业务和技术网络方面合作，并促进欧盟各机构与成员国相关机构之间开展合作；在网络空间开放、自由与安全使用方面，欧盟将加强与核心伙伴如美国和北约的网络安全合作，在网络安全领域构建强有力的公私伙伴关系，促进成员国、欧盟各机构、私营部门和民间社会之间的合作和信息共享以构建共同的网络安全文化，并为可能的网络破坏和网络攻击做好准备。

### 四 保障能源安全

在能源安全方面，欧盟将致力于确保其能源（特别是天然气）的来源、路线和供应的多样化，减轻欧盟的能源依赖；加强与可靠的能源生产国和过境国的关系，并支持能源基础设施建设，使多样化的能源能够进入欧洲市场；在能源一体化方面，欧盟将致力于构建全面运作的内部统一能源市场，开发清洁能源，让不同的能源生产载体、基础设施及消费行业彼此关联，实现统一规划和运营，以提高效率并降低成本。欧盟委员会于 2020 年 7 月发布《欧盟氢能战略》和《欧盟能源系统整合策略》，设置新的清洁能源投资议程，以实现 2050 年碳中和的目标，并在相关领域创造就业，进一步刺激欧盟在后疫情时代的经济复苏。[①]

### 五 加强战略沟通

欧盟将加强战略沟通，通过加强在不同领域的公共外交，以确保对内，欧盟公民知悉欧盟对外政策；对外，欧盟能更好地与其合作伙伴沟通与合作。同时，欧盟将继续在欧盟内外建立一个开放和具有探索性的媒体环境，并加强与地方合作伙伴和社交媒体的合作。

---

① 《欧盟整合能源体系 推出氢能战略》，http://www.xinhuanet.com/energy/2020-07/13/c_1126229476.htm。

## 第二节　构建东部和南部地区
## 国家和社会的复原力

据经济合作发展组织（Organization for Economic Co-operation and Development，OECD）2016 年发布的报告，全世界几乎有四分之一的人口生活在脆弱且不稳定的国家或社会中。① 欧盟周边遍布脆弱且不稳定的国家和地区，并时刻威胁着欧盟重大利益。因此，欧盟将与其合作伙伴一起促进欧盟周边东部和南部地区的国家及其社会的复原力（State and Societal Resilience to our East and South）。

### 一　复原力的含义及其在欧盟新安全战略中的地位

所谓复原力（Resilience），也称恢复力、弹性或韧性，本意是指人或事物快速恢复的能力，或是适应环境变化的速度和能力，是常见于工程学、社会生态学或心理学的术语，现在也被引申用于国际关系学领域，② 旨在描述一个政治主体适应不同挑战并在重大打击后恢复的能力和速度。这种能力不仅是针对一个国家的政府，还包括社会中其他行为主体。

复原力的概念被很多国家和国际组织外交政策话语和实践所采用，欧盟并不是第一个采用复原力概念的组织。经济合作与发展组织（2008）、美国国家安全战略（白宫 2015 年）和联合国气候变化、备灾和发展政策报告（联合国 2012 年、2013 年）等都多次采用复原力

---

① Organization for Economic Co-operation and Development，"States of Fragility 2016：Understanding Violence"，https：//www.oecd-ilibrary.org/development/states-of-fragility - 2016 _ 9789264267213-en，p. 25.

② Jeremy Walker and Melinda Cooper，"Genealogies of Resilience：From Systems Ecology to the Political Economy of Crisis Adaptation"，*Security Dialogue*，Vol. 42，No. 2，2011，pp. 144 - 160.

的概念。① 新安全战略也并不是第一份提到复原力概念的欧盟文件，欧盟最早在发展、人道主义和减少灾害及风险管理政策等领域使用"复原力"的概念，并将复原力定义为"个人、家庭、社区、国家或地区抵御、应对、适应和迅速从暴力、冲突等压力和冲击中恢复的能力"。② 此外，涉及复原力的欧盟文件还包括"2012 年欧盟复原力方法"，该方法以欧盟在非洲之角和萨赫勒地区的经验为基础形成了萨赫勒地区的《全球抗灾联盟倡议》和《支持非洲之角的抗灾能力》两份文件；③ 2013 年，欧盟委员会推出了《危机易发国家复原力行动计划》，指出"欧盟应将对国家复原力方法的发展和实施的支持纳入国家发展计划"。④ 依照该计划，欧盟还创立了欧盟年度复原力论坛和欧盟 2014 年复原力标志，⑤ 评估由欧盟委员会欧洲公民保护和人道主义援助行动总局资助的方案在多大程度上将复原力考虑纳入其项目中。⑥ 此外，《欧盟复原力纲要》指出欧盟需要优先考虑欧盟政策周期中的若干要素：风险评估、风险降低、预防、缓解和准备，以及迅速应对危机和从危机中恢复，⑦ 并以具体事例说明了复原力方法是如

---

① Ana E. Juncos, "Resilience as the New EU Foreign Policy Paradigm: A Pragmatist Turn?", *European Security*, Vol. 26, No. 1, 2016, pp. 1-18.

② European Commission and HR/VP, "Elements for an EU-wide Strategic Framework for Supporting Security Sector Reform", Joint Communication to the European Parliament and the Council, JOIN (2016) 31 final, Brussels, 5 July; European Commission, "Building Resilience: The EU's Approach-Factsheet", http://ec. europa. eu/echo/files/aid/countries/factsheets/thematic/resilience_ en. pdf, p. 27.

③ European Commission, "The EU Approach to Resilience: Learning from Food Security Crises", Communication from the Commission to the European Parliament and the Council, COM (2012) 586 final, Brussels 3 October 2012.

④ European Commission, "Action Plan for Resilience in Crisis Prone Countries 2013-2020", Commission Staff Working Document SWD (2013) 227 final, Brussels, 19 June 2013.

⑤ European Commission, "Resilience Marker: General Guidance (November 2014)", Ref. Ares (2014) 3883617, November 21, 2014.

⑥ Wolfgang Wagner & Rosanne Anholt, "Resilience as the EU Global Strategy's New Leitmotif: Pragmatic, Problematic or Promising?", *Contemporary Security Policy*, Vol. 37, No. 3, 2016, p. 5.

⑦ European Commission, "EU Resilience Compendium, Saving Lives and Livelihoods", http://ec. europa. eu/echo/files/policies/resilience/eu_ resilience_ compendium_ en. pdf.

何转化为现实的。

然而近年来，随着欧盟面临的内外环境的变化，欧盟开始在其他领域强调复原力。对欧盟成员国来说，难民的大量流入以及由此引发的国内矛盾、来自欧洲以外的恐怖主义成员的渗透、欧盟国家的网络安全和网络相关基础设施的安全、来自欧盟外部的互联网黑客攻击等问题不断出现，欧债危机后的国内经济和就业问题等都时刻考验着成员国政府应对危机的能力；对欧盟周边国家和地区而言，复原力机制的应用范围既包括周边国家和地区政府能力的高低，廉洁与否，也包括社会稳定情况、网络安全、气候变化、能源安全与当地社会稳定的关联性等一系列问题。出现重大危机时，往往是上述矛盾集中爆发的结果，欧盟称之为"混合危机"（Hybrid Threats）；此外，面向全球的 21 世纪的全球治理从实际内容上更需要系统性的复原力的建设。在这样的背景下，欧盟新安全战略将"建立东部和南部国家和社会的复原力"确定为欧盟对外行动的五个关键优先事项之一，指出复原力是一个广泛的概念，被应用于国家或地区的多个领域，涉及政治秩序、地缘政治、反恐问题、网络安全、能源安全及气候变化等众多传统和非传统安全领域，以及关键基础设施、网络和服务的复原力以及欧盟民主政体的复原力等多个方面。欧盟构建复原力的重点是防止在这些脆弱的国家和社会中发生新的战争、人道主义灾难和难民危机。

## 二 欧盟新安全战略中复原力建设的内涵

欧盟的复原力建设主要体现在欧盟内部的复原力建设和欧盟对外的复原力建设两个维度。

（一）欧盟内部的复原力建设

欧盟内部复原力建设包括三个方面。

一是促进欧盟民主价值的复原力（The Resilience of Its Democracies）。在经济危机、难民危机等多重危机叠加的影响下，欧盟社会内部出现分裂，经济下行的欧洲各国要处理难民流入带来的治安、就业以及难民争夺社会资源而导致欧洲右翼力量的上升等多种问题，需要在尊重难民基本人权、法治、维护欧盟内部社会安全和回应本地反难民势力之间找到平衡点。难民问题的处理考验着欧洲民主在缓解冲突、平衡利益以及解决危机上的能力、反应速度和效力。难民问题处理不好，外界对于欧盟存在的价值和应对危机的能力也会产生质疑。这是欧盟民主价值需要复原力建设的原因所在。①

二是维护网络空间的复原力。欧盟认为，协调和统一欧盟一致认同的网络安全政策，是构建网络安全复原力的重要内容。欧盟网络空间复原力建设包括加强互联网相关的关键基础设施、互联网服务的安全系数、培养开发可信赖的数字服务和产品以及网络技术的能力等方面。欧盟通过加强各成员国和相关机构，以及与北约的网络安全合作，提高应对有组织黑客攻击、网络恐怖组织的犯罪行为的能力与反应速度。总之，欧盟对内的复原力建设可以被看成是一种潜在的一体化范式，欧盟在一些相关的领域进行复原力建设进而产生功能性连接，提高周边国家与欧盟的匹配水平，最后促进一体化的进程。

三是与伙伴关系合作建设复原力。欧盟提出要加强"跨大西洋"合作伙伴关系，在当下欧美绝对话语权降低的国际背景下，欧盟希望可以通过与美合作抵御风险。欧盟努力建立跨大西洋贸易与投资伙伴关系协定（TTIP），并在反恐、网络、移民、能源等领域深化与美的合作，而在传统安全领域欧盟仍旧与北约共同分担责任。更加平衡务实的"跨大西洋"关系能够加强双方的复原力建设，使欧盟对内和对外加强复原力的努力具备物质和制度基础。

（二）欧盟对外复原力建设

就欧盟对外的复原力建设而言，欧盟东部及南部邻国的复原力建设是"复原力"这一概念的核心应用领域。对欧盟来说，周边地区安全局势与欧盟本身安全密切相关。政府与社会的稳定是繁荣与民主的来源，

---

① European Council, "Enropean Security Strategy: A Secure Europe in a Better World", December 2003, https://www.consilium.europa.eu/media/30823/qc7809568enc.pdf, p. 15.

一个国家安全局势的好坏不仅取决于政府部门的复原力，还涉及社会公众、民间组织乃至个人。复原力意味着整个社会方方面面的主体在面临危机时的适应能力。一个国家或社会出现重大危机往往是多重矛盾集中爆发的结果，欧盟新安全战略将此类具有内外联动特征的危机称为"混合危机"。相应地，欧盟应对混合危机的复原力建设也涉及多方面内容、具备多种能力、采用多种方法、涵盖多个对象。就能力而言，复原力涉及从乌克兰的安全部门改革到利比亚海岸警卫队的培训，从支持叙利亚建立难民接纳区到制定欧洲对外投资计划，以及允许私营公司投资于周围的脆弱地区等方面；同时，欧盟也注重对周边地区实施评估，这是欧盟加强周边地区复原力工作的重要组成部分；① 就方法而言，复原力强调运用"自下而上的方法"，或兼采"自上而下和自下而上的方法"，② 即力求超越以往寻求整体和外部推动变革的体制建设方案，自下而上地建设当地行动者的能力。这一路径代表了欧盟实践的转变，即从自由和平组织强调自上而下的制度建设转向自下而上的方法来建设个人、社区和社会的复原力，虽然制度建设没有完全放弃，但现在的重点是能力建设和/或能力发展，侧重于行为者的能力水平，而不是外部或国际环境；③ 就对象而言，新安全战略强调复原力建设要在各级建立强有力的网络和伙伴关系。伙伴关系是欧盟外交政策的关键概念（例如欧盟旧安全战略中提到的有效多边主义）。欧盟建立伙伴关系有利于欧盟与各国、区域和国际组织建立联系。除建立战略伙伴关系（与核心伙伴、志同道合的国家和区域集团的关系）外，新安全战略还强调寻求"创造性地考

---

① "Joint Report to the European Parliament, the Council, the European Economic and Social Committee and the Committee of the Regions Report on the Implementation of the European Neighbourhood Policy Review", JOIN18 final, 2018, p. 33.

② European External Action Service, "Shared Vision, Common Action: A Stronger Europe, A Global Strategy for the European Union's Foreign And Security Policy", June 2016, https://eeas. europa. eu/archives/docs/top_ stories/pdf/eugs_ review_ web. pdf, p. 31.

③ Ana E. Juncos, "Resilience as the New EU Foreign Policy Paradigm: A Pragmatist Turn?", *European Security*, Vol. 26, No. 1, 2016, p. 10.

虑进一步深化定制伙伴关系"。① 伙伴关系的概念也延伸到"网络世界中
的关键角色"——民间社会和私营部门。虽然欧盟在旧安全战略中就已
强调伙伴关系和多边主义，但新安全战略的做法更为务实：在确定在哪
个领域与哪个战略伙伴合作时，欧盟应以实践为指导原则。此外，欧盟
新安全战略的复原力建设强调责任的分配、全面性、灵活性和内外联合
的方法。② 就责任的分配而言，建设复原力的责任不在欧盟而在当地。
欧盟承诺与当地社区密切合作，制定政策，而不是单纯依赖欧盟。就复
原力建设的价值理念而言，欧盟认为自身的价值理念和制度规范是构建
一个和平、安全及繁荣的社会的必由之路，是复原力建设最终的理想目
标，其理论自信来源于西欧国家二战后长期持续的和平与繁荣的历史，
因此在新安全战略中对具备复原力社会的特征下了定义，一个真正具备
能够良好应对危机的有复原力的社会，是"一个以民主、对机构的信任
和可持续发展为特征的社会"③。

　　就复原力适用的领域而言，欧盟新安全战略重点适用于如下领域。

　　首先是欧盟扩大政策。自苏联解体以来，许多中东欧国家陆续申请
加入欧盟，欧盟将尊重和履行欧盟的价值观和制度规范作为加入的条
件。有意加入欧盟的中东欧国家需要在本国实行一系列政治经济体制改
革，以符合入盟标准。20 世纪 90 年代至今，欧盟实现了数次扩张，边
界的变化引发了边境管理和制定移民政策的难度，欧盟的邻国直接与发
展相对落后的国家接壤，这些国家还处于政治和经济政策改革的过渡和
适应时期。例如，在内战后的巴尔干地区，经济社会条件和治安状况都
与欧盟国家存在不小的差距，地理位置上的毗邻给欧盟的安全带来隐
患。基于此，欧盟新安全战略指出，任何尊重和促进条约所载价值的欧

---

① European External Action Service, "Shared Vision, Common Action: A Stronger Europe,
A Global Strategy for the European Union's Foreign And Security Policy", June 2016, https://
eeas. europa. eu/archives/docs/top_ stories/pdf/eugs_ review_ web. pdf, p. 25.

② Ana E. Juncos, "Resilience as the New EU Foreign Policy Paradigm: A Pragmatist Turn?",
*European Security*, Vol. 26, No. 1, 2016, p. 19.

③ European Council, "Enropean Security Strategy: A Secure Europe in a Better World", De-
cember 2003, https://www. consilium. europa. eu/media/30823/qc7809568enc. pdf, p. 24.

洲国家都可以申请成为欧盟成员国。同时，欧盟对候选国的政策将继续以明确、严格和公平的加入程序为基础。可信的扩大政策代表着对欧洲安全与繁荣的战略投资。在目前扩大政策的范围内，移民、能源安全、恐怖主义和有组织犯罪在欧盟、西巴尔干和土耳其之间均有发生，欧盟在所有这些国家都有独特的影响力。因此，欧盟的战略挑战是在西巴尔干和土耳其促进政治改革、法治、经济趋同和睦邻关系，同时确保不同部门开展协调合作。

其次是欧盟睦邻政策。相比于欧盟扩大政策把复原力建设作为加入欧盟的条件的硬性要求，欧盟睦邻政策在复原力建设方面主要是一种软性力量。欧盟在 2013 年"危机易发国家韧性行动计划"之后淡化了民主化概念，并在其地区战略报告中表示不会强行输出欧盟模式，而是重视从不同地区经验中相互启发，[①] 依靠欧盟层面各个机构、相关成员国和市民社会的参与来实现与周边国家的关系发展。欧盟利用了对复原力的解释尝试复原力的差异化嵌入，即通过对不同国家存在的迫切问题实施援助，鼓励这些国家将自身发展与欧盟民主化模式结合，进而内化复原力意识。欧盟认为其自身的制度优势和经济环境对欧盟周边国家有足够的吸引力，并期望与之更加紧密的关系。[②] 因此，欧盟新安全战略指出，欧盟的睦邻政策将推动欧盟与东部伙伴和希望与欧盟建立更强关系的南地中海国家发展关系，致力于通过若干经贸协议加强与欧盟周边国家的经济联系，例如，支持这些国家实施包括深度和综合自由贸易区在内的协议（DCFTAs），并根据每个国家的不同国情定制与欧盟的合作伙伴关系（Tailor-made Partnerships），建立跨欧洲网络和与能源共同体的国家建立经济区，建立与这些国家的物理和网络联系，以及加强与欧盟国家的教育和人文交流等。欧盟将采取各种手段，调动各类行为体的

① European External Action Service, "Shared Vision, Common Action: A Stronger Europe, A Global Strategy for the European Union's Foreign And Security Policy", June 2016, https://eeas. europa. eu/archives/docs/top_ stories/pdf/eugs_ review_ web. pdf, p. 18.

② European Council, "Enropean Security Strategy: A Secure Europe in a Better World", December 2003, https://www. consilium. europa. eu/media/30823/qc7809568enc. pdf, p. 25.

积极性，为欧盟周边国家进一步参与共同安全与防务铺平道路。

再次是周边地区的复活力建设。第一，在欧盟看来，欧盟周边地区出现的安全问题，源于专制国家长期存在的固有的脆弱性，人民的诉求与不满被长期压制而导致一系列社会问题，矛盾的积累达到某个节点引发政治秩序的不稳定。因此欧盟新安全战略指出欧盟应通过对话与合作的方式寻求对周边地区的人权保护，推进当地的司法、国防和安全部门改革，并在尊重法治的基础上加强其安全部门的工作能力，支持具有包容性和负责任的治理，打击恐怖主义、腐败和有组织犯罪，达到维护政治和社会秩序的目的。第二，安定的社会离不开繁荣的经济和民生，欧盟着眼于集中解决最严重的贫困及贫富差距和就业问题，特别是妇女和青年的就业问题，并加大对当地的战略投资，推动可持续增长，创造就业机会。此外，欧盟也将注重采用综合方法来加强周边地区的复原力建设，内容涉及人道主义、发展、移民、贸易、投资、基础设施、教育及卫生等多项内容，即通过贸易协定来促进当地的可持续发展、人权保护以及以法治为基础的治理体系。第三，欧盟把加强与当地民间社会的联系看作是复原力建设的重要组成部分。建设公民社会的进程就是构建社会复原力的进程。因此，欧盟注重加强与宗教组织、文化团体及人权活动家等社会活动人士的联系，通过支持教育事业、加强与欧盟国家的文化交流，以及对青年多元价值观的培养来活跃民间力量，并致力于培养和构建一个多元化的民间社会。此外，在周边地区的能源和环境问题上，欧盟将复原力看作是维护周边国家安全与稳定的工具。欧盟周边地区普遍面临能源转型的挑战，但转型的进程本身充满风险，气候变化对欧盟周边地区的农业、水资源及粮食安全等一系列民生问题产生严重影响，由此可能引发政治秩序的动荡。欧盟认为其有责任协助周边国家能源的转型，鼓励可再生能源的利用和发展，以缓解气候变化带来的粮食短缺和土地荒漠化等问题，提高对气候变化的适应能力，加强对环境的治理，并支持当地政府通过国际合作制定更合理有效的粮食政策、水资源和能源的可持续利用政策。换言之，对欧洲周边地区能源政策上提供相应的援助，是为了防止能源转型的进程中出现的风险，而能源问题又与当地水资源及粮食安全相关联，并构成一系列复杂的社会问题，欧盟需要构建的是周边地区平稳应对能源和环境问题的成熟机制，这一机制的实现有赖于欧盟多部门的技术合作。

最后是更有效的移民政策。在移民政策方面，如何有效管理移民和难民成为评判欧盟移民政策的复原力的标尺。欧盟将工作重点放在加强与移民和难民的来源国和过境国之间的合作与协调及人道主义援助上，共同制定通用的和量身定制的移民方法，包括外交沟通、流动管理、合法移民的判定、边境管理、再入境、遣返和打击跨界犯罪等相关事项。欧盟还将对移民和难民过境国提供支持，改善接受和庇护难民的能力，并致力于移民的教育、职业培训和谋生机会，通过提供合法的入境渠道来阻止非法难民流入欧盟，建立一个更有效的欧洲共同庇护系统来确保移民和难民的安全和人权。此外，欧盟还将加强与联合国、区域组织和民间社会等非国家行为体的合作，与合作伙伴建立一个共同致力于有效管理移民和难民的机制规范。

纵观整个欧盟新安全战略报告文本，从欧盟新安全战略本身的陈述中可发现，复原力概念贯穿于整个战略内容之中，尽管复原力是稳定欧盟东部和南部国家政府及社会稳定的核心主题，但实际上在欧盟对外行动的五大优先事项中，都包含有对复原力的概念表达，这其中既包括欧盟本身核心安全问题，也有跨区域的非传统安全热点问题，还包含了从周边地区开始直至跨大洋的全球建构关系上。总结而言，无论是欧盟内部战略还是外部行动，复原力作为一个定义含糊的概念，对于政策制定者来说是一个广泛适用的理论工具，借以进一步推进或阐释政策的落实。

## 第三节　应对冲突和危机的综合方法

在新安全战略提出应对冲突和危机的综合方法（Integrated Approach）

之前，欧盟已有一套应对冲突和危机的方法，称之为"全面方法"（Comprehensive Approach）。2014 年的欧盟理事会对它的定义是："一个通用的工作方法和一系列具体措施和流程，旨在根据共同的战略愿景和利用广泛的现有的工具和手段，提高欧盟集体发展更加连贯和有效的政策，交付连贯有效的工作实践、行动和结果。"全面方法主要是在数量和种类上扩大了手段与工具的范围，而欧盟新安全战略中提出的综合方法则在《2016—2017 年全面方法的行动计划》的基础上延伸和拓展其内涵和范围，并强调各种措施、各个流程和各方之间的联系、协调与配合，从横向和纵向上有了更强的整合性。综合方法的提出不仅是欧盟适应不断变化的外部环境的表现，也是欧盟机构内各行为体在后里斯本机构设置下深化其地位，提高欧盟在国际舞台上的政治影响力的结果。综合方法取代全面方法，暗含着欧盟在应对冲突和危机上更高远的目标和抱负，在行动构想上更完善更精心设计。

具体说来，新安全战略下的冲突方法主要包括冲突预防、冲突过渡期、冲突解决、冲突后的重建四个阶段。

### 一 预防冲突

欧盟新安全战略认为，欧盟首先必须培养一种迅速采取行动应对暴力冲突风险的政治文化。危机前的未雨绸缪比在危机爆发后被动应对更有效率和效果。一旦冲突爆发，它会随着时间推移变得更加难以解决。因此，欧盟将在预防和监测冲突产生的根本原因上加大投入，如侵犯人权、不平等、资源紧缺和气候变化等因素。其次，要采取早期行动。只有早期预警不尽快采取行动也是无用的。因此，欧盟将定期向理事会报告和发表建议，通过动员欧盟代表团和特别代表来进行预防性外交和调解，并深化与当地公民社会的伙伴关系。

### 二 确保过渡期的安全与稳定

欧盟新安全战略强调欧盟要努力弥合暴力结束和长期恢复之间的反

应间隔，致力于采取更系统的安全政策并兼顾行动的双重属性：安全与发展。首先，在充分遵守国际法的前提下，欧盟的安全与防务行动必须更有能力建设和平、保障安全和保护人特别是平民的生命。其次，欧盟需要针对危机，特别是在打击恐怖主义方面做出迅速、负责任和果断的反应，能够在达成和平协议和建立或正在建立过渡政府时提供安全。如果不能，欧盟应时刻准备好支持和帮助当地停火，为后续的能力建设铺平道路。再次，欧盟应采取一致的对内和对外政策，应对可能由冲突产生的不安全因素的外溢，尤其是因贩运、走私和恐怖主义等引起的冲突。最后，当稳定的状态成为可能时，欧盟必须使合法机构能够迅速向当地居民提供基本的服务和安全，降低再次陷入暴力冲突的风险，并允许流离失所的人返回。

### 三　冲突解决

在解决冲突阶段，新安全战略强调欧盟将在冲突环境中更系统地借助文化、宗教、科学和经济外交的力量，在各个层级促进广泛治理的实现以重建当地政府与公民之间的信任并达成协议。当国家的"政治中心"被打破时，自上而下的行动的影响力是有限的，广泛的政治解决需要各层级的行动。因此，欧盟将通过共同安全与防务政策、发展和专门的金融工具，结合自上而下和自下而上的努力，培育可持续独立国家所需的根植于地方的基本构成要素。欧盟还将在地方一级开展工作以更好地向公民提供基本服务，例如与地方当局和市政部门合作，并与公民社会进行更深入接触，增进欧盟对当地的了解，帮助欧盟区分不同的群体。欧盟还将通过调解和提供便利来促进广泛而全面的治理，发展更具创造性的外交手段。这也意味着欧盟会重视妇女在和平建设中的作用，包括执行联合国安理会关于妇女、和平与安全的决议，改善欧盟内部的性别平衡等。

### 四　构建和平的政治经济

冲突结束后欧盟将为合法经济创造空间使其得以在冲突后的地区扎

根和巩固。它包括如下方面：确保人道主义援助的渠道在暴力冲突中能够畅通以提供基本的物品和服务；破坏冲突状态下的政治经济，为合法生计创造存在的可能性；在人道主义援助与发展援助之间实现协同增效，支持向卫生、教育、保护、基本物品和合法就业上倾斜；当冲突地区趋于稳定时，协同开展贸易与发展，采取限制性措施并结合外交手段，为长期的和平建设奠定基础；在遵循国际法和欧盟法的基础上采取多种制裁措施，推动各种政策（如军民两用产品出口管制政策、打击非法贩运文化商品和自然资源的行为等）现代化，以破坏冲突状态下的政治经济并支持合法经济。

对比欧盟新安全战略下的综合方法和旧安全战略下的全面方法，可以发现欧盟新安全战略下的综合方法强调欧盟以务实且有原则的方式参与周边区域——欧洲的东部和南部地区的和平建设，同时考虑在逐个危机中加大介入力度，通过多维度（multi-dimensional）、多阶段（multi-phased）、多层次（multi-level）和多边（multi-lateral）的综合性方法促进人类安全。

多维度是指所有的冲突都涉及多个维度、多个领域和多个议题，因此综合方法适用范围将进一步扩大，充分利用旨在预防、管理和解决冲突的所有可使用的政策、手段和工具进行冲突预防和管理。例如在伊拉克，欧盟为打击"伊斯兰国"的全球联盟提供了非军事支持，且将继续对该组织采取制裁手段。击败"伊斯兰国"之后，欧盟投入伊拉克的重建中，帮助伊拉克人民"赢得和平"。自 2017 年以来，欧盟一直围绕伊拉克安全部门改革提供咨询服务，以支持该国的警察和刑事司法系统。同时，欧盟协助保护当地文化遗产，将 8000 余人纳入排雷行动，帮助他们恢复学习和工作等。

多阶段是指大多数的危机具有长期性、周期性与复杂性，因此欧盟将在冲突周期的所有阶段采取行动，致力于冲突预防、解决和冲突后的稳定及长久和平政治经济秩序的构建，避免在其他地方爆发新危机时过早脱离接触。在预防阶段，加大对早期预警和风险评估能力的投入，尽快采取早期行动；在冲突发生阶段，积极共享分析成果，深化合作与配合；在冲突解决的后期阶段，需要确保和平状态在当地扎根，帮助被冲突摧毁的国家和社会重建，解决不稳定产生的根本原因，保障各国不会再次陷入不稳定和暴力冲突中，或防止暴力升级。此外，欧盟还确保联合国、世界银行和社会组织，成员国使馆和欧盟代表团都参与到综合行动的实地过程中。例如欧盟对约旦、埃及和布隆迪的情况分析涉及欧盟机构和所有在当地有参与的成员国。

多层次是指任何冲突都与地方、国家、区域和全球各个层次的治理密切有关，需要从各个层次入手解决特殊的或共同的问题，采取综合性方法。例如叙利亚危机在当地爆发，但是全国性、区域性和全球性的问题使冲突复杂化，因此欧盟对其采取了多层次（当地—全国—区域—全球）方法。在由欧盟主办的关于叙利亚和该地区未来的布鲁塞尔国际会议上，国际社会开始反思叙利亚国家的重建，区域行为体和叙利亚民间社会的代表肯定了综合方法对和平的积极影响。

多边是指欧盟将采取多边方针，在实地与区域、国际组织和民间社会开展更为系统的合作，在区域和国际一级寻求更深入的合作，通过以广泛、深入和持久的区域和国际伙伴关系为基础的全面协作来实现持续和平。例如在中非共和国、马里共和国和索马里联邦共和国，欧盟派出综合安全部门改革（Security Sector Reform，SSR）特派团，响应中非共和国和尼日利亚当局的呼吁，与联合国、世界银行一起支持这些国家的恢复与和平建设。欧盟和联合国已同意每季度举行一次关于预防冲突的视频会议，与联合国和马里当局密切协调在马里中部进行的创新稳定行动，并根据《马里中部条约》第 28 条发起了首个预防性稳定行动。

总之，相较于旧安全战略的全面方法，新安全战略下的综合方法更具跨部门性和包容性，并以全面方法不具备的方式接触司法和内政参与者。也就是说，综合方法具有如下优势：首先，它可以被视为一种更雄心勃勃、更具政治性和长期性的冲突应对方法。其次，它更具战略性，超越了危机应对的操作层面，以更连贯的方式更好地整合欧盟应对措施的政治、经济和安全层面——涵盖冲突预防、危机管理、和平建设和解决不稳定的根源等方面。再次，综合方法更"立体"，它将欧盟反应的各个组成部分置于一个单一的权威之下，涉及广泛的冲突周期，属于"冲突分析和预防""冲突管理""冲突后稳定"的广泛范畴。而全面方法则更"水平"，即调动和同步广泛的工具。复次，综合方法更具可操作性，可以将其视为全面方法的一种可操作性手段（"一种将全面愿景转化为综合行动的软件"）。① 综合方法更注重冲突管理。当危机或冲突爆发并对"欧盟安全"产生潜在影响时，它要求欧盟在共同分析的基础上，在政治和操作上采取一致的应对措施。反应既具有包容性，将欧盟所有层面（民事和军事、安全与防务和欧盟代表团和委员会的服务、政治、安全、发展和人道主义等方面）结合在一起，又具有灵活性，允许采取量身定做的方法而非"一刀切"。欧盟冲突管理机构还需要优先联系非欧盟行为者各自的"危机管理小组"（联合国、北约、欧安组织等）以及当地行为者。最后，应对危机的短期措施应与解决冲突和不稳定根源的长期活动相协调。在冲突后阶段，综合方法确保危机管理和稳定之间的过渡符合包容性和地方自主的政治进程。这反过来又寻求整合各种政治、安全和发展组成部分，以便打破暴力循环，减少冲突复发的风险。安全与发展的并重以及欧盟委员会和其他国际行动者（联合国、北约、非洲联盟、区域机构）发挥更强有力的作用，有利于增强欧盟参与的一致性。②

## 第四节　构建合作型区域秩序

在全球性危机与局部冲突并存的背景下，各个地区形成区域合力是

---

① Thierry Tardy, "The EU: from Comprehensive Vision to Integrated Action", https://www.iss.europa.eu/sites/default/files/EUISSFiles/Brief_5_Integrated_Approach.pdf, p. 5.

② Thierry Tardy, "The EU: from Comprehensive Vision to Integrated Action", https://www.iss.europa.eu/sites/default/files/EUISSFiles/Brief_5_Integrated_Approach.pdf, pp. 2-4.

破解当前困局的关键所在。良好的区域治理模式和区域秩序为各国及其人民提供了更好的安全管理、从全球化中获得经济利益、更充分地表达文化和特性以及在世界事务中发挥影响力的机会。构建合作型区域秩序是欧盟 21 世纪实现和平与发展的基本理念与途径。因此，欧盟致力于在世界范围内构建不同类型的合作型区域秩序，由具体目标驱动来促进区域合作。

## 一　确保欧洲的安全秩序

新安全战略指出国家的主权、独立和领土完整、边界不可侵犯和和平解决争端是欧洲安全秩序的关键要素，适用于欧盟境内外的所有国家。然而，乌克兰危机造成的不稳定局势，对欧洲安全秩序提出了挑战。因此，欧盟将团结一致，坚持国际法、民主、人权、合作，坚持各国有自由选择自己的未来的权利。欧盟将促进与欧洲委员会和欧洲安全与合作组织的合作，并指出欧安组织是欧洲安全秩序的核心，欧盟将加强其在欧安组织内的贡献及其与欧安组织的合作为欧洲安全的支柱。

保障欧洲的安全秩序，处理好与俄罗斯的关系是关键。因此，欧盟需要有一个稳定连贯的对俄政策。一方面欧盟否认克里米亚加入俄罗斯的合法性，并对俄罗斯实施签证限制和资产冻结等制裁措施，同时加强欧盟内部、欧盟周边伙伴的团结与复原力，以确保欧洲的安全秩序。另一方面，欧盟也将积极与俄罗斯探讨分歧，并在利益一致的方面（如北极治理、海洋安全、教育、科研、跨区域合作等方面）展开合作。此外，欧盟还将强化其与欧洲委员会和欧洲安全与合作委员会的合作。

## 二　构建和平繁荣的地中海、中东和非洲秩序

地中海、中东和撒哈拉以南的非洲部分地区正处于动荡之中，在南部解决冲突和促进发展和人权对于应对恐怖主义的威胁、人口移徙和气候变化的挑战以及抓住共同繁荣的机会至关重要。因此，欧盟将加强对非洲和中东区域和次区域组织以及该区域功能性合作的支持，灵活地采

取行动，帮助弥合分歧，支持区域参与者提供具体成果。为此，欧盟将采取五项行动：一是在马格里布和中东地区，欧盟将在边境安全、反恐、武器扩散、水安全、食品安全、能源、气候变化、基础设施建设和危机治理等方面开展功能性多边合作；推动叙利亚、利比亚等冲突地区的对话和谈判；在巴以冲突问题上，推动四方、阿拉伯联盟和所有主要利益攸关方密切合作，并为有意义的谈判创造条件；深化与以色列和巴勒斯坦权力机构的合作。二是欧盟将加强与土耳其相关部门的合作，同时按照土耳其加入欧盟的标准巩固土耳其的民主，包括实现与塞浦路斯关系正常化，继续推进土耳其加入欧盟的进程，坚持严格和公平的加入条件，同时协调一致地就反恐、地区安全和难民问题进行对话；建立现代化的关税同盟和签证自由化，并在教育、能源和运输领域与土耳其进一步合作。三是欧盟将无差别地参与海湾地区事务，继续与海湾合作委员会（海合会）和个别海湾国家合作。在伊朗核协议及其实施的基础上，在贸易、研究、环境、能源、反贩运、移民和社会交流等领域逐步与伊朗接触，深化与伊朗和海湾合作委员会国家就地区冲突、人权和反恐问题的对话，努力防止现有危机蔓延，并为合作和外交创造空间。四是鉴于北非和撒哈拉以南非洲之间以及非洲之角和中东之间日益密切的联系，欧盟将支持这些地区的次区域合作，促进欧洲、非洲之角和海湾之间跨越红海的三角关系，以应对共同的安全挑战和经济机遇。通过与非洲联盟、西非国家经济共同体和萨赫勒五国集团保持更密切联系，系统地处理北非和西非、萨赫勒和乍得湖地区的跨界动态。五是投资于非洲的和平与发展，加强与非洲联盟以及西非经济共同体、东非政府间发展管理局和东非共同体的合作和支持；刺激非洲的增长和就业，签订经济伙伴关系协定以促进非洲一体化和流动性，并鼓励非洲充分和公平地参与全球价值链；加强非洲贸易、发展和安全政策之间的联系，将发展与移民、卫生、教育、能源和气候、科学技术等工作结合起来，特别是改善粮食安全；通过外交、可持续发展政策以及支持区域战略的信托基金等方式继续支持非洲的和平与安全，协助非洲组织在预防冲突、反恐和有组织犯罪、移民和边境管理等方面开展工作。

### 三 更团结的大西洋秩序

欧盟进一步投资跨大西洋关系。与北约以及与美国和加拿大建立牢固的跨大西洋伙伴关系对于欧盟加强复原力、应对冲突、促进有效的全球治理具有重要意义。对北约成员国来说，北约近 70 年来一直是欧洲—大西洋安全的基石。欧盟通过协调的国防能力建设，同步演习以及相互行动来加强与北约的伙伴关系，以共同抵御混合和网络威胁，促进海上安全。另外，在与美国的关系上，欧盟努力建立跨大西洋贸易和投资伙伴关系。在更广泛的安全议程上，美国仍是欧盟的核心合作伙伴。欧盟将加强与美国和加拿大在危机管理、反恐、网络、移民、能源和气候行动方面的合作。在大西洋其他地区，联盟将扩大合作，并在共同的价值观和利益的基础上与拉丁美洲和加勒比建立更牢固的伙伴关系，与不同的区域集团建立多边联系。欧盟将加强有关移民、海洋安全和海洋生物保护、气候变化和能源、裁军、不扩散和军备控制以及打击有组织犯罪和恐怖主义的政治对话与合作。与南方共同市场签署自由贸易协定，与古巴签署政治对话与合作协定，通过签证便利化、学生交流、研究合作和技术项目，与拉丁美洲和加勒比国家建立更深入的社会经济联系，并支持该地区和平协定的谈判和执行。

### 四 加强与亚洲的联系

欧洲繁荣与亚洲安全之间有直接的联系。亚洲的和平与稳定是欧盟繁荣的先决条件。加强与亚洲的联系主要包括如下方面：首先，在经济方面，欧盟将在尊重国内法治和国际法治的基础上发展与中国的关系，通过最大限度地发挥中欧互联互通平台、亚欧会议和欧盟—东盟框架的潜力，对中国的"一带一路"倡议采取协调一致的方式。欧盟还将深化对华贸易和投资，寻求公平竞争环境，适当保护知识产权，加强高端技术合作，就经济改革、人权和气候行动与中国展开对话。欧盟将努力与日本、印度等战略伙伴以及东盟成员国达成自由贸易协定，并最终寻求达成欧盟—东盟协定。其次，在政治与安全方面，欧盟将对亚洲采取更加全面的政治方针，为亚洲安全做出更大的实际贡献。欧盟将扩大与日本、韩国、印度尼西亚和其他国家的伙伴关系，包括在安全方面的伙伴关系。欧盟将继续与欧盟的区域和国际伙伴一道，支持阿富汗的建国与和解进程。欧盟将促进朝鲜半岛的防扩散。在东亚和东南亚，欧盟将维护航行自由，坚持尊重国际法，包括海洋法及其仲裁程序，鼓励和平解决海洋争端。欧盟将帮助东南亚和东亚国家建设海上能力，支持东盟主导的区域安全架构。在中亚和南亚，欧盟将深化反恐、人口贩卖和移民合作，加强交通、贸易和能源互联互通。在印度—太平洋和东亚地区，欧盟将促进人权，支持缅甸等地的民主转型。

## 五 在北极展开合作

气候变暖是目前北极地区面临的最大威胁，也是人类面临的最大挑战。随着全球变暖，北极地区的变暖速度将是全球平均速度的两倍，北极海冰和永久冻土的融化正在加速。未来几十年里，动植物迁徙将因此受到巨大影响。气候变暖还将加剧北极地区地缘经济与资源、政治与安全的竞争。在经济与资源方面，北极地区作为地热、风能和水力发电项目、无碳钢铁生产、绿色电池生产等的试验基地具有巨大潜力；在政治与资源方面，北极的地缘政治地位、其航行潜力和丰富的资源正推动着该地区，特别是欧洲地区的大国展开竞争。俄美地区紧张局势加剧不仅影响北极稳定，而且可能对北约和欧盟具有战略重要性的其他地区产生溢出效应。[①] 俄罗斯正在重建许多冷战结束时失修的北极军事能力，美国和北约部队也在北极海域进行演习。随着资源和影响力的竞争日益激烈，在北极开展国际合作将更加重要。北极理事会在北极地区持续合

①　Simona R. Soare, "Arctic Stress Test Great power competition and Euro-Atlantic defence in the High North", June 2020, https：//www. iss. europa. eu/sites/default/files/EUISSFiles/Brief% 209%20Arctic. pdf, pp. 2-4.

作、运作良好的法律框架以及稳固的政治和安全合作方面发挥了重要作用。欧盟的三个成员国和两个欧洲经济区成员国是北极国家，一个安全、稳定、可持续、和平与繁荣的北极不仅对北极本身，而且对欧盟乃至整个世界具有重要意义。欧盟新安全战略指出欧盟将努力改革内部政策，在2050年实现碳中和，并与世界各地的所有伙伴，尤其是北极国家合作，以实现《巴黎协定》的目标；通过加强气候行动和环境研究、可持续发展、电信和搜救方面的工作，与北极国家、有关机构、原住民和当地社区展开具体合作；加大在北极地区地球观测、极地科学和气候行动方面的技术创新与投入。[①]

# 第五节　面向 21 世纪的全球治理

进入21世纪以来，随着全球化的发展，世界各国、各个地区被紧密地联结起来。与此同时，气候变暖、环境污染、有组织犯罪、恐怖主义、难民危机等全球性问题也日益严峻。此外，世界上出现了逆全球化现象，世界贸易增长缓慢、贸易保护主义抬头，严重阻碍全球化的健康发展。上述世界性问题的解决不是任意一个国家或国家集团可以单独完成的，世界迫切需要以联合国为代表的多边治理机制，动员国际社会普遍参与，增进地区合作，形成多层次、宽领域的国际网络，通过平等协商、实现合作共赢来解决全球性问题。这就是全球治理。全球化是全球治理的时代背景，全球治理有利于全球化的发展。全球治理已在促进世界经济秩序重构，推动联合国改革、气候变化、环境保护的进程，以及网络、极地、空天、海洋等新疆域的治理上发挥了重要的作用。但是，由于国际政治的基本现实仍没有改变，全球治理的发展仍面临诸多制约因素：一是全球治理的概念比较笼统、虚化，定义不明且有歧义，可用

---

① "The Arctic, "A Key Region for the EU and Global Security", https://eeas.europa.eu/headquarters/headquarters-homepage/92500/arctic-key-region-eu-and-global-security_ en, pp. 2-9.

的资源和权力有限，缺乏指导性和执行力。二是国际社会不同行为体的利益诉求不同。首先是主权国家既是全球治理的推动者也是现实障碍。主权国家存在不同的利益与价值观念，使得全球治理难以达成共识，从而面临严重的"集体行动的困境"。特别是美国奉行的霸权主义国际战略，对公正而有效的全球治理造成了直接的损害。其次是全球治理中非国家行为体的大量参与，也存在不同的利益诉求，使得在一些重大的全球性问题上达成共识的难度增加，执行更为困难。可见，全球治理从口号变为现实是一条必要而又漫长的路。

欧盟长期以来一直是全球治理的积极推动者。一方面，欧盟积极致力于将内部治理经验拓展到全球层面，推广其全球治理观。2001 年，欧盟委员会发布《欧盟治理白皮书》①，提出以"善政"（Good Governance）为核心的全球治理观。② 在推行全球治理的方式上，注重将内部治理经验规则和规范出口到其他国家，以温和、新颖的方式建立共同的道德规范和全球治理规则，通过多层级治理（Multi-lateral Governence）结构将民主与善政相结合，③ 以建立"榜样大国"（Model Power）。④ 随着国际力量对比的变化和新兴国家的崛起，欧盟国际地位相对下降，对其在全球治理领域的价值观、利益和目标重新进行战略思考，将重心从理想主义转向现实主义，更加注重获取路径的选择和议程实施中的实际利益。⑤ 在

---

① EU Commission, *European Governance-A White Paper*. COM （2001） 428 final, July 25, 2001, https：//eur-lex. europa. eu/LexUriServ/LexUriServ. do? uri = COM：2001：0428：FIN：EN：PDF.

② Jens-Uwe Wunderlich and David J. Bailey, *The European Union and Global Governance*：*A Handbook*, Taylor & Francis Group, 2011, p. 68; M Telò, *The European Union and Global Governance*, Taylor & Francis Group, 2009, p. 2.

③ Attila Ágh, "The Renewal of the EU Democracy：From Multilevel Governance to Global Governance", *Journal of Comparative Politics*, Vol. 3, No. 1, 2010, p. 5.

④ Jan ZIielonka, "Europe as a Global Actor：Empire by Example?", *International Affairs*, Vol. 84, Iss. 3, 2008, p. 471.

⑤ European Union Institute for Security Studies, *Building the Future*：*The EU Contribution to Global Governance*, 2006, https：//www. iss. europa. eu/sites/default/files/EUISSFiles/cp100. pdf, pp. 206-209; Jin Ling, "The EU's New Approach to Global Governance", *Chian International Studies*, March/April 2013, pp. 90-104.

全球治理的路径上,《里斯本条约》生效后, 欧盟已成为国际行为主体, 制定了参与多极化世界秩序的战略,① 注重与新兴大国建立"战略伙伴"②, 重视与非洲、亚洲和拉丁美洲开展区域间合作, 通过区域间互动 (inter-regional interaction) 促进欧盟全球治理。③ 在全球治理的指导原则上, 欧盟采取有效多边主义的路径。该原则是 2003 年的欧盟旧安全战略提出的, 2008 年出台的欧盟安全战略执行报告进一步丰富了有效多边主义原则, 提出建立有效多边主义的伙伴关系政策。

欧盟的新安全战略进一步完善了欧盟全球治理的理念、原则和路径。新安全战略指出欧盟是推动全球治理的重要行为体和推动者, 欧盟实现核心利益——和平、安全、繁荣、民主——离不开国际法规则和制度的保障。欧盟长期以来一直致力于恪守国际法全球秩序, 特别是恪守联合国宪章的宗旨和原则。同时, 欧盟不是简单地遵守现有的国际法律秩序, 而是改革现有的制度, 使其更有利于确保和平、人权、可持续发展和国际新疆域的治理。欧盟将继续支持联合国发挥更大的作用, 使之成为基于规则的多边秩序的基石, 同时支持和发展其他国际和区域组织、国家和非国家行为体的共同参与全球治理。

具体说来, 新安全战略下的欧盟全球治理包括如下七个方面。

## 一　改革

欧盟新安全战略认为欧盟应积极参与联合国、安理会以及各种国际金融机构的改革。抵制变革有可能引发此类机构的退步和替代集团的出现, 损害所有欧盟成员国的利益。欧盟将进一步在国际机构中发展问责

---

① Jolyon Howorth, "The EU as a Global Actor: Grand Strategy for a Global Grand Bargain?", *Journal of Common Market Studies*, Vol. 48, No. 3, 2010, pp. 455-474.

② Attila Ágh, "Global Governance and Integrative Balancing: EU Efforts to Respond to the Global Challenge", *Global Policy*, Vol. 3, Iss. 2, May 2012, pp. 145-146.

③ Ramesh Thakur and Luk Van Langenhove, "Enhancing Global Governance through Regional Integration", *Global Governance*, July 2006, p. 31; Fredrik Söderbaum and Björn Hettne, "Civilian Power or Soft Imperialism? The EU as a Global Actor and The Role of Interregionalism", *European Foreign Affairs Review*, December 2005, pp. 8-19.

制、代表制、责任制、效率性和透明性等原则，并在具体实践中贯彻上述原则。欧盟将继续呼吁联合国安理会成员对可信度高的防止或结束大规模的暴行的决议草案投票支持，以有利于联合国采取及时和果断的行动。欧盟将通过各种多边论坛（特别是联合国、国际金融机构和国际司法机构）加强自己的影响力、提高知名度、增强凝聚力。欧盟还将努力使欧元区在国际货币基金组织中的代表性日益增强。

## 二　支持

作为联合国人道主义机构的活动的支持者，欧盟及其成员国将致力于支持联合国的行动，继续积极参与并加强联合国在维持和平、调解争端、建设和平和人道主义援助上的各种活动。欧盟共同安全与防务政策将通过沟通、稳定或其他行动方式进一步协助和补充联合国维和行动。欧盟还将进一步增强共同安全与防务能力建设与联合国和平行动的协同性，加强协调可持续发展委员会能力建设任务在脆弱环境中的规划和发展。

## 三　实施

欧盟将以身作则，通过实施可持续发展和气候变化的措施，增加气候融资，推动将气候问题纳入多边主流论坛，削减清洁能源成本。欧盟将以可持续发展目标为指引，推动后科托努伙伴关系在发展政策上的改革和欧盟成员国在发展问题上的共识。此外，欧盟将继续落实可持续发展目标，调整内外部的政策，发展各种公私伙伴关系，并充分利用欧洲投资银行在提供技术援助和加强发展中国家和中等收入国家的能力方面的经验。

## 四　加深

作为世界上最大的经济体，欧盟是全球贸易和投资的主要推动者。欧盟的繁荣取决于一个开放的、基于规则的、有真正公平竞争环境的经济体系，欧盟将通过经济外交进一步推动这个体系。现有的全球贸易和投资规则和体系亟待进一步深化。因此，欧盟将进一步推动全球贸易和投资体系的深化改革，与美国、日本、南方共同市场、印度、东盟和其他国家签署全面的自由贸易协定，构建全球自由贸易的基石。建立在共同利益基础上的各类贸易投资协议，如跨大西洋贸易与投资伙伴协议和综合性经济贸易协议，可以促进国际监管标准、消费者保护以及劳工、环境、健康和安全规范。包括服务、数字经济、能源和原材料在内的新一代贸易协定可以减少法律碎片化和壁垒，并规范对自然资源的获取。随着全球海洋需求增长，海上安全与欧盟在开放和公平的经济体系中的利益紧密相关，因此欧盟将致力于维护航行自由和受保护的海洋和海路，加强对贸易和获取自然资源有关键意义的海洋和海上航线的开放和保护。欧盟将以其在印度洋和地中海的经验为基础，探索欧盟在几内亚湾、南中国海和马六甲海峡的活动可能性，为全球海洋安全做出贡献。作为全球海洋安全提供者，欧盟将寻求进一步普及和实施《联合国海洋法公约》及其争端解决机制，努力填补法律空白，提高海洋知识和意识，促进海洋资源和生物多样性的保护和可持续利用，促进蓝色经济的发展。

### 五　拓宽

欧盟将寻求拓宽国际规范和制度的适用范围。大规模毁灭性武器及其运载系统的扩散仍对欧洲乃至全世界的安全造成严重的威胁。欧盟将大力支持扩大多边裁军、不扩散和军备控制条约和制度的成员国，确保条约的普遍使用和全面执行，利用一切手段，协助解决核扩散危机。欧盟将积极参与出口管制制度的规制，加强成员国军事（军民两用）设备和技术出口政策的共同规则，支持第三国出口管制当局和维持军备管制制度的技术机构。欧盟还将促进保护责任、国际人道主义法、国际人权法和国际刑法，支持联合国人权理事会，促进国际刑事法院和国际法院的管辖权得到最广泛的接受。

## 六　发展

全球事务的前沿和新疆域（如网络空间、外层空间等）需要进一步制定规则，以确保安全和可持续地进入全球公地。在网络空间，欧盟致力于保护其在数字世界的关键资产和价值，做前瞻性的网络参与者，构建自由和安全的全球互联网。欧盟将与合作伙伴共同开展网络外交和能力建设，并根据现有国际法寻求与网络空间中负责任的国家行为达成协议。欧盟将支持多边数字治理和全球网络安全合作框架，尊重信息自由流动。在外层空间，欧盟将致力于促进空间服务的自主性和安全性，并致力于制定负责任的空间行为原则，推动外层空间行为规则的发展。在能源方面，欧盟将鼓励多边机制，通过制定欧盟可持续政策和深化与主要能源消费国和生产国的对话，确保可持续的能源模式。在公共卫生与健康方面，欧盟将致力于更有效地预防、检测和应对全球性流行疾病。在生物技术、人工智能、机器人和遥控系统等领域，欧盟将推动建立全球规则，以避免相关的安全风险并收获经济效益。在其他领域，欧盟将促进与相关多边论坛的交流，推动在全球事务的前沿率先制定规则并建立伙伴关系。

## 七　合作

欧盟将建立合作伙伴关系并共同推进全球治理。欧盟致力于推动全球治理，并不意味着欧盟独自采取行动。欧盟将担任国际议程制定者、协调人、促进者等角色，与国家和国际组织、私营部门和公民社会开展广泛合作。在全球治理的绝大多数问题上，欧盟将与作为多边体系的框架和核心的联合国合作，同时与其他核心合作伙伴（如美国），并与亚洲、非洲和美洲的志同道合的战略合作伙伴合作。欧盟还将与关键的非国家行为体，特别是公民社会开展合作，加强对公民社会的保护，特别是人权维护，维持一个充满活力的公民社会。

欧盟将在不同领域提供不同的全球治理方案。互联网领域的全球治理取决于建立一个国家、国际及区域组织、企业、民间社会和技术专家形成的联盟。在海洋多边主义上，欧盟将与联合国及其专门机构、北约、欧盟的战略伙伴以及东盟合作。在人道主义行动、可持续发展、气候变化方面，欧盟将与联合国及其专门机构、北约、东盟、二十国集团、民间社会和私营部门进行合作。在反恐问题上，欧盟将深化与联合国的对话，同时在打击极端主义和恐怖主义上与国家、国际及区域组织、公民社会建立广泛的伙伴关系。

# 第六节　欧盟对外行动的具体要求

欧盟将以协调一致的方式调动一切资源和所有工具以实现上述优先事项。基于此，欧盟新安全战略确定了欧盟对外行动的三个具体要求：可靠、灵活和协调。

## 一　可靠

欧盟要负责任地与世界接触，其信誉是至关重要的。欧盟的信誉取决于欧盟团结一致、取得的成就、持久的吸引力、欧盟政策的有效性和一致性以及欧盟对价值观的坚持。一个更强大的联盟需要在外交政策的各个方面进行投资，投资范围从研究和气候到基础设施和流动性，从贸易和制裁到外交和发展等各个方面。

由于当今世界的脆弱性，欧盟仅凭软实力是不够的，必须提高在安全和国防方面的信誉。为了应对外部危机、支持欧盟合作伙伴的能力建设和保护欧洲，欧盟成员国必须增加国防支出，最有效地利用资源，并履行将国防预算支出的20%用于采购设备和研究与技术的集体承诺。此外，欧盟应在可能的情况下对欧盟、北约、联合国和其他多国集体行动提供支持。

欧盟新安全战略指出，欧洲安全取决于对内部和外部的威胁和挑战进行更好和共同的评估，欧盟必须加强监测和控制对安全产生影响的资金流动，加大在情报、监视和侦察方面的投资，包括遥控飞机系统、卫星通信、自主进入空间和永久性地球观测等领域。在反恐方面，欧盟成员国应加大有关爆炸物、火器和乘客姓名记录的立法力度，加大在侦查能力和武器的跨界追踪上的合作。此外，欧盟应加大数字能力的投资，确保欧洲数字空间内的数据、网络和关键基础设施的安全，发展在可信的数字服务和产品以及网络技术方面的能力，以增强应变能力，并通过合作研发、培训、演习和采购方案，鼓励各成员国增加投资和技能。最后，在高端军事能力方面，欧盟成员国需要拥有全谱的陆地、空中、太空和海上能力，包括战略使能技术来应对外部危机，以保障欧洲安全。

为了获得和维持上述能力，欧盟成员国需要加强国防合作。欧盟成员国在国防领域仍具有主权，然而，以主权国家为导向的国防方案不足以解决欧盟防务能力不足的问题，实现欧盟的集体安全与防务目标（包括设备支出总额达到协作采购中的35%）仍任重道远。因此，以自愿为原则的国防合作必须转化为真正的承诺。欧盟将通过在每年度协调审查过程中讨论成员国的军事支出计划以加强国防规划和能力发展的协调性，并与北约的防务计划保持一致。欧洲防务署可以充当欧盟成员国与欧盟委员会之间的桥梁并发挥关键作用，协助成员国发展欧盟实现新安全战略所述的政治目标所必须具备的能力。

欧盟将鼓励成员国之间的系统性防务合作，对国防研究和技术进行资助，并定期评估对成员国防务合作的效果。一个可持续、创新和有竞争力的欧洲国防工业对于欧洲的战略自主和可信的共同安全与防务战略至关重要。另外，它也可以刺激经济增长和就业，确保中小型企业参与国防部门以改进对未来军事技术的创新和投资。坚实的国防、技术和工业基础离不开公平、有效和透明的内部市场、供应安全以及与国防相关行业的结构化合作。此外，欧盟还将确保中小型企业参与国防部门未来战争军事技术的创新和投资。

## 二　灵活

当今世界瞬息万变。欧盟需要在外交、共同安全与防务政策、发展政策以及支持欧盟外部行动的知识储备等各个方面随机应变，对不可预测的未来做出迅速和灵活的应对。

首先，在外交方面，欧盟的外交行动必须严格遵循《里斯本条约》。欧盟外交政策不是一场独奏，而是协调优美的合奏。欧盟成员国只有团结一致、协调合作，才能使欧盟的多样性成为巨大的资产和优势。成员国团结合作有利于增强欧盟在世界的参与。高级代表可在理事会的领导下，邀请愿意并有能力做出贡献的一个或一些成员国执行理事会商定的立场，向理事会充分通报情况，并确保与商定的欧盟政策保持一致。

其次，欧盟的共同安全与防务政策必须在充分遵守《联合国宪章》的基础上对危机做出迅速有效的应对。这要求各个成员国的部队通过训练和演习以增强可部署性和互操作性，也要求解决妨碍战斗群部署、部队组建和降低共同安全与防务行动效力的各种程序上、财政上和政治上的障碍。此外，欧盟必须进一步发展作为共同安全与防务政策的标志性行动的民事任务，鼓励部队组建，加快部署，并提供充分的培训。最后，欧盟需要精简体制结构，加强行动规划和指挥结构，在民事、军事机构和行动之间建立更密切的联系和协调。成员国应探讨如何充分利用并增强《里斯本条约》的强化合作机制。

再次，欧盟的发展政策将更加灵活，更符合欧盟的战略重点。按照发展援助委员会的原则，欧盟成员国将履行实现官方发展援助占国民总收入0.7%的目标。欧盟将确保发展资金的稳定，但冗长的规划周期限制了欧盟发展资金的及时使用，并可能降低欧盟在该领域的知名度和影响力。因此，欧盟实施的实地活动，特别是为预防冲突和支持民间所提供的有限资金应灵活使用，允许使用任意年份的未承诺资金，并延续到随后几年，以应对危机。这也将有助于填补金融工具和预算项目之间的差距。同时，欧盟应考虑减少使用金融工具，加强欧盟一致性和灵活性，提高专门用于发展的总额。

最后，反应迅速的外部行动必须有强大的知识储备做基础。复原力、预防及解决冲突的能力和有针对性的方法依赖于欧盟对形势有更深刻认知。因此，欧盟将对进一步完善对外行动署的行动，并在各机构和成员国之间进行更好的协调。在欧盟成员国的多元民族文化和欧盟的整体利益之间实现协调是一项艰难的挑战，但欧盟拥有一批优秀的人才库，特别是当地的人才。因此，欧盟对外代表团的人员配备需要具备各种必要的专门知识，包括具体领域和当地语言方面的专门知识，重视区域的经验，并鼓励业务工作人员更具政治性地利用其专门知识，重视有关该地区的和地区内的专家，充实驻外代表团的政治部门，使驻外行政人员在政治上发挥其专长。此外，欧盟还需要加强如下方面的工作：妇女参与外交决策，欧盟冲突预警方面的投资，对外行动以冲突和权利为中心，在各成员国大使馆、欧盟代表团、欧盟委员会事务处、欧盟特别代表和共同安全与防务政策特派团之间加强在信息共享、联合报告、联合分析和联合应对方面的协调，与地区和国际组织、民间社会、学术界、智库和私营部门之间的相互交流等。欧盟将以传统方式，如对话、合作和支持，以及创新形式，如交流、嵌入式人员和联合设施等，利用系统中的知识和创造力来实现上述目标。

### 三 协调

欧盟将增强对外行动的协调性。多年来，为实现对外政策和行动的协调性，欧盟已采取多项重要举措：一是体制上的创新，如《里斯本条约》设立了高级代表兼任欧盟委员会副主席以及设立欧盟对外行动署。一个强大的欧盟对外行动署与其他欧盟机构合作，是欧盟确保连贯性并在世界发挥作用的核心所在。二是政策上的创新，如拟订"应对冲突和危机的综合方法"和发展方面的联合方案。三是领域上的创新，欧盟对外联合行动连贯性的新领域包括能源外交、文化外交和经济外交。

一个更加繁荣的联盟需要在与所有国家和地区的关系中确定经济优先事项；需要在欧盟与成员国、欧洲投资银行和私营部门之间加强协调；可持续发展目标有利于推动欧盟对外政策和行动的协调性。实施这些政策有利于使欧盟的内外部政策以及金融工具之间保持协调一致，也有利于将赠款、贷款和公私伙伴关系结合起来发展新的方式。此外，可持续发展目标也有利于将促进发展的政策一致性原则扩大并适用于其他政策领域，并鼓励欧盟委员会各部门、机构和成员国进行联合分析和参与。

此外，欧盟必须加强内外政策的协调性。例如，移民政策需要一系列符合人权的平衡的政策机制，包括人口流动管理和治理难民问题产生的结构性根源，需要打破与移民有关的各种外部政策分裂，增强政策间的协调性。欧盟应通过联合风险分析、多年规划和筹资，加强人道主义与发展努力之间的联系，涉及发展援助、共同安全与防务政策和气候政策等对外政策和行动与边境管理、国土安全、庇护、就业、文化和教育等对内政策的协调。

在安全方面，恐怖主义、混合威胁和有组织犯罪没有国界。在体制上而言，这就要求欧盟在外部行动与内部自由、安全和正义领域之间建立更紧密的联系。欧洲对外行动署和欧盟委员会应通过理事会联席会议和联合工作组加强联系。国防政策需要与国内市场、工业和空间等政策更好地挂钩。成员国的政策和行动也应更加协调，加强欧盟在执法、司法和情报部门之间的合作。欧盟必须充分利用欧洲刑警组织和欧洲司法组织的潜力，为欧盟情报中心提供更大的支持。此外，欧盟必须提供和协调从欧洲数据库中提取的情报，并将信息和通信技术（包括大数据分析）用于更深层次的态势评估。欧盟公民需要在第三国通过成员国之间的联合应急计划和危机应对演习得到更好的保护。

欧盟必须更多地参与其安全和发展政策。共同安全与防务政策的能力建设任务必须与欧盟委员会的安全部门和法治工作相协调。安全和发展方面的能力建设在增强欧盟的伙伴预防和应对危机的能力方面发挥关键作用，需要得到欧盟的财政支持。欧盟和平政策还必须确保从短期危机管理顺利过渡到长期建设和平，以避免冲突周期过程中的割裂。预防冲突、复原力和人权的长期工作须通过人道主义援助、共同安全与防务政策、制裁和外交等途径与危机应对联系起来。

最后，欧盟将系统地将人权和性别问题纳入各政策部门和机构的主流，并在数字问题上促进协调。欧洲对外行动署和欧盟委员会须提高对上述问题的认识和专业知识。各机构之间更好地协调不仅有利于增强欧盟的内外政策一致性并推广成功经验，也有利于建立一个更强大的联盟和一个更具复原力、和平与可持续发展的世界。

## 四 未来的路

欧盟新安全战略是基于一个更强大的联盟的愿景，欧盟愿意并能够对其公民和世界产生积极的影响。因此，欧盟现在必须迅速将战略转化为行动。首先，欧盟将修订现有的部门战略，并根据新安全战略的政治优先事项制定和实施新的议题或地区战略，并规定明确的程序和时间安排。其次，欧盟新安全战略本身需要与欧盟理事会、欧盟委员会和欧洲议会协商定期审查。欧盟每年都会审查"战略"的运作情况，指出必须有待于进一步完善的方面。最后，在欧盟及其成员国认为有必要的情况下，欧盟会启动新的战略反思，及时修订安全战略。欧洲的公民值得拥有一个真正的联盟，通过负责任的内外合作，促进欧盟的共同利益。

# 第 五 章
## 欧盟新安全战略的执行及效果评析

　　2016 年 6 月，欧盟新安全战略在英国脱欧公投 48 小时后出台。当时，欧盟成员国受到英国脱欧的刺激，面对"欧盟内外的生存威胁"，决定恢复团结和使命感，强化联盟的凝聚力，团结一致地应对"内外交困"的情形和外部世界带来的挑战和机遇。该战略出台七年来，特别是新冠疫情在全球蔓延以及俄乌冲突的爆发，欧盟所处的内外部环境更加复杂，形势更加严峻，对抗更加激烈。新安全战略没有停留在政策宣传阶段，而是成为欧盟对外行动的指南针，指引欧盟的对外行动。欧盟成员国在新安全战略的指导下团结一致，在欧洲安全与防务、恢复周边地区国家和社会的复原力、应对冲突和危机的综合方法、全球治理与区域协调、公共外交等方面积极作为，先后出台了一系列与落实新安全战略有关的文件，并且连续三年发布新安全战略执行报告。此外，欧盟根据实际情况，在原有的欧盟对外行动的五大优先事务中增加了两项优先事务：内部—外部联系和公共外交。2016 年以来，本着新安全战略的目标和宗旨，欧盟向着成为"一个更值得信赖、反应更迅速、更团结一致"的联盟的目标迈出了实质性步伐。但与此同时，欧盟新安全战略的执行仍面临很多困难，欧盟新安全战略目标的实现仍旧任重道远。

# 第一节　新安全战略出台后欧盟所处的内外部环境

欧盟新安全战略为欧盟应对一个联系紧密、对抗激烈、局势复杂的外部世界制定了利益、原则和优先事项。自 2016 年欧盟新安全战略出台以来，欧盟关于世界局势的推断不仅得到了证实，而且深入发展且相互交织。2020 年底新冠疫情的暴发和在世界范围内流行，俄乌冲突的持续，进一步加速了世界格局的调整，也给欧盟所处的内外部环境带来深远的影响。

## 一　世界的联系更紧密

与 2016 年的世界相比，当前的欧盟面对一个联系更为紧密的世界。科技与信息技术的发展进一步促进了人口的流动和国与国之间的互联互通，[①] 世界各国之间的距离由过去的几年缩短为几小时甚至分钟。人类各个地区、种族、文明成为联系更为紧密的整体，命运与共、同舟共济。但是，互联互通在为交流带来巨大机遇的同时，也带来了更多的问题。新冠疫情发生后飞速扩散的速度是人类始料不及的。2020 年上半年，由于美国、英国等发达国家并不重视，导致感染人数飞升，中国疫情得到遏制，而世界疫情却一发不可收拾。疫情的飞速扩散是世界联系更为紧密的例证，也给世界的经济、政治和社会发展带来了深远的影响。

## 二　各种力量的对抗更激烈

与 2016 年相比，当前的欧盟面对一个在经济、政治和战略领域的竞争都更为激烈的外部世界。[②] 在经济上，贸易紧张和技术两极分化既

---

[①]　European External Action Service, "European Union's Global Strategy Three Years on, Looking Forwars", https：//eeas. europa. eu/sites/default/files/eu_ global_ strategy_ 2019. pdf, p. 8.

[②]　European External Action Service, "European Union's Global Strategy Three Years on, Looking Forwars", https：//eeas. europa. eu/sites/default/files/eu_ global_ strategy_ 2019. pdf, p. 11.

损害了 2008 年国际金融危机后的经济复苏，也使管理安全问题变得更加困难；在政治上，欧盟的价值观受到挑战，欧盟的复原力和安全受到威胁。在全球和区域范围内，尤其是在已经经历脆弱、冲突和竞争的地区，包括欧盟东部和南部地区，更大的竞争正在上演；在战略上，不扩散和军备控制处于高风险之中，跨国挑战，特别是气候、人口、传染病防控和数字化领域的挑战时刻威胁着欧盟乃至国际社会的和平与发展。

为应对上述问题，欧盟坚持以规则为基础的多边主义全球秩序。然而在共同维护多边机制方面，欧美却在特朗普执政期间走到了对立面。特朗普政府以零和博弈思维理解国际政治，利用美国在全球货币体系中的核心地位，对欧洲挥舞关税大棒，实施次级制裁，甚至放弃多边贸易体系，退出《巴黎气候变化协定》等诸多国际协议。在安全方面，美国不仅在北约军费分担问题上施压盟友承担更多责任，还在伊朗、叙利亚等问题上无视欧洲安全利益，采取一系列单边行动，直接威胁欧洲的核心利益。上述一系列"美国优先"的政策不仅引发欧美多领域冲突，导致双方矛盾升级至前所未有的水平，跨大西洋关系面临自伊拉克战争以来最为严重的危机，而且对国际秩序造成摧毁性影响，成为多边主义的最大挑战。

### 三　国际局势更复杂

对抗越发激烈的同时，欧盟的战略环境变得更为复杂。国际格局的单极结构早已打破，权力分散化日趋明显。世界各地权力分配迅速转变：从 1945 年至 1989 年的两极格局，到 1989 年至 2008 年的单极格局，以及当前的"复杂多极"的世界。在经济上，美国、中国和欧盟是重要的三极。在政治上，结构更为复杂。正在形成的中美两极正在日益构建世界体系。此外，还有一些行为体处于中间地带，比如欧盟拥有强大的经济实力，是正在形成的政治两极。复杂的国际局势并没有促成更多的合作，而是导致越来越多的不确定性和竞争，多边主义遭受前所未有的危机。

在上述三个因素的共同作用下，欧洲迫切需要贯彻其对外行动的立场与目标，坚持团结一致和发展多边主义，从而使欧盟既能抵御外部挑战和威胁，又能抓住不断变化的世界带来的机遇。

### 四　新冠疫情的暴发对欧盟内外环境的影响

2020 年，新冠疫情的暴发使欧盟陷入了更为严重的衰退，给欧盟带来了深远的经济、政治和社会后果。首先，就经济影响而言，疫情对南欧成员国（包括希腊、意大利、葡萄牙和西班牙）的打击尤为严重，使该地区面临经济增长停滞、债务水平居高不下和竞争力下降等困境。经济衰退加剧了成员国之间现有的不平衡和分歧。不同欧盟成员国的治理能力与治理质量，[①] 以及人口因素（年龄结构）和易感因素（人口健康状况）等影响了它们的复原力。[②] 提高经济效率和提高体制效率的结构性改革成为确保经济持久增长的重要方面。其次，就政治影响而言，疫情加剧了现有的政治分裂趋势和民众对现状的不满，增加政治不稳定的风险。疫情发生之前，欧盟内部已处于欧元区政治分裂和不稳定加剧动荡的时期。民众对主流政党缺乏信任，民粹主义泛起。疫情暴发进一步加剧了这一趋势。就社会影响而言，欧盟的年轻人受疫情影响尤其严重，失业率较高，就业前景黯淡，加上教育机会的数字鸿沟，增加出现疫情后"迷惘一代"的风险。同时，随着经济衰退和失业率上升，购买力大大削弱，弱势群体犯罪率激增。此外，医疗和医药产品的短缺为欧盟有组织犯罪集团提供了商机，大量假冒伪劣高需求商品（如COVID-19 检测试剂盒、个人防护设备、口罩、消毒剂、抗病毒药物和医疗器械）的非法生产、运输和商业化激增。电子商务平台、实体市

---

① "The European Union in the Covid-19 Storm: Economic, Political and Stability Challenges", https://www.iiss.org/blogs/research-paper/2021/02/eu-covid-19-economic-political-stability-challenges, p. 3.

② Florence Gaub and Lotje Boswinkel, "Who's First Wins? International crisis response to Covid-19", https://www.iss.europa.eu/sites/default/files/EUISSFiles/Brief% 2011% 20Covid.pdf, p. 3.

场和暗网上销售假冒伪劣医疗产品的行为也日益猖獗。假疫苗和药品既对使用者自身健康造成直接伤害，也造成病毒传播的潜在危险，从而对整个欧盟和全球的公众健康构成重大威胁。

在全球层面上，新冠疫情造成至少三个方面的全球危机。首先，它是健康危机，使人类患病并死亡，并且已在亚洲、欧洲、北美洲和南美洲等地蔓延。此外，它的未来演变取决于一系列变数：新冠病毒发生变异，致死性降低或提高，尽早推出疫苗，等等。其次，世界各国都采取了各种措施限制人的流动性，以减少传播并维持其医疗保健系统的运作。最后，流动性的减少导致经济活动受到抑制，从而造成造成了第二次世界大战以来世界上最严重的经济危机，从而进一步改变世界的地缘政治格局和全球力量的平衡。新兴和发展中国家与发达经济体及中国之间的差距拉大，恢复强劲稳定的世界经济成为摆在世界各国面前的首要任务。

在发达经济体内部，美国与其他国家，特别是与欧盟之间差距加大。根据国际货币基金组织的数据，中国在 2020 年恢复到 2019 年底的经济水平，美国在 2021 年实现经济复苏，日本将在 2021 年下半年，而欧盟将在 2022 年达到疫情之前的经济水平，对于许多新兴国家和低收入国家来说，实现经济复苏将到 2023 年。[①] 经济力量对比的进一步变化和国际格局的深化调整威胁到北约和欧盟成员国塑造国际秩序的能力。在执行稳定措施和危机管理能力被削弱的时候，疫情本身将成为不稳定和不安全的推动者。2021 年初拜登政府宣布新的 19 亿美元经济刺激计划，为美国筹集了大量资金，但也存在造成更高通胀的风险。[②] 此外，疫情威胁着世界各国 20 多年来在消除贫穷和两性不平等等方面所取得的成就。疫情使数百万儿童和学生的教育受到影响。新技术的兴起

---

① International Monetary Fund, "World Economic Outlook Update", https：//www.imf.org/en/Publications/%20WEO/Issues/2021/01/26/2021-world-economic-outlook-update.

② Bastian Giegerich, Fenella McGerty and Peter Round, "The Geo-economics and Geopolitics of COVID-19：Implications for European Security", https：//www.iiss.org/blogs/research-paper/2021/03/covid-19-european-security.

是进步和包容的，有助于个人和社会、经济体和国家的开放性和复原力。然而，世界上几乎一半的人口（包括世界过半数的妇女和女孩）仍由于数字鸿沟而无法获得相应的福利。① 国际社会在消除贫困、性别平等、环境保护、可持续发展和数字治理上任重道远。此外，疫情还伴随着世界各地政治暴力的上升。签订停火框架、支持当地的和平建设，以及对冲突地区提供实质性和长期的经济支持，对于减少螺旋式升级的风险至关重要。②

总之，世界的重塑因为疫情而加速，③ 疫情暴发之前就已出现的不确定性和不可预测性因为疫情的全球蔓延而加剧，从而改变了游戏规则：对供应链的脆弱性和对提供关键货物的重要性的新认识将导致贸易多样化和本地化；全球性传染病的威胁呼吁各国加强科学合作和采取全球公共卫生治理；④ 外交数字化的加速；危机引起的生活方式和消费模式的变化可能导致更可持续的经济实践，为气候变化和环境问题的行动铺平道路；政治激进主义和民主改革的要求将会增加；等等。决策者必须权衡利弊，重新安排好优先次序，并相应地投入资金。⑤

---

① Council of the EU, "Multilateral Cooperation for Global Recovery", PRESS RELEASE 62/21, https：//www. consilium. europa. eu/en/press/press-releases/2021/02/03/rebuilding-consensus-for-an-international-rules-based-order-through-multilateral-cooperation/.

② Katariina Mustasilta, "From Bad to Worse, The Impact (s) of Covid-19 on Conflict Dynamics", https：//www. iss. europa. eu/sites/default/files/EUISSFiles/Brief% 2013% 20Covid% 20 and%20conflict. pdf, pp. 1-8.

③ "Geoeconomics and Geopolitics of the COVID – 19 Crisis", https：//eeas. europa. eu/headquarters/headquarters-homepage/96791/geoeconomics-and-geopolitics-covid-19-crisis_ en.

④ Bill Gates, "We're not ready for the next epidemic", GatesNotes, March 18, 2015, https：//www. gatesnotes. com/Health/We-Are-Not-Ready-for-the-Next-Epidemic；"Coronavirus Researchers Tried to Warn Us", The Atlantic, June 13, 2020, https：//www. theatlantic. com/health/archive/2020/06/scientists-predicted-coronavirus-pandemic/613003/；Richard E. Clarke and R. P. Eddy, Warnings：Finding Cassandras to Stop Catastrophes（New York：HarperCollins Publishers, 2017）; "'Prepare, Prepare, Prepare'：Why Didn't the World Listen to the Coronavirus Cassandras?", Vanity Fair, March 27, 2020, https：//www. vanityfair. com/news/2020/03/why-didnt-the-world-listen-to-the-coronavirus-cassandras.

⑤ Florence Gaub and Lotje Boswinkel, "How Covid-19 Changed the Future Geopolitical Implications for Europe", https：//www. iss. europa. eu/sites/default/files/EUISSFiles/CP_ 162_ 0. pdf, pp. 4-22.

　　鉴于危机是包罗万象的、复杂的，而且仍在演变中，疫情暴发以前未被注意到的弱点（和优势）创造了改变的可能性，颠覆优先次序，营造高度的紧急感。疫情的全球蔓延要求国际社会在经济、政治和社会方面做出强有力的协调一致的反应。首先是迅速扩大获得新型冠状病毒检测、治疗和疫苗接种的机会，停止因疫情蔓延而造成更大的损害。其次是确保自由贸易成为包容性可持续增长的重要引擎，加强世界贸易组织，并充分利用国际贸易的潜力促进世界经济复苏。最后是确保全球复苏惠及所有人，加强对发展中国家，特别是非洲发展中国家的支持。最后是防止新技术的巨大威力被滥用以限制公民的权利和自由或传播仇恨。世界各国需要在现有举措的基础上，让相关利益相关者参与有效监管互联网，以创造一个安全、自由和开放的数字环境，确保数据在可信环境中的流动（包括解决经济数字化的税收挑战和打击有害的税收竞争）。

　　为实现上述目标，世界各国需要继续坚持多边主义。多边主义不仅仅是一种外交手段，而且是一种世界秩序，一种基于合作、法治、集体行动和共同价值的原则。在经历了四年特朗普不可预测的单边外交政策后，美国总统乔·拜登（Joe Biden）引领美国重回"多边主义"，联合盟友一同应对疫情防控和疫苗分配、经济复苏、气候变化、可持续发展、数字经济等问题。① 但美国提倡的多边主义，本质上是一种"伪多边主义"，其目的是打着"多边主义"旗号行霸权主义之实。后疫情时代的世界迫切需要建立一种更具包容性的多边主义，互相尊重分歧，而不是相互对立，尊重普遍人权和共同价值的多边主义。

　　上述论述表明，后疫情时代的欧盟，面临更为复杂的内外部环境。如果欧盟不制定积极的政策来促进经济复苏，它将面临落后于美国和中国的严重风险。当然，在疫情初期的分歧之后，欧盟通过了一项全面和

①　"The European Union in the Covid-19 Storm: Economic, Political and Stability Challenges", https://www.iiss.org/blogs/research-paper/2021/02/eu-covid-19-economic-political-stability-challenges, p. 5.

多方面的战略来应对疫情，包括推动经济向更具弹性、可持续性和包容性的经济模式的长期转变，对于扭转不利局面发挥了一定的作用。经济复苏之外，如何摆脱内忧外困，继续贯彻落实新安全战略的宗旨和目标，并在后疫情时代的国际格局演变中发挥积极作用，成为摆在欧盟机构和欧盟成员国面前的重要任务。

## 第二节　新安全战略在安全与防务方面的执行及效果评析

保障欧盟安全是欧盟新安全战略确定的对外行动的首要任务和优先事项。为实现这一任务，欧盟领导人在 2016 年 9 月的布拉迪斯拉发峰会（Bratislava Summit）上，决定加强欧盟在这一领域的合作，为欧洲对外安全与防务注入新的动力。具体内容包括：制订《安全与防务实施计划》（*Implementation Plan on Security and Defence*）和《欧洲防务行动计划》（*European Defence Action Plan*）、敦促迅速采取行动加强欧盟和北约之间的合作。此后，欧盟在安全防务领域的努力大大加强，并通过欧盟理事会一系列决议进一步加强其安全与防务领域的工作。

### 一　新安全战略在安全与防务方面的执行

（一）欧盟理事会发布《安全与防务实施计划》

2016 年 11 月 14 日，为了贯彻执行欧盟新安全战略，特别是欧盟在安全领域的目标，欧盟理事会发布《安全与防务实施计划》（*Implementation Plan on Security and Defence*）。[1] 该计划确定了欧盟在安全与防务领域的三个目标：应对外部冲突和危机、欧盟伙伴的安全和防卫能力建设以及保护欧盟及其公民。计划还强调欧盟在确保战略自主权的同

---

[1]　Council of European Union, "Implementation Plan on Security and Defence", https://www.consilium.europa.eu/media/22459/eugs-conclusions-st14149en16.pdf, pp. 4–5.

时，将继续与其伙伴，特别是联合国和北约在安全与防务领域开展密切合作。

应对外部冲突和危机包括民事和军事危机管理方面的所有任务。其目的是在包括预防冲突阶段在内的冲突周期的所有阶段，重新评估欧盟的军事行动和民事任务目标，提高欧盟共同外交与防务领域的认知和反应能力，运用综合办法来应对冲突和危机，以在全球秩序中促进和平与安全。

欧盟伙伴的安全和防卫能力建设包括开展安全领域的培训、咨询、指导和援助，以提高欧盟合作伙伴的复原力和应对混合威胁的能力。具体方法是增强安全与发展的联系，通过提高欧盟伙伴的安全与防卫能力从而系统地促进伙伴国从冲突或不稳定中尽快复原并恢复稳定。

保护欧盟及其公民是指欧盟及其成员国可以在遵守欧盟基础条约和共同安全与防务政策的框架下，从内部和外部安全的联系的角度应对影响欧盟及其公民安全的挑战和威胁。虽然欧盟安全与防务的任务和行动部署在欧盟之外，但欧盟可以从安全和防务的角度为欧盟及其公民的安全做出如下贡献：加强欧盟网络和关键基础设施的保护和恢复能力、欧盟外部边界的安全以及提高外部伙伴管理其边界的能力、民防和救灾、确保欧盟稳定进入和使用全球公域（包括公海和外空）、应对混合威胁、网络安全、防止和打击恐怖主义和激进主义、打击人口走私和贩卖活动、建设管理非正常人口流动的能力、促进遵守不扩散制度、打击武器贩运和有组织犯罪等。

（二）欧盟委员会提交《欧洲防务行动计划》

欧盟成员国 2015 年的国防开支合计 2030 亿欧元，军费开支仅次于美国，居世界第二。然而，由于欧洲国防市场的分裂、军事能力开支大量重复、行业协作不足，缺乏互操作性等原因，欧盟国防预算资金的使用效率十分低下。[①] 为解决上述问题，欧盟委员会于 2016 年 11 月 30 日

---

[①]　Council of European Union, "EU Cooperation on Security and Defence", https：//www. consilium. europa. eu/en/policies/defence-security/.

提交了《欧洲防务行动计划》（*European Defence Action Plan*）。① 该行动计划旨在提高国防开支的成本效益以支持成员国在联合防务能力方面更有效的支出、加强防务合作以保障欧洲公民的安全、培育一个具有竞争力和创新的工业基础。依照该计划，欧盟采取了三项关键行动：建立欧洲防务基金、鼓励国防工业投资和加强国防单一市场。

（三）加强与北约的合作

欧盟与北约在防务领域的合作由来已久。在新安全战略出台后仅十天，2016 年 7 月 8 日，在北约华沙峰会上，欧盟与北约签署《欧盟—北约合作联合宣言》（*Joint Declaration on EU-NATO Cooperation*），在制定协调程序以应对混合威胁、海上安全和移民方面的业务合作、网络安全与防御协调、发展互补和互操作的防御能力、加强国防工业和国防研究、加强演习协调、建立东部和南部伙伴的防御和安全能力等方面进一步加大与北约的合作。②

2017 年 12 月 5 日，欧盟理事会通过了关于欧盟与北约合作的新决议，强调欧盟与北约在反恐、妇女、和平与安全、军事机动性等领域深入合作。在这一背景下，2018 年 7 月 10 日，欧盟和北约签署了新的联合声明，提出了欧盟和北约将如何共同应对共同安全威胁的共同愿景。③ 新的联合声明以 2016 年 7 月的联合声明所确定的目标为基础，确定了欧盟和北约将在军事机动性、网络安全、混合威胁、海上安全合作、防御能力、反恐、妇女与安全、军事工业和研究、协同演习和能力建设等领域开展合作。④

---

① European Commission, "European Defence Action Plan", https：//ec. europa. eu/commission/presscorner/detail/en/IP_ 16_ 4088.

② "Joint Declaration on EU-NATO Cooperation", https：//www. consilium. europa. eu/media/21481/nato-eu-declaration-8-july-en-final. pdf.

③ "Security and Defence Cooperation：EU Will Enhance Its Capacity to Act as a Security Provider, Its Strategic Autonomy, and Its Ability to Cooperate with Partners", https：//www. consilium. europa. eu/en/press/press-releases/2018/06/25/security-and-defence-cooperation-eu-will-enhance-its-capacity-to-act-as-a-security-provider-its-strategic-autonomy-and-its-ability-to-cooperate-with-partners/.

④ "Joint Declaration on EU-NATO Cooperation", https：//www. consilium. europa. eu/media/36096/nato_ eu_ final_ eng. pdf.

（四）欧盟在安全与防务领域采取的具体行动

1. 能力建设方面

在能力建设方面，根据欧盟新安全战略的目标与要求，欧盟理事会在《安全与防务实施计划》①及《欧洲防务行动计划》②的框架内，建立研究平台，促进和激励成员国之间的防务合作，为防务能力建设提供资金保障。例如，欧洲防务基金（European Defense Fund, EDF）设立于2017年6月，由成员国注资、欧盟委员会使用，从研究和开发与采购两个层面促进欧洲军备产业的升级，为研究和能力开发方面的系统性防务工业合作提供真正的财政激励，同时资助在永久性结构化合作框架下启动的合作项目；③又如，欧洲和平基金（European Peace Facility, EPF）为共同安全与防务政策行动的共同支出以及军事和平支持行动提供经费。民用资本介入共同安全与防务领域为该政策的执行注入了活力。军事装备开发和采购的进一步欧洲化也有助于工业能力的合理化和巩固，并有助于提高军事互操作性和标准化。在军事能力建设方面，欧洲理事会修订雅典娜机制（Athena Mechanism），有效筹资，采取一系列行动，加强欧盟军事力量建设，提高欧盟的军事快速反应能力、部署能力和灵活性；在民事能力建设方面，增加高级代表的任务清单，根据欧盟新安全战略的要求和当前的安全挑战，审查民事危机管理领域内的优先事项，以便采取更快速的行动。此外，2018年签署的"民用协约"也激发了欧盟共同安全与防务政策民用层面的活力。

2. 防务合作方面

首先，启动永久结构性合作机制。《里斯本条约》规定，对于有愿意

---

① European Council, "Implementation Plan on Security and Defence", 14 November 2016 (OR. en) 14392/16.

② Communication from the Commission to the European Parliament, the European Council, the Council, the European Economic and Social Committee and the Committee of the Regions, "European Defence Action Plan", Brussels, 30. 11. 2016 COM (2016) 950 final.

③ European Union External Action, "Defending Europe: The European Defence Fund-Factsheet", https: //eeas. europa. eu/headquarters/headquarters-homepage_ en/35203/Defending%20Europe%20: %20European%20Defence%20Fund%20-%20factsheet.

和有能力的成员国可以通过建立一个永久结构性合作机制（Permanent Structured Cooperation，PESCO）来加强在国防事务上的合作，相互做出更有约束力的承诺，以使欧盟在防务领域走向更深入的一体化。2017 年 11 月，欧盟 23 个成员国部长签署建立永久结构性合作的联合通告。2017 年 12 月 11 日，欧盟理事会通过了启动永久结构性合作的决定，标志着欧盟开启了通过联合军事投资和项目开发来强化欧洲防务的新时代。[①] 随后，爱尔兰和葡萄牙也同意加入，成员增至 25 国。成员国商定将在永久结构性合作框架下开展 17 个项目的初步清单，包括训练、能力发展、国防领域的战备状态等领域，标志着建立永久结构性合作迈出了关键的第一步。2018 年 3 月 6 日，欧盟理事会又通过了永久结构性合作的实施路线图。该路线图为永久结构性合作的开展提供了战略方向和指导，在执行方面进一步明确了永久结构性合作框架下需要进一步开发的项目清单，以及每个项目参与成员国应做出实质性努力的确定目标和时间窗口，规定向欧盟理事会定期通报各个项目发展情况的方式，还规定了欧盟外交与安全高级代表对欧盟理事会的年度报告及具体评估机制。[②] 2018 年 11 月 19 日，欧盟理事会通过了第二轮永久结构性合作计划，涵盖陆、海、空训练、能力发展和战备以及网络防御等领域。2019 年 11 月 11 日，理事会通过了另外 13 个将在永久结构性合作框架下实施的项目，项目总数达到 47 个。新项目侧重于培训、加强欧盟的合作以及海洋、空中和空间方面的能力发展。2020 年 11 月 5 日，欧盟理事会制定了第三国参加永久结构性合作的条件，从而为在欧盟框架内与合作伙伴开展更强有力、更具雄心的防务合作铺平了道路，也为脱欧后的英国与欧盟在"永久结构性合作"框架下合作留下政策余地。[③] 从运行结构来看，该机制由理事

---

① European Union Institute for Security Studies, "After the EU global strategy-Consulting the experts Security and defence", https：//www. iss. europa. eu/sites/default/files/EUISSFiles/After_ Global_ Strategy_ online. pdf, p. 12.

② 房乐宪、狄重光：《欧盟安全防务建设新进展：永久结构性合作及其含义》，《当代世界与社会主义》2018 年第 3 期。

③ Council of European Union, "Council Decision Establishing the List of Projects to Be Developed under PESCO", https：//www. consilium. europa. eu/media/33065/st06393 – en18 – council-decision-pesco_ press. pdf, pp. 2–4.

会、秘书处和项目层面三方构成。欧洲理事会负责把握政策的方向、总体决策，提供战略指导、将项目目标和承诺细化与具体化、评估各成员国的贡献和履行承诺的情况以及建立新的合作项目；① 欧盟外交与安全政策高级代表参与永久结构性合作的全过程，尤其是在项目的建立、评估、建议等方面扮演欧盟理事会和项目参与国之间的联络员；欧洲对外行动署和欧盟防务署组成的秘书处负责认定和执行新的合作项目，并对往期合作项目进行评估，同时对理事会层面和项目层面的工作予以支持；欧盟委员会新建了防务产业总司，为防务产品的研发和采购提供资金支持。首批项目集中在军备合作（研究、开发与采购）和欧洲军备技术与工业基础（European Defence Technological and Industrial Base，EDTIB）上，尤其注重军备工业的标准化和程式化，涉及传统军事领域的训练、后勤、联合行动，以及网络作战等新兴防务领域的合作。这有助于消除军备制式不统一对防务一体化造成的掣肘，增强参与国行动的协调性。就约束力而言，其约束力主要体现在它的审核程序上。参与的成员国每年向其他成员国和欧洲对外行动署与欧盟防务署通报一份国家执行计划（National Implementation Plan，NIP），报告其如何为履行承诺做出贡献。这些国家的执行计划构成理事会评估和决策的基础。由此，永久结构性合作的约束力使它区别于以往松散、临时的成员国间的自愿双边或"小多边"安全与防务合作，使欧盟安全与防务的"共同"定位更加突出，成为一个结构化的进程（a structured process）。②

其次，启动国防协调年度审查。国防协调年度审查（Coordinated Annual Review on Defence，CARD）是指在欧盟层面对国防开支、国家投资和研究工作展开审查，对能力不足和分阶段实现的高影响力能力目

① "Notification on Permanent Structured Cooperation（PESCO）to the Council and to the High Representative of the Union for Foreign Affairs and Security Policy"，https：//www. consilium. europa. eu/media/31511/171113-pesco-notification. pdf.

② European Union External Action，"Defending Europe：The European Defence Fund-Factsheet"，https：//eeas. europa. eu/headquarters/headquarters-homepage_ en/35203/Defending% 20Europe%20：%20European%20Defence%20Fund%20-%20factsheet.

标进行军事评估以提高欧洲防务能力的透明度和政治能见度，从而更好地发现防务缺陷与不足、深化防务合作并制定更好、更连贯的国防支出规划方法。2018年6月25日，欧盟理事会批准了2018年的进度目录，评估了能力不足并确定了预期目标，国防协调年度审查现已进入第一个完整执行周期。

再次，建立军事规划和行为能力。2017年6月8日，欧盟委员会做出决议，同意在欧盟军事人员中建立军事规划和行为能力（Military Planning and Conduct Capability，MPCC），旨在改善欧盟的危机管理结构，承担欧盟非执行军事任务（欧盟目前在索马里、中非和马里的军事训练任务）的指挥权，以使特派团外地工作人员能够在欧盟提供更好支持的情况下，集中精力开展特派团的具体活动，从而提高欧盟以更快、更有效和更连贯的方式做出反应的能力。

最后，完善欧盟快速反应工具箱。欧盟快速反应工具箱（EU's Rapid Response Toolbox）是指欧盟用以迅速应对冲突和危机的各种工具。欧盟于2005年创建可以在地面迅速部署军事力量的欧盟战斗群。但由于政治、技术和财政方面的障碍，战斗群从没部署过行动。2017年6月22日，为加强欧盟的快速反应能力，欧盟领导人同意承担部署战斗群的共同费用，战斗群的资金通过雅典娜机制（资助安全和国防军事行动）在欧盟层面进行永久性管理。此外，欧盟也努力发展民事能力，加强民事危机管理的核心反应能力。此外，欧盟和成员国也展开切实合作以收集、评估和分享关于混合威胁的民事和军事、内部和外部情报和信息。① 例如，欧盟相关机构和成员国利用"单一情报分析能力"（Single Intelligence Analysis Capacity，SIAC）框架，收集、共享和评估包含内外部威胁的民事和军事情报信息，这一框架下的军民合作有利于增强欧盟对安全态势的感知度。

---

① European Union, "Joint Report to the European Parliament, the European Council and the Council on the Implementation of the Joint Framework on Countering Hybrid Threats", https://eur-lex.europa.eu/legal-content/nl/TXT/? uri=CELEX：52018JC0014.

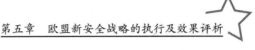

3. 与北约合作方面

在与北约的防务合作方面，欧盟和北约联合实施 2016 年 12 月达成的 42 项行动要点，并在赫尔辛基成立了新的欧洲抗击混合威胁中心，联合开展情景意识、战略沟通、地中海海事行动、军事机动性、网络安全和海上安全等领域的联合行动或合作。2016—2019 年，欧盟与北约共同执行了 74 项行动。①

4. 全球安全方面

在全球安全方面，近五年来，欧盟作为全球安全的提供者，采取 16 项民事和军事任务和行动，涉及部署在世界各地的 4000 多名欧盟人员。② 以海上安全领域为例，欧盟理事会发布了《海上安全战略行动计划》（*European Union Maritime Security Strategy Action Plan*），指出欧盟是全球海洋安全的提供者、行动者，应充分挖掘欧盟在防务领域的三个独立但相互加强的倡议、防务协调年度审查、旨在提高军事能力的永久结构性合作机制的潜力，提高海上部队的可用性和部署能力，根据欧盟内部安全战略和其他相关欧盟政策，与民事可持续发展伙伴关系契约相辅相成，以全面和协调的方式实施跨部门行动，并在实现欧盟新安全战略的其他目标方面发挥重要作用（特别是对冲突和危机采取综合方法以及构建周边国家和社会的复原能力）。③

总之，新安全战略出台以来，欧洲安全与防务建设向前迈进了一大步，成员国积极投资共同的工业生产和科学研究，民用层面的发展也进入了新的轨道。从联合国的维和行动到非洲的和平进程，欧盟主动承担起维护全球和平与安全的责任，也向世界彰显欧洲的实力不再只有软实力。上述进展表明，包括国防在内的安全是欧盟一体化不可分割的组成

① European External Action Service, "European Union's Global Strategy Three Years on, Looking Forwards", https：//eeas. europa. eu/sites/default/files/eu_ global_ strategy_ 2019. pdf, p. 11.

② European External Action Service, "European Union's Global Strategy Three Years on, Looking Forwards", https：//eeas. europa. eu/sites/default/files/eu_ global_ strategy_ 2019. pdf, p. 10.

③ Council of the Enrope Union, "Council conclusions on the revision of the European Union Maritime Security Strategy （EUMSS） Action Plan", June 2018, https：//data. consilium. europa. eu/doc/document/ST-10494-2018-INIT/en/pdf.

部分，欧盟一直致力于在安全和防务问题上共同努力，新安全战略实施以来的举措代表着欧洲一体化历史上的一个阶段性变化。①

## 二　新安全战略在安全与防务方面的执行效果评析

尽管《欧盟新安全战略》充分展现了其政治雄心，但就其实施效果来看，仍然存在一定的问题。

### （一）军事行动方面

军事行动方面存在的问题首先表现为永久结构性合作机制存在的缺陷和面临的障碍。

作为欧盟防务一体化的核心机制，永久结构性合作机制体现了"多速欧洲"理念在共同防务领域的实践。② 根据《里斯本条约》的规定，永久结构性合作是由欧盟双重有效多数表决程序决定的，即获得总人口 65% 以上的 55% 的成员国通过。根据这一原则，大国在永久结构性合作框架激活过程中扮演了关键角色。尤其是英国脱欧以后，大国在欧盟事务中的投票权重进一步扩大，仅德国、西班牙、法国和意大利的人口在欧盟中所占的比例就高达 57.5%，非常接近欧盟双重多数表决机制对成员国人数的要求。永久结构性合作框架激活后，如果其他成员国满足条件且有参与意愿，只要由政治安全委员会的参与国根据有效多数表决原则同意即可。因此，在部分"先锋国家"的领导下，欧盟可以在共同安全与防务政策方面形成一个核心欧洲，绕过成员国的立场差异，改变欧盟防务一体化进展缓慢的现状。③ 此外，由于不影响国家主

---

① Daniel Fiott and Vassilis Theodosopoulos, *Yearbook of European Security 2020*, https://www.iss.europa.eu/content/yearbook-european-security-2020, pp. 219-232.

② European Commission, "White Paper on the Future of Europe-Reflections and Scenarios for the EU 27 by 2025", https://europa.eu/european-union/sites/default/files/whitepaper_en.pdf, pp. 26-32. "多速欧洲"是指有能力且有意愿的欧盟成员国在经济、政治至防务领域率先推进一体化，并将其辐射范围逐渐扩展到其他成员国，最终实现涵盖全欧盟的一体化目标。

③ European Union Institute for Security Studies, "After the EU global strategy-Consulting the experts Security and defence", https://www.iss.europa.eu/sites/default/files/EUISSFiles/After_Global_Strategy_online.pdf, p. 20.

权或某些成员国在安全和防务政策方面的具体特点，该机制赋予成员国参与的自愿性和自由度。模块化的项目设置也有利于保持该机制务实、灵活的特点。① 但是成员国立场分歧、柔性审查制和有限的合作项目大大限制了该机制的实际效果，从而限制了欧盟战略自主的发挥和"多速欧洲"的实现。②

就成员国的立场而言，首批 17 个项目中 25 国的参与度参差不齐，第二批项目中成员国的参与度普遍有所降低。③ 同时，永久结构性合作框架是由德国、法国、意大利和西班牙四个国家主导通过的欧盟"多速"防务一体化方案，在一定程度上代表了大国的利益。尤其是英国脱欧以后，大国在欧盟中的主导地位得到了进一步巩固，这会对其他小国的话语权产生不利影响。此外，成员国对安全威胁的感知、对共同安全与防务政策的立场以及对提高军事能力的意愿各不相同。意大利和西班牙作为地中海沿岸国家积极参与海洋安全管理项目，以提高它们对欧盟外部边界的防御能力。法国倾向于建立小而精悍、更加紧密的合作形式，让有意愿且有能力参与的国家执行更为严苛的任务，形成一个小范围的核心欧洲。④ 德国希望防务联盟更具包容性，有更多国家参与，不希望欧盟机制和非欧盟机制下的防务合作相互竞争，进而造成欧盟的分裂。⑤ 受地缘政治影响，荷兰、比利时、意大利、西班牙、希腊等国，都将中东和北非视为恐怖主义的主要发源地和欧洲所面临的最大威胁，因而支持欧盟的防务联合，以提高欧盟的

---

① Timo Behr and Hanna Ojanen, "Differentiated Integration in Security and Defence: The Only Way Forward?", in Juha Jokela, ed., *Multi-speed Europe? Differentiated Integration in the External Relations of the European Union*, Finnish Institute of International Affairs, 2014, pp. 33–42.

② 郑春荣、范一杨：《重塑欧美安全关系？——对欧盟"永久结构性合作"机制的解析》，《欧洲研究》2018 年第 6 期。

③ Alessandro Marrone, "PESCO: The Italian Perspective", https://www.iris-france.org/wp-content/uploads/2018/09/Ares-30.pdf, pp. 3–8.

④ Martin Quencez, "Europe as a Power: A French Vision for Europe in the World", https://www.boell.de/en/2021/01/08/europe-power-french-vision-europe-world? dimension1=ds_ .

⑤ Alice Billon-Galland and Martin Quencez, "European Intervention Initiative: The Big Easy", https://berlinpolicyjournal.com/european-intervention-initiative-the-big-easy/.

危机管理能力。[1] 中东欧国家，尤其是与俄罗斯邻近的欧盟成员国视俄罗斯造成的传统地缘政治冲突为欧洲大陆的首要威胁，更依赖北约所提供安全屏障，不希望在北约之外进行不必要的重复建设，[2] 因此在欧洲防务一体化建设方面相对消极，缺乏发展欧盟独立防务力量的意愿。

就审查程序而言，它采用柔性审查机制，防务合作协调年度审查机制依靠成员国自觉自愿、以同行评价（peer review）和同行施压（peer pressure）的手段进行。理事会对于何种条件下可以行使中止成员国参与"永久结构性合作"的权力尚无量化标准，[3] 许多成员国将永久结构性合作作为同步实现欧盟和北约能力发展目标的工具，[4] 也有成员国只满足可以留在"永久结构性合作"机制中的最低标准，做出的实质性贡献有限，最终"搭便车"的国家和真正"有雄心的"国家在"永久结构性合作"内形成分化。[5]

就合作的项目而言，合作项目质量不高，战略意义不够突出。现有47 个项目中大部分是难以实质性提升战斗能力的"软军事"项目，[6] 直接涉及战斗能力的项目不多，且参与国数量较少，[7] 现有项目大多属

---

① Daniel Fiott, "The Scrutiny of the European Defence Fund by the European Parliament and National Parliaments", https：//www. iss. europa. eu/sites/default/files/EUISSFiles/EXPO_ STU% 282019%29603478_ EN1. pdf, pp. 3-21.

② 陆巍：《防务一体化的"多速欧洲"实践——永久结构性合作框架评析》，《德国研究》2018 年第 4 期。

③ Frederic Mauro and Federico Santopinto, "Permanent Structured Cooperation：National Per-spectives and State of Play", https：//www. europarl. europa. eu/RegData/etudes/STUD/2017/6038 42/EXPO_ STU（2017）603842_ EN. pdf, pp. 13-28.

④ Sven Biscop, "European Defence and PESCO：Don't Waste the Chance", *Policy Papers*, No. 1, May 2020.

⑤ Niklas Nováky, "The EU's Permanent Structured Cooperation in Defence：Keeping Sleeping Beauty from Snoozing", *European View*, Vol. 17, No. 1, 2018, pp. 97-104.

⑥ 包括网络、指挥系统和信息分享、训练和教育、对水底和生化武器的评估和监视，以及医疗、交通、后勤和救灾等方面的合作项目。

⑦ 包括装甲车（3 国）、间接火力支持（3 国）、危机应对行动（5 国）、超视距路基导弹（3 国）、防水雷措施（7 国）、水下干预能力（3 国）、虎式攻击直升机（3 国）和无人机系统（5 国）。See Council of European Union, "Council Decision Establishing the List of Projects to Be Developed under PESCO", https：//www. consilium. europa. eu/media/33065/st06393 - en18 - council-decision-pesco_ press. pdf, pp. 2-4.

于比较边缘化的领域，难以有效解决欧盟关键能力不足的问题，[①] 尤其对海空防务资源与防务能力关注不够，对提升欧盟综合军力和战略自主权的影响有限。

除了自身存在的问题外，永久结构性合作也面临来自北约和美国的外部阻力。欧盟在具备自主防务能力面前仍不敢直接挑战北约，而是强调欧盟防务会在技术标准、武器系统等方面与北约相互通用，强调北约的重要性和与北约的互补性。

除永久结构性合作存在的问题外，欧盟军事行动的灵活性和适应性也陷入困境。欧盟共同安全与防务政策下的军事行动，因其执行任务的不同而侧重点不同。如亚特兰大行动是保护海上航运、镇压海盗；"索菲亚"行动是打击人口走私和贩运的商业模式。在某些情况下，这些任务具有非执行性，例如支持能力建设和海岸警卫队培训。这就对军事行动的灵活性和适应性提出了挑战。此外还存在资金问题。欧盟中一些较小的成员国或受金融危机影响的成员国在资金的贡献上往往不太情愿。英国脱欧也使欧盟的资金来源进一步减少。

（二）民事行动方面

就民事行动而言，欧盟的民事行动的任务通常涉及帮助东道国地方机构，如公诉机关、警察、边境管理部门、海岸警卫队、海关、监狱和司法机构加强治理。民事行动的主题通常涉及公共秩序警务、社区警务、有组织和跨国犯罪、非法移民、反腐败、人力资源管理、人权和刑事司法系统中的性别关切等问题。在民事行动的具体执行过程中主要存在三类问题：一是人员管理上的漏洞。在人员、技术和行政支持方面，合适的人并不总是能够在合适的时间找到合适的职位。二是缺乏人员、技术和行政三方面的有效协调，导致民事行动无法在接到通知后在短时间内快速部署关键职位，并做早期规划。三是信息不对称。民事行动的

---

[①]　European Union Institute for Security Studies, "After the EU global strategy-Consulting the experts Security and defence", https：//www. iss. europa. eu/sites/default/files/EUISSFiles/After_ Global_ Strategy_ online. pdf, p. 25.

目标是促进受冲突影响的国家和地区的可持续变革，其目标因更具灵活性而难以评估。

（三）与北约的合作方面

一方面，欧盟对与北约的合作存在矛盾心理。在目前的战略环境中，欧盟与北约都面临来自南方和东方的威胁，27 个欧盟成员国中有23 个是北约盟国①。作为北约盟国的欧盟成员国往往视美国为其最重要的伙伴，对北约存在一定的依赖性，② 对欧盟共同防务的军事力量投入意愿不高，在行动指挥等方面也难以做到真正的独立。同时，欧盟又希望增强自身的硬实力，成为国际政治的"玩家"。

另一方面，美国也对欧盟的防务建设有"搭便车"和矛盾的看法。③ 随着综合实力的不断增强，欧盟逐渐由美国的传统合作伙伴转变成为潜在的竞争对手。美国当然不希望欧洲在安全方面"搭便车"，而将主要精力放在发展经济方面。因此，坚持"美国优先"的特朗普上台以后，不时抛出"北约过时论"，要求欧洲增加国防预算，并承担必要的防卫义务。这在一定程度上为欧盟的防务一体化建设提供了充足的理由，欧盟快速反应部队、欧盟作战部队、欧盟行动指挥部、欧洲防务基金以及永久结构性合作应运而生。但同时，美国又不希望欧盟的军事实力过于强大，从而降低其作为欧洲安全的主要提供者的地位。美欧双方的矛盾心理阻碍了双方的合作。④

① 当地时间 2022 年 7 月 5 日，北约组织秘书长斯托尔滕贝格与芬兰外交部部长哈维斯托及瑞典外交大臣林德在北约总部布鲁塞尔正式签署了芬瑞两国加入北约组织议定书。因此，本书认为，欧盟 27 个成员国中，有 23 个是北约成员国。

② European Union Institute for Security Studies, "After the EU global strategy-Consulting the experts Security and defence", https: //www. iss. europa. eu/sites/default/files/EUISSFiles/After_ Global_ Strategy_ online. pdf, p. 37.

③ 赵怀普：《欧盟共同防务视阈下的"永久结构性合作"机制探究》，《欧洲研究》2020 年第 4 期。

④ Richard D. Hooker, Jr., "The North Atlantic Community Renewed: Challenges, Trends, and Solutions", https: //www. atlanticcouncil. org/in-depth-research-reports/issue-brief/the-north-atlantic-community-renewed-challenges-trends-and-solutions/.

**（四）其他方面**

最后，欧盟未来的安全与防务政策还受到自身能力之外的其他因素的影响，包括气候移民、快速城市化和颠覆性技术。就气候变化的影响而言，非洲各地日益增多的气候风险将导致粮食和水供应发生变化，进而产生"气候移民"并引起紧张和冲突；① 就快速城市化的影响而言，虽然它不会直接构成安全挑战，但会加剧某些风险，如人类健康风险（卫生管理不善、人畜共患病的传播等）、治理风险（人口、毒品和武器贩运等问题）和与冲突有关的风险；② 就颠覆性技术的持续发展及影响而言，物联网（IoT）、人工智能（AI）、大数据、5G 技术的发展，正逐步向智能城市、智能交通系统、智能电网等领域发展。人工智能在带来许多社会效益的同时，也存在潜在的问题，如海、陆、空中作战的致命自主武器系统的出现，从而对未来的欧盟共同安全与防务政策可能产生安全威胁。

## 第三节　新安全战略在复原力方面的执行及效果评析

### 一　新安全战略在复原力方面的执行

欧盟通过支持善政、负责任的机构以及与民间社会密切合作等方式支持脆弱国家，使其能够在潜在或实际的冲击、破坏和危机面前站稳脚跟，加强脆弱国家及其社会的复原力。

就复原力建设的地区而言，欧盟的行动主要集中在东部伙伴国家、中东和北非地区、西巴尔干地区和非洲。在乌克兰，欧盟支持在法治、

---

① Dick Zandee, "Quo Vadis EDA？", *European Defence Matters*, No. 17, June 2019, pp. 44-46.

② Daniel Fiott, ed., "The CSDP in 2020, the EU's Legacy and Ambition in Security and Defence", https：//www. iss. europa. eu/sites/default/files/EUISSFiles/CSDP% 20in% 202020 _ 0. pdf, p. 72.

能源、关键基础设施、网络、战略通信以及安全和国防部门的改革；对东部伙伴国家，欧盟对当地的抗灾能力的提升进行了大量投资；在中东和北非，欧盟通过加强其安全和国防部门的战略沟通，并充分利用民间社会的支持来应对暴力极端主义和恐怖主义；在西巴尔干地区，除了推行西巴尔干欧洲化的观念之外，欧盟还直接参与了当地法治、经济发展、就业和互联互通等领域的基础设施建设；在非洲其他地区，欧盟与非盟一起，致力于应对气候变化，提高自然资源和生态系统的可持续发展能力，解决非法开采自然资源和野生动植物的交易等。欧盟还凭借自身天基技术和信息技术优势，例如欧洲的哥白尼地球观测计划和全球环境与安全监测系统，帮助提高西非国家抗灾能力。在非洲之角和几内亚湾，欧盟则作为全球海上安全提供者发挥着关键作用，调集了各种资源来抵御海洋威胁（海盗和人口贩运），减少海上事故或防止环境破坏。①

在复原力建设的具体手段和行动上，欧盟根据具体区域采取多样的针对性工作。在乌克兰，欧盟主要是对其改革提供财政支持，包括打击腐败、改善乌克兰的公共管理和司法体系以及支持构建公民社会，这些措施加强了乌克兰社会的复原力；在利比亚，欧盟注重支持构建社会抵御冲突和移民的双重冲击的复原力，如欧盟与利比亚当局以及国际组织一起努力改善移民在该国境内的生活条件；在约旦和黎巴嫩，欧盟一方面努力确保叙利亚儿童和青少年都能得到良好的教育和职业培训，另一方面，欧盟的援助重点是支持难民收容社区的建设，重视采取多样化经济措施整合难民；在伊朗，欧盟继续通过高级代表作为联合委员会协调员的角色，在执行联合全面行动计划（Joint Comprehensive Plan of Action, JCPOA）方面发挥关键作用；在突尼斯，欧盟支持突尼斯进行民政管理体制改革，并指出这项改革必须建立在责任治理、法治和尊重人权的基础之上；在萨赫勒地区，欧盟继续派遣共同安全与防务政策特派团帮助构建当地抵御风险的能力。同时，欧盟也提供人道主义援助，用

① European External Action Service, "European Union's Global Strategy Three Years on, Looking Forwars", https：//eeas. europa. eu/sites/default/files/eu_ global_ strategy_ 2019. pdf, p. 22.

以解决该地区流离失所者问题。此外，欧盟与该地区就经济发展进行了多方面合作，一定程度上解决贫困的长期根源，在此基础上，进一步创造就业机会；在尼日利亚北部危机上，在与世界银行和联合国一起制定联合战略规划基础上，欧盟正在逐步采用人道主义和发展基金，支持该地区进行恢复和重建。①

## 二　新安全战略在复原力方面的执行效果评析

欧盟新安全战略实施以来，欧盟的复原力建设取得了一定的效果。但是随着科技的发展和安全环境的新变化，欧盟越来越意识到复原力建设必须做出相应的调整。就欧盟对内的复原力建设而言，从网络攻击到碎片云再到太阳耀斑，重视系统的复原能力和保护变得越来越重要。因此，增强欧盟空间资产复原力的必要性已在 2016 年欧盟新安全战略、2016 年空间战略、2016 年应对混合威胁联合框架和 2016 年欧洲防务行动计划中得到确认。虽然欧盟的资产都由民用控制，但所有空间行为者都普遍认识到空间资产的潜在威胁，这为政府之间以及民用和军事行为者之间在今后几年的合作创造了新的机会。②

就对外的复原力建设而言，欧盟在已有行动的基础上，确定了下一步构建复原力的目标：一是通过更深入的方法建立更好的风险信息分析和监控体系，即探索国家和社会的优势和弱点以解决不同行业的漏洞；二是积极探索外部的复原力如何影响欧盟自身在混合威胁、网络安全、战略通信和反恐等领域的复原力；三是及早采取预警措施，通过与其成员国合作，确保及时采取联合的政治/外交手段来应对脆弱性挑战，包括对新出现的暴力冲突的预防和治理；四是提高抵御能力作为欧盟规划和融资工具的重点，特别是涉及政治参与、社会经济发展、气候变化和环境保护等方面的问题；五是推动与伙伴国家开展多样化的合作，与联合

① European External Action Service, "European Union's Global Strategy Three Years on, Looking Forwards", https：//eeas. europa. eu/sites/default/files/eu_ global_ strategy_ 2019. pdf, p. 24.

② Antonio Missiroli, "A Handbook the EU and the World：Players and Policies Post-Lisbon", https：//www. iss. europa. eu/sites/default/files/EUISSFiles/EU_ Handbook. pdf, p. 81.

国和其他国际组织进行复原力方面的联合工作；六是强调发展与安全之间的联系，加强联合处理安全和贫困问题的办法，将各种潜在风险（自然灾害、内乱、极端气候变化影响等）更多地纳入欧盟发展行动中。[①]

就复原力涵盖的地区和议题而言，依照欧盟新安全战略，欧盟安全威胁首先来自周边，周边国家也是欧盟构建合作性地区秩序的重点地区。邻国和周边地区国家和社会复原力的建设符合欧洲的利益。这种对近邻的关注受到欧洲一些学者的批评，认为文件对周边地区的强调可能在某种程度上降低欧盟的全球利益，导致欧盟降低对亚洲等地的关注，不符合其全球角色的定位。[②] 事实上，从复原力涵盖的地区而言，欧盟关注的地区是欧盟的大周边，东部延伸到中亚，南部延伸到中非地区。此外，复原力建设也涵盖了不同的政策领域。首先是扩大政策涵盖西巴尔干国家和土耳其在移民、能源安全、恐怖主义和有组织犯罪等方面的问题，与这些国家在反恐、安全领域的改革、移民、基础设施、能源和气候、深化人与人之间的接触和分配欧盟的援助上有切实的合作。其次是欧盟支持周边国家实施各种联系协议，包括深入而全面的自由贸易区协议，深化与这些国家"量身定做的"伙伴关系，不论是不是周边政策涵盖的国家，欧盟都对其建设国家和社会复原力的不同路径表示支持。再次是大周边地区的复原力。对于大周边地区所谓"压迫性"的国家，长远来看可能是不稳定的和脆弱的，但欧盟也通过多种多样的政策来支持其复原力建设。最后是更加有效的移民政策。欧盟特别关注移民和难民的来源国和中转国的复原力建设问题，主张大幅度强化在这些国家的人道主义努力，关注教育、妇女、儿童，通过一般性的和量身定制的措施来治理移民问题。可以说，对复原力的强调是在欧盟传播价值观和制度规范遭受挫折、欧盟周边国家经历剧变而动荡不定、安全形势恶化的背景下提出来的，目的是寻求周边的安全与稳定，提升周边国家

---

① Antonio Missiroli, "Towards an EU Global Strategy: Background, Process, References", https://www.iss.europa.eu/content/towards-eu-global-strategy-background-process-references, p. 105.

② Camille Grand, "The European Union Global Strategy: Good Ambitions and Harsh Realities", *The International Spectator*, Vol. 51, No. 3, 2016, p. 20.

抗击危机和从危机中恢复的能力。安全与稳定成为复原力的首要目标，价值观外交和变革成为次要目标。

就复原力建设的路径而言，欧盟提出加强"跨大西洋"的合作伙伴关系，即加强欧盟与北约，欧盟与北美地区的美国和加拿大之间的合作和伙伴关系有利于加强双方的复原力建设，为更有效的全球治理做出贡献。在欧盟与美国的关系方面，将继续在危机管理、反恐、网络、移民、能源和气候行动等方面加深与美国和加拿大的合作。同时在传统安全领域欧盟仍然选择与北约和美国共同分担相关的责任，在更广泛的安全议程上，美国将继续成为欧盟核心伙伴。换言之，欧盟认为自身与美国之间的跨大西洋伙伴关系是加强欧盟复原力建设的一部分，使欧盟对内和对外加强复原力的努力具备物质和制度基础。

## 第四节　新安全战略在综合方法方面的执行及效果评析

在对外行动中，欧盟除了单纯的危机管理外，越来越注重预防冲突和冲突后的和平建设，更重视运用综合方法来应对冲突和危机。应对冲突和危机的综合方法在欧盟周边地区乃至更远的世界其他地区都得到了实践，也取得了一定的成果。

### 一　新安全战略在综合方法方面的执行

欧盟外交与安全政策高级代表成立了一个名为 PRISM（Prevention of conflict，Rule of Law/Security Sector Reform/Integrated Approach Stabilisation and Mediation，PRISM）的专门机构，[1] 作为欧洲对外行动署

---

① Council of the European Union，"Council Conclusions on the Integrated Approach to External Conflicts and Crises"，https：//data. consilium. europa. eu/doc/document/ST-5413-2018-INIT/en/pdf，p. 2.

的一个联络点，协调处理冲突与危机。此外，欧盟就如何确保快速有效的危机应对措施提出了具体的对策，包括在欧洲对外行动署危机应对机制、欧盟委员会的应急协调中心（Emergency Response Coordination Centre，ERCC）和其他欧盟机构的应急系统之间建立更大的协同，① 以加强共同安全与防务政策的危机管控能力建设。同时，欧盟更加强调公民保护和人道主义以及安全和发展工具的综合使用。

欧盟已将综合方法运用到具体地区的冲突与危机问题的解决上。在乌克兰，自 2014 年以来，欧盟在乌克兰的投资超过了其他任何国家，总共 140 亿欧元的投入，是欧盟目前最大的支持方案。共同安全与防务政策的任务支持民间安全部门改革，欧盟将继续支持乌克兰的领土完整，支持和平解决乌克兰东部冲突。

在叙利亚，2017 年 4 月，在由欧盟主办的关于叙利亚和该地区未来的布鲁塞尔国际会议上，国际社会开始反思叙利亚的重建，认为当其政治转型稳步开展时应同时考虑重建。区域行为体和叙利亚民间社会的代表都赞扬了综合方法对和平的积极影响。2018 年 4 月欧盟举行了第二次布鲁塞尔会议以增强自身和难民社区的复原力。② 会议强调在日内瓦进程框架下，欧盟的叙利亚策略应着眼于协调国家、区域和国际三个层次的政治解决工作，并推动民族和解。会议还强调欧盟是联合国领导下结束战争的最强有力的支持者和主要援助者。欧盟的一个优先任务就是采取人道主义行动，向叙利亚人民提供食物和供应以保证短期救济，同时长期投资教育以为叙利亚重建创造条件。

在伊拉克，欧盟提供非军事支持以打击达伊沙的全球联盟，并持续针对该政权采取制裁手段。在击败达伊沙之后，欧盟转而支持伊拉克重建。自 2017 年以来，欧盟在伊拉克的咨询任务一直围绕安全部门改革，

---

① Council of the European Union, "Council Conclusions on the Integrated Approach to External Conflicts and Crises", https：//data. consilium. europa. eu/doc/document/ST-5413-2018-INIT/en/pdf, p. 7.

② European External Action Service, "European Union's Global Strategy Three Years on, Looking Forwards", https：//eeas. europa. eu/sites/default/files/eu_ global_ strategy_ 2019. pdf, p. 23.

以支持该国的警察和刑事司法系统，打击恐怖主义和有组织犯罪，同时保护文化遗产。

在哥伦比亚，欧盟战略性地协调利用安全的、政治的和技术性的工具和活动，设立信托基金支持和平进程，19 个成员国参与建立了欧盟哥伦比亚信托基金，致力于地方发展与和解。① 主要活动包括：支持哥伦比亚当局和革命武装力量之间的和平谈判；支持农村发展、过渡时期的司法以及冲突后的经济发展；在前争议地区进行乡村发展建设、排雷、帮助前童兵重返社会和调解活动等。

综合方法在全球多个危机频发的地区都付诸了实践，而欧盟新安全战略执行报告明确提到，萨赫勒地区是近年来综合方法应用的最好例证，有 230 万人从欧盟的行动中获益，改善了生活条件，获得了食物和基本服务。② 在萨赫勒地区，应对恐怖主义和跨国犯罪是欧盟在萨赫勒地区的核心战略。难民危机出现后，欧盟又采取预防和打击激进主义、加强边境管理、打击非法贩运和跨国有组织犯罪等活动。新安全战略出台后，其支持的主要方向有三个：一是建立政治伙伴关系。2020 年 4 月，欧盟外交与安全政策高级代表费代丽卡·莫盖里尼与萨赫勒五国集团外长举行年度会议，加强共同关心的领域合作，如脆弱地区的发展与治理、改善安全、包括打击恐怖主义和非法贩运等。二是维护安全与稳定。欧盟支持具体的地区主导的安全倡议，提供 1.47 亿欧元来建立由非洲领导的萨赫勒五国联合部队，旨在改善地区安全，打击恐怖主义和犯罪集团，欧盟自身就是该区域不可或缺的安全角色。三是促进发展合作。欧盟及其成员国是该地区最大的发展合作提供者，在 2014—2020 年投入高达 80 亿欧元，利用所有工具支持该地区的发展。此外，自 2016 年实施新安全战略以来，欧盟还加强了不同任务和手段之间的协调。欧盟驻萨赫勒地区的代表团分布在马里、布基纳法索、尼日尔和乍

---

① European External Action Service, "European Union's Global Strategy Three Years on, Looking Forwars", https：//eeas. europa. eu/sites/default/files/eu_ global_ strategy_ 2019. pdf, p. 23.

② European External Action Service, "European Union's Global Strategy Three Years on, Looking Forwars", https：//eeas. europa. eu/sites/default/files/eu_ global_ strategy_ 2019. pdf, p. 22.

得，它们是串起欧盟、共同外交与防务政策代表团和当地及国际参与者之间的联络处。① 2017 年，欧盟成立了区域协调小组（Regional Coordination Cell），② 总部在马里首都巴马科。小组负责协调萨赫勒地区内各行为体的各种行动，重点关注安全和防御。15 位专家协调欧盟的实操努力，并识别共同外交与防务政策任务内的需求和差距。2019 年，为进一步提高区域工作效率，欧盟将其更名为区域咨询和协调小组（Regional Advisory and Coordination Cell），其目标是加强萨赫勒五国集团的区域能力，并尽力加强国家能力，特别是支持萨赫勒五国联合部队军事和警察部门的运作，以帮助这些区域实现跨境合作。另一项目标是使欧盟在尼日尔和马里的能力建设任务（EUCAP）能够及时且有针对性地向萨赫勒五国集团的其他三个国家提供战略咨询和培训。

总之，欧盟综合运用政治、外交、安全、发展、移民和人道主义政策、工具、倡议与所有国际、国家和非国家行为体配合，共同努力维护了该地区的和平和可持续发展。

## 二　新安全战略在综合方法方面的执行效果评析

大多数冲突都涉及多个维度、多个领域和多个议题，因此需要充分利用所有可使用的政策、手段和工具，采取多维办法来进行冲突预防、管理和解决。欧盟解决冲突和危机充分考虑到安全与发展之间的联系，并且注意到人道主义、社会经济、安全、环境和能源等各个方面在危机预防、危机治理和和平建设等阶段的不规律展开，以及它们在地区、国家和国际层面上发挥的不同地缘政治作用，从而制定一个更加全面的冲突解决方案。新安全战略实施以来，欧盟应对冲突和危机的综合方法的

① Thierry Tardy, ed., "Recasting EU Civilian Crisis Management", https：//www. iss. europa. eu/sites/default/files/EUISSFiles/Report_ 31. pdf, pp. 13–17.

② Ahmet Berat Çonkar（Turkey）, "Development and Security Challenges in the Sahel Region", https：//www. nato-pa. int/download-file? filename =/sites/default/files/2021 – 02/042% 20GSM% 2020%20E%20rev%202%20fin%20%20–%20DEVELOPMENT%20AND%20SECURITY%20CHALLENGES%20IN%20THE%20SAHEL%20REGION_ 0. pdf, pp. 2–19.

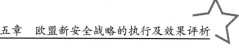

执行取得了一定的效果，呈现出一些特点。

（一）调解与和解是综合方法的重要方面

欧盟在菲律宾、缅甸、阿富汗、叙利亚、也门、利比亚、哥伦比亚、中非共和国等都进行了调解的努力。例如在达阿什领土失利之后，欧盟支持伊拉克联邦政府的稳定、和解与重建工作，于2017年11月成立了一个新的共同安全与防务任务，以支持伊拉克安全部门改革和协助执行《伊拉克国家安全战略》，并于2018年2月在科威特联合主持了围绕伊拉克重建的国际捐助者会议。在调解冲突中，欧盟注重妇女的作用，尤其注重促进她们在决策和调解方面的作用。例如在叙利亚，欧盟除了为难民和民间社会提供至关重要的支持外，还特别重视妇女在调解和建设和平中的作用。此外，冲突方法还着眼于确保快速有效的危机反应，包括在对外行动署的危机反应机制、欧盟委员会紧急反应协调中心和其他欧盟机构中的紧急反应系统之间发挥更大的协同效应，部署共同安全和国防政策的危机管理或能力建设任务等。

（二）实施综合方法时注重增强国家与社会的复原力

从第二年的执行报告开始，综合方法就和国家与社会的复原力这一优先事项放在一起进行总结，二者的关系在实践中渐渐得以清晰。[1]复原力和综合方法都反映了新安全战略反复强调的有原则的实用主义哲学。综合方法涵盖了在时间、空间和政策等方面多种途径，通过这些途径，欧盟可以从操作层面应对冲突的复杂性，在具体实践中增强国家和社会的复原力。为了取得持久的效果，欧盟汇集在全球范围内所有可使用的工具，致力于建立强大、有复原力和包容的国家机构，培养有效和专业的警察、法官、医生和学校，以及可靠的军队。有了强大的机构便有利于阻碍激进主义、犯罪和专制政权的滋生。

（三）重视安全—发展的联系和内外联系

欧盟新安全战略秉持欧盟内外部政策之间不存在强硬分割线的观

---

① Mogherini, "EU Global Strategy Report-Year 2: A Year of Action to Address 'Predictable Unpredictability'", https://eeas.europa.eu/sites/default/files/eugs_annual_report_year_2.pdf, pp. 8-9.

点，强调整体安全模式是综合方法的标志性特征。综合方法要充分考虑安全—发展之间的联系，综合使用安全和发展手段。例如，在萨赫勒地区，在非盟—欧盟—联合国三边特遣部队的协作下，欧盟极大地减少了从萨赫勒地区通过利比亚的危险行程，成功从利比亚拘留中心撤离了近45000移民。① 此外，随着内乱升级、冲突恶化，欧盟也开始反省过去采取的战略是否有效。对于国家失败、区域治理缺失以及宗派冲突丛生的萨赫勒地区，欧盟放弃地区转型的宏大计划，而致力该地区的国家和社会的复原力建设，提升当地政府与社会应对挑战的能力，投资于该地区的发展，包括创造就业机会、建立基础设施，支持卫生和教育事业等。除了化解冲突和危机，还需要加强治理，尊重人权、民主和法治，并高度重视社会经济发展，确保年轻一代的教育、工作和机会，发展有利于未来稳定的因素，而非再次引发不稳定的因素。在未来几年，欧盟可以超越移民范畴，巩固和扩大这种内外协调，不仅使外交政策服务内部利益，内部利益也能反过来服务外交政策。

（四）重视预防和冲突后的和平建设

除了单纯的危机管理，欧盟的外部行动越来越重视冲突预防和冲突后的和平建设。欧盟在新安全战略第二年执行报告中指出预防冲突是综合方法的核心。和平建设在当今时代已经超出了国防和军事建设。② 人的安全是欧盟所有行动的根本核心，欧盟将尽一切可能尽早与当地民间社会接触并保持密切合作，以预防冲突和挽救生命。欧盟还参与冲突后的重建，以确保各国不再陷入不稳定和暴力冲突中。欧盟响应人道主义需求，帮助被冲突摧毁的国家和社会重建，并解决不稳定的根源，以防止暴力升级。预防冲突意味着加大对早期预警和风险评估能力的投入。

---

① Ahmet Berat Çonkar (Turkey), "Development and Security Challenges in the Sahel Region", https: //www. nato-pa. int/download-file? filename =/sites/default/files/2021 - 02/042% 20GSM% 2020% 20E% 20rev% 202% 20fin% 20% 20 -% 20DEVELOPMENT% 20AND% 20SECURITY% 20CHALLENGES%20IN%20THE%20SAHEL%20REGION_ 0. pdf, pp. 6-15.

② Mogherini, "EU Global Strategy Report——Year 2: A Year of Action to Address 'Predictable Unpredictability'", https: //eeas. europa. eu/sites/default/files/eugs_ annual_ report_ year_ 2. pdf, p. 8.

欧盟升级了其预警系统，将重点从早期预警转移到早期行动，在识别风险和促进一些领域（如气候变化、移民和被迫流离失所等方面）的早期预防行动上取得了重大进展。同时，欧盟也在强化冲突分析工作。近期对约旦、埃及和布隆迪的情况分析涉及欧盟机构和所有在当地有参与的会员国。此外，欧盟确保联合国、世界银行和社会组织、成员国使馆和欧盟代表团都更多地参与到综合行动的实地过程中。欧盟和联合国已同意每季度举行一次关于预防冲突的视频会议，以深化合作与配合。

尽管新安全战略下，欧盟应对冲突和危机的综合方法取得了一些成效，但执行过程中，仍暴露出一些困难，涉及欧盟内部机构之间的竞争、各国际参与者之间的竞争、欧盟成员国施加的政治压力、东道国政府对变革的抗拒等方面。

首先，多层治理下欧盟各机构与成员国之间存在矛盾。一方面，欧盟机制下有超国家、国家间与次国家层次的各种行为体在发挥作用。综合办法的具体实践使得各种手段和行为体激增，倡议、试验和行为者的多样性也加剧了欧盟行为体之间的冲突和紧张。在某些情况下，有关工具使用和项目实施的决定，似乎更多是由欧盟内部政治而非其本身的附加值和实际情况所驱动。①

另一方面，欧盟成员国向共同外交与防务任务施加压力，要求其产生更切实可见的结果，故而结构性改革方面较为缺乏。例如，因为移民危机和安全局势恶化，欧盟成员国敦促欧盟在马里的能力建设任务转移部分重心，更加重视反恐、边境管理和移民而非安全部门改革。② 如果欧盟成员国选择推动各东道国政府优先处理移民和边境管理问题，那么EUCAP 将没有太多底气向各东道国政府施压，迫使它们有效参与安全

---

① Ahmet Berat Conkar（Turkey），"Development and Security Challenges in the Sahel Region"，https：//www. nato-pa. int/download-file？ filename =/sites/default/files/2021 - 02/042% 20GSM% 2020% 20E% 20rev% 202% 20fin% 20% 20-% 20DEVELOPMENT% 20AND% 20SECURITY% 20CHALLENGES% 20IN% 20THE% 20SAHEL% 20REGION_ 0. pdf，p. 17.

② Thierry Tardy， ed.， "Recasting EU Civilian Crisis Management"，https：//www. iss. europa. eu/sites/default/files/EUISSFiles/Report_ 31. pdf，pp. 23-31.

部门的结构性改革中。安全部门改革分散在各种环节上，如果没有一个明确的框架和指定的行动者来推动，这种分散行为不利于集中精力进行结构改革，而由于这些改革没有取得进展，工作人员又认为有必要在其他领域取得一些成果，从而进一步加剧了这种分散。此外，对很多欧盟成员国来说，和非洲保持关系，控制住移民不只是支持非洲治理的手段，更是保护欧洲新自由秩序的方式，而这种把国内担忧投射到外部的实践，本身就影响有限或者扭曲了本意。

其次，欧盟认为，综合办法这一优先事项并不意味着要取代民主、人权、法治、可持续发展与和平的目标，而是与之互补的。为了促进上述目标的实现，欧盟必须通过综合办法开展工作。为了取得持久的效果，欧盟汇集全球范围内所有可使用的工具，致力于建立强大、有弹性和包容性的国家机构，培养专业的警察、法官、医生和教师，以及由民主掌控的可靠军队。国家与社会有了强大的机构和复原力，便有利于防止激进主义，犯罪和专制政权的滋生。除此之外，欧盟不忘在冲突化解的过程中，嵌入自身的价值主张，如女性参政。在所有冲突中，欧盟都注重妇女的作用，尤其是她们在决策、调解和建设和平方面的作用。

然而，欧盟与东道国之间存在矛盾。对于东道国政府来说，它们更有兴趣接受技术援助和设备，而不是结构改革。东道国政府对安全部门改革的看法往往与国际援助者的看法存在差异，缺乏共同的政治目标不利于既有的任务进程。尼日尔和马里政府都缺乏对安全部门改革的全面反思和框架，马里政府要求欧盟能力建设任务的训练重点放在反恐和边境管理上。任务的评估报告谈到，结构性改革的推进绝大程度上依赖东道国当局的同意程度，改革必须被他们列入优先考虑事项才可能有进展。此外，安全部门改革需要时间，结构性改革可能需要 10 年甚至更久，而不是一些欧盟成员国预期的几年。因此，马里和尼日尔安全部门改革过程需要长期策略，需要充分理解正式和非正式的实践与塑造这些国家安全系统的权力关系。

此外，综合方法也如全面方法一样面临诸多挑战，包括运作、创造

一体化激励机制、所有欧盟参与者的认同等。因而在执行综合方法的过程中，需要避免三个陷阱：一是通过整合进行协调会非常耗时且管理成本高昂。因此，灵活性和适应不断变化的环境以及柔性的结构和程序是成功的关键。二是必须考虑到各个欧盟机构（欧盟成员国、欧洲经济区、欧盟委员会）、当地行动者各自的特性和制约因素，以及各行为体在早期预警、预防冲突或长期稳定方面存在的分歧。一体化作为一个政治进程，不仅需要从技术角度来看待，也在一定程度上与欧盟机构内部的政策制定和权力分配有关。三是欧盟的包容性和一体化发展不能以牺牲当地需求和危机应对或长期稳定进程的自主权为代价。通过一体化提高欧盟的一致性，只有在这种一致性建立在并加强了当地的认同的基础上，才能最大限度地发挥长期影响。①

从综合方法的实际应用和反馈来看，欧盟可以从如下方面改进综合方法的具体运用。一是在采取任何行动前，仔细检查哪一类行动者在特定情况下最适合参与进去和最能实现具体目标，分析每个参与者和工具的独特价值，让每个行为体和手段的价值得到发挥，而不让制度性的机构利益和竞争占据上风。二是发展和安全项目的设计应建立在充分的冲突分析和认知研究上，以了解不安全的驱动因素、测试假设、定位项目，并根据实际需要进行调整。例如，安全部门的改革活动应以对安全部门的政治经济分析为依据。三是重视治理与结构性改革。在安全优先事项和各种干预行为者的政治压力的推动下，能力建设活动仅关注反恐和边境管理是不够的，需要更加重视治理、问责制改革和安全部门的结构性变革。如果不把善治放在其所有组成部分的优先位置，欧盟就难以实现其关于稳定、安全和移民的长期目标。② 四是避免自上而下的治理方法，加强对当地具体情况的研究和了解。治理应当发挥本地既有的能力，融合本地良好的传统实践。欧盟应该增加与地方力量的互动，避免

---

① Thierry Tardy, "The EU: from Comprehensive Vision to Integrated Action", https://www.iss.europa.eu/sites/default/files/EUISSFiles/Brief_5_Integrated_Approach.pdf, pp. 2-4.

② Thierry Tardy, ed., "Recasting EU Civilian Crisis Management", https://www.iss.europa.eu/sites/default/files/EUISSFiles/Report_31.pdf, pp. 44-49.

过分吹捧其自身的分权模式或政策。多采取自下而上的和解和地方调解，推动对话进程。五是从长远考虑，提升战略眼光，制订可持续的且在当地扎根的计划，避免采用短期方案和紧急办法。六是欧盟应将综合方法与多边主义结合，在实地与成员国、国际的、地区的、国家的和非国家行为体开展综合合作，支持地区组织，不执着于输出欧盟模式，而是从不同的具体的区域经验中获得互惠的启示。最后，值得注意的是，欧盟未来的安全与防务政策还受自身能力之外的其他因素的影响，如能源危机、粮食危机、传染性疾病、气候移民、快速城市化和颠覆性技术等。上述趋势和安全挑战可能对欧盟未来的安全与防务产生直接和间接的影响。应对这些挑战的重点是在综合方法的范围内使用多种工具，包括欧盟在冲突周期的所有阶段可能采取的行动，并在总体战略和有能力监督这些资源组合的特使之间加强协调，需要更多地依赖现有工具，如利用地球观测能力以确定可能的解决空间，利用遥感来确定地下水以支持人道主义行动等。未来将更多地依赖无人机或越来越自动化的系统，以支持监视要求、搜索救援和爆炸物处理。破坏性技术也可能以意想不到的方式影响欧盟任务和行动的执行。①

## 第五节　新安全战略在合作型区域秩序方面的执行及效果评析

作为国家间通过合作与一体化方式促进和平与繁荣的典范，欧盟支持合作型区域秩序，以确保更大的全球稳定与安全。

### 一　新安全战略在合作型区域秩序方面的执行

近年来，欧盟对区域合作与一体化的支持表现在：

---

① Daniel Fiott, ed., "The CSDP in 2020, the EU's Legacy and Ambition in Security and Defence", https://www.iss.europa.eu/sites/default/files/EUISSFiles/CSDP% 20in% 202020 _ 0. pdf, p. 96.

在西巴尔干半岛，欧盟积极促进区域的和平稳定与发展，推动西巴尔干国家的欧洲化，具备措施包括：加强其在各级的参与，以支持该地区的政治、经济和社会转型，包括在法治方面取得切实进展的基础上增加援助，特别是在打击腐败和有组织犯罪、善政以及该区域各国尊重人权和属于少数群体的人的权利以及社会经济改革。欧盟于 2018 年 2 月出台西巴尔干战略，强调支持西巴尔干伙伴关系，继续加强睦邻关系、地区稳定和相互合作。① 根据该战略，欧盟对西巴尔干的支持将集中在以下主要领域：法治、移徙与安全、社会经济发展、互联互通、数字议程、和解与睦邻关系。例如，欧盟支持希腊和马其顿共和国在联合国主持下于 2018 年 6 月 17 日举行谈判，就马其顿共和国的名称达成历史性协议。② 高级代表/副主席推动塞尔维亚和科索沃之间展开持续对话的以促进关系正常化并达成一项具有法律约束力的全面正常化协定。

关于欧盟的扩大政策，欧盟委员会开启与阿尔巴尼亚和北马其顿的入盟谈判，与塞尔维亚和黑山在成员国谈判方面也取得进展。波斯尼亚和黑塞哥维那当局对目前正在评估的关于入盟谈判的调查表提交了联合答复。③ 欧盟也与入盟谈判的国家在反恐、有组织犯罪和边境安全方面开展合作，包括通过实施综合内部安全治理倡议，与欧洲边防和海岸警卫队机构达成协议，以及拟定反恐和打击暴力极端主义联合行动计划等。

在东部伙伴关系上，2017 年 11 月，欧盟与亚美尼亚、阿塞拜疆、白俄罗斯、格鲁吉亚、摩尔多瓦和乌克兰等东部伙伴关系国家举行首脑会议。④ 致力于该地区国家和社会的复原力，包括改善能源安全、支持

①　European External Action Service, "European Union's Global Strategy Three Years on, Looking Forwars", https：//eeas. europa. eu/sites/default/files/eu_ global_ strategy_ 2019. pdf, p. 17.

②　European External Action Service, "From Shared Vision to Common Action：A Global Strategy for the European Union's Foreign and Security Policy Implementation Report Year 2", https：// eeas. europa. eu/sites/default/files/eugs_ annual_ report_ year_ 2. pdf, p. 9.

③　European External Action Service, "From Shared Vision to Common Action：A Global Strategy for the European Union's Foreign and Security Policy Implementation Report Year 2", https：// eeas. europa. eu/sites/default/files/eugs_ annual_ report_ year_ 2. pdf, p. 10.

④　European External Action Service, "European Union's Global Strategy Three Years on, Looking Forwars", https：//eeas. europa. eu/sites/default/files/eu_ global_ strategy_ 2019. pdf, p. 18.

经济发展、加强媒体环境、防止造谣、支持公共部门改革和安全部门改革、打击腐败、支持权力下放进程、建设或重建关键的基础设施、扩大民间社会、加大对青年的支持力度等方面。此外，欧盟尊重东部伙伴的不同诉求，积极为与东方伙伴国家间合作的达成与包容性关系的建立做出不懈努力。① 欧盟与格鲁吉亚、摩尔多瓦和乌克兰达成了联系国协定，涉及区域贸易、免签证旅行等重要合作领域。

在俄罗斯，欧盟实施双轨政策：就俄罗斯违反国际法的行为采取制裁，同时在符合欧盟利益的问题上选择性参与，继续加强对俄罗斯民间社会和民间联系的支持。②

在非洲，欧盟与非洲及其区域组织的伙伴关系进入一个新阶段，合作领域涵盖了发展、和平与安全、移民、气候、能源、贸易、可持续投资和就业、教育、青年、民主与人权等诸多领域。③ 除通过巩固与非洲联盟的关系加强与整个非洲大陆的联系外，欧盟还加强与非洲次区域的伙伴关系，特别是发展与萨赫勒五国集团和非洲之角政府间发展组织的关系。④ 例如，2017 年 11 月，在科特迪瓦阿比让举行的第五届非洲联盟—欧盟首脑会议上，欧盟与联合国成立联合工作队，帮助被关押在利比亚拘留中心的移民安全且体面地回家；⑤ 对非洲部队执行人道主义或发展任务时给予培训和提供装备。在冈比亚独裁政权结束后的第一次选举中，欧盟向科索沃、黎巴嫩、突尼斯和洪都拉斯等国家（地区）派

① European External Action Service, "From Shared Vision to Common Action: A Global Strategy for the European Union's Foreign and Security Policy Implementation Report Year 2", https://eeas. europa. eu/sites/default/files/eugs_ annual_ report_ year_ 2. pdf, p. 10.

② European External Action Service, "European Union's Global Strategy Three Years on, Looking Forwards", https://eeas. europa. eu/sites/default/files/eu_ global_ strategy_ 2019. pdf, p. 19.

③ European External Action Service, "European Union's Global Strategy Three Years on, Looking Forwards", https://eeas. europa. eu/sites/default/files/eu_ global_ strategy_ 2019. pdf, p. 18.

④ European External Action Service, "From Shared Vision to Common Action: A Global Strategy for the European Union's Foreign and Security Policy Implementation Report Year 2", https://eeas. europa. eu/sites/default/files/eugs_ annual_ report_ year_ 2. pdf, pp. 12-13.

⑤ European External Action Service, "From Shared Vision to Common Action: A Global Strategy for the European Union's Foreign and Security Policy Implementation Report Year 2", https://eeas. europa. eu/sites/default/files/eugs_ annual_ report_ year_ 2. pdf, p. 10.

遭了选举观察团。

在跨大西洋纽带关系上，跨大西洋安全空间极其重要，一个强大和运作良好的跨大西洋伙伴关系仍然是欧洲安全与繁荣的关键因素，欧盟继续致力于与美国的战略伙伴关系。双方拥有共同的价值观、利益和共同的目标（如西巴尔干、乌克兰/俄罗斯、朝鲜、反恐、网络、安全和防务，包括与北约的合作等等），并在许多领域（如西巴尔干问题和乌克兰问题，以及能源安全、恐怖主义及、网络安全等）进行了密切合作。① 此外，欧盟也逐步加深与加拿大的关系，随着《全面经济贸易协定》（CETA）之后的《战略伙伴关系协定》（*Strategic Partnership Agreement*）的临时生效，② 欧盟与加拿大的关系得到了加强，开辟了新的合作领域（包括安全和国防或性别问题），并致力于联合推动建立自由公平的国际贸易体系，共同维护多边主义合作机制和全球秩序。

在拉丁美洲，欧盟与拉丁美洲的伙伴关系更加紧密。欧盟一直站在支持哥伦比亚和平协议的最前沿，并在与南方共同市场国家、墨西哥和智利进行的新一代政治和贸易协议的谈判中发挥积极作用。此外，欧盟成立了新的委内瑞拉国际联络小组，以帮助克服该国的危机。欧盟与78个非洲加勒比海和太平洋国家就新的现代化协议（《后—科托努协定》）进行了谈判；③ 与拉丁美洲和加勒比的工作重点是更新欧盟与南方共同市场、墨西哥和智利的联系协定。这些联合协定目前正处于谈判的最后阶段，具有巨大的贸易、投资和合作潜力。在此基础上，高级代表/副主席和欧盟委员会将就欧盟—拉丁美洲和加勒比关系进行沟通。《政治对话与合作协定》的适用也标志着欧盟与古巴合作进入了一个新时代。欧盟还通过欧盟哥伦比亚信托基金继续坚定地支持哥伦比亚执行

① European External Action Service, "European Union's Global Strategy Three Years on, Looking Forwars", https: //eeas. europa. eu/sites/default/files/eu_ global_ strategy_ 2019. pdf, p. 17.

② European External Action Service, "From Shared Vision to Common Action: A Global Strategy for the European Union's Foreign and Security Policy Implementation Report Year 2", https: //eeas. europa. eu/sites/default/files/eugs_ annual_ report_ year_ 2. pdf, p. 11.

③ European External Action Service, "European Union's Global Strategy Three Years on, Looking Forwars", https: //eeas. europa. eu/sites/default/files/eu_ global_ strategy_ 2019. pdf, p. 19.

《和平协定》，以便重建该国的社会和经济结构，给哥伦比亚公民，特别是受冲突影响最大的农村地区的公民带来新的希望。①

在亚洲，欧盟制定了全新的欧洲和亚洲联通战略，更新与中国的全面战略伙伴关系，② 深化经济外交，扩大了在亚洲的安全角色，包括致力于缓和朝鲜半岛的紧张局势；与阿富汗合作，加强对该国和平进程的区域支持；加深与本地区伙伴的政治和贸易关系，完成与日本战略伙伴关系协定和经济伙伴关系协定的谈判，与新加坡、越南缔结自由贸易协定，并启动同澳大利亚、新西兰的谈判，批准了欧盟—菲律宾伙伴关系与合作协议。③ 2017 年是欧盟与东盟建立正式关系 40 周年。为了充分发挥欧盟与该地区和全球的关系潜力，欧盟开始制定新的欧盟印度战略。欧盟还制定了一项旨在加强欧洲和亚洲之间的联系，将重点放在治理和融资结构上，以期对亚洲的气候变化、国家复原力和合作型区域秩序产生积极影响的新战略。

在与中国的关系方面，欧盟在 2016 年中欧气候变化等全球问题战略和伊核协议、阿富汗、朝鲜半岛局势等共同安全利益的基础上，继续与中国保持接触。与此同时，欧盟正在努力确保欧盟在与中国的经济关系中获得更大互惠，开启《中欧全面投资协定》谈判，改革和加强其贸易防御工具。欧盟利用与中国在欧亚基础设施连接方面的接触，使投资与欧盟战略网络更好地结合起来，并促进透明度、经济和社会可持续性原则，在实现可持续发展目标和解决冲突方面加强合作。④

---

① European External Action Service, "From Shared Vision to Common Action: A Global Strategy for the European Union's Foreign and Security Policy Implementation Report Year 2", https://eeas. europa. eu/sites/default/files/eugs_ annual_ report_ year_ 2. pdf, p. 11.

② European External Action Service, "European Union's Global Strategy Three Years on, Looking Forwards", https://eeas. europa. eu/sites/default/files/eu_ global_ strategy_ 2019. pdf, p. 19.

③ European External Action Service, "From Shared Vision to Common Action: A Global Strategy for the European Union's Foreign and Security Policy Implementation Report Year 2", https://eeas. europa. eu/sites/default/files/eugs_ annual_ report_ year_ 2. pdf, p. 11.

④ European External Action Service, "From Shared Vision to Common Action: A Global Strategy for the European Union's Foreign and Security Policy Implementation Report Year 2", https://eeas. europa. eu/sites/default/files/eugs_ annual_ report_ year_ 2. pdf, p. 12.

此外，在中东北非，尽管该地区的分裂、竞争和冲突局势不断升级，但欧盟仍与该地区所有国家，以及阿拉伯国家联盟、海湾阿拉伯国家合作委员会以及伊斯兰合作组织等重要的区域组织加深伙伴关系。欧盟鼓励区域竞争对手之间进行对话谈判，以缓解地区紧张局势。在土耳其，欧盟成功与土耳其在经济、贸易、金融、能源、移民、反恐等领域展开了合作；2018 年开启的"欧盟—土耳其高层政治对话"为欧土处理深受双方关注的外交政策问题提供了平台。① 在北极，欧盟为维持北极地区冲突的低烈度、加强建设性对话与合作做出贡献。

**二 新安全战略在合作型区域秩序方面的执行效果评析**

欧盟在合作型区域秩序方面取得了一些成绩，也存在一定的问题。具体表现在：首先，欧盟参与全球治理和区域协调的部分措施流于表面，没有考虑到对象国家或区域的根本利益和核心问题。在非洲，欧盟倡议绿色发展、可持续增长和数字化转型，然而对于尚在工业化起步阶段且国别发展差异巨大的非洲均不是最迫切的需求，反而是更有利于助推欧盟引领行业标准、继续推行欧盟规范。其次，新安全战略的实施仍在努力维护西方模式，对外行动仍出于"欧洲中心主义"的目的。虽然近年来政治导向不再是对外行动的首要目的，但欧盟并未轻易放弃规范、价值以及模式的潜移默化式传播。

此外，在不同领域，欧盟与不同的国家和组织组成不同层次的伙伴体系：首先，联合国是欧盟在全球治理领域的核心伙伴，也是多边制度的框架；其次，美国等国家是核心伙伴，且是唯一在安全、全球治理、经济贸易合作等多个领域的核心伙伴，在安全领域，北约和美国一起列为核心伙伴，显示了欧盟对跨大西洋关系的重视；再次是地区组织；最后是亚洲、非洲和美洲的具有共同思想的战略合作伙伴。欧盟还支持重要的非国家行为体，尤其是公民社会组织。不同层次的区域秩序与伙伴

---

① European External Action Service, "European Union's Global Strategy Three Years on, Looking Forwards", https：//eeas. europa. eu/sites/default/files/eu_ global_ strategy_ 2019. pdf, p. 18.

关系表明欧盟对伙伴的理解在发生变化。

## 第六节　新安全战略在全球治理方面的
## 执行及效果评析

维护以规则为基础的国际秩序是欧盟的切实利益。欧盟新安全战略把"基于多边主义的全球治理"确定为优先事项，加强与其他国际组织以及第三国、区域组织和非国家行为体之间的合作。

### 一　新安全战略在全球治理方面的执行

"当今世界正变得越来越多极，也越来越单边。欧洲面临的挑战是调和这两个趋势，适应新的权力分配，同时努力减轻世界政治分裂为相互竞争的两极。"[1] 欧盟称之为地缘政治欧洲的雄心壮志，正是要缩小经济实力和地缘政治影响力之间的差距。新安全战略推出以来，欧盟积极参与全球治理，已成为世界范围内维护和发展多边主义的模范，在改革、实施、投资、深化、扩大和创造多边主义机制方面都取得了成绩。

在改革多边主义方面，为了成功应对全球危机、威胁和挑战，欧盟致力于维护以联合国为核心、以规则为基础的多边国际秩序，并大力支持联合国改革议程。在联合国因为改革问题遭受争议的时期，欧盟始终将联合国作为欧盟的重要伙伴，在发展、人权、气候变化、建设和平、危机管理、裁军与不扩散、人道主义援助、打击腐败和犯罪、解决全球卫生问题、管理移民流动和劳工问题等诸多领域对联合国给予资金支持并展开合作。[2] 欧盟深化与联合国的伙伴关系，支持联合国秘书长古特雷斯领导的

---

① European External Action Service，"How to Revive Multilateralism in a Multipolar World?"，https：//eeas. europa. eu/headquarters/headquarters-homepage/95111/how-revive-multilateralism-multipolar-world_ en.

② European External Action Service，"European Union's Global Strategy Three Years on，Looking Forwards"，https：//eeas. europa. eu/sites/default/files/eu_ global_ strategy_ 2019. pdf，p. 15.

改革努力，对于帮助联合国适应瞬息万变的世界具有特别重要的意义。①

在投资多边主义方面，在其他国家减少甚至取消对联合国的捐助时，欧盟加大了对联合国系统的资金支持，支持联合国解决难民危机的工作，向联合国近东巴勒斯坦难民救济和工程处提供超过 10 亿欧元的资金，占其总预算的一半。2013—2018 年，欧盟总计捐助联合国各机构约 137 亿欧元，并且资助金额不断提高，与 2013 年相比，欧盟在 2018 年向联合国提供的年度资金增加了 53%。②

在实施多边主义方面，欧盟致力于追求、实现和捍卫基于多边规则的解决方案（如伊朗核协议），并为此投入了大量的政治资本。欧盟一直以来都是多边主义的捍卫者和先锋军。特别是特朗普政府退出《巴黎气候协定》，在多边主义领域"开倒车"的情况下，欧盟积极作为，促成 2015 年《巴黎协定》的历史性达成，并在后续联合国卡托维兹气候变化大会谈判中就实施规则的制定发挥重要作用。此外，集体通过并落实联合国发布的《2030 年可持续发展议程》也是欧盟构建多边伙伴关系的重中之重。

在深化多边主义方面，经济与贸易领域一直是欧盟发挥其"规范性力量"的主要舞台。③ 多年来，欧盟与更多的国家展开接触，试图拓展其双边经贸关系网络，以表明其对深化多边主义的持续承诺，并促进欧盟主导下的国际标准和国际规范的建立与普及。欧盟分别于 2017 年④和 2018 年⑤同加拿大和日本达成新的关税和贸易协定；此外，欧盟也积极与

① European External Action Service, "From Shared Vision to Common Action: A Global Strategy for the European Union's Foreign and Security Policy Implementation Report Year 2", https://eeas. europa. eu/sites/default/files/eugs_ annual_ report_ year_ 2. pdf, p. 12.

② European External Action Service, "Shared Vision, Common Action: A Stronger Europe, A Global Strategy for the European Union's Foreign And Security Policy", June 2016, https://eeas. europa. eu/archives/docs/top_ stories/pdf/eugs_ review_ web. pdf, p. 50.

③ Patricia García Durán Huet, "The Bilateralism/Multilateralism Debate and EU Trade Policy", *Difference Glances at EU Trade Policy*, Patricia Garcia-Duran, Monserrat Millet, 2015.

④ European Union, "The History of the European Union", https://europa. eu/european-union/about-eu/history/2010-today/2017_ en.

⑤ European Union, "The History of the European Union", https://europa. eu/european-union/about-eu/history/2010-today/2017_ en.

南方共同市场各成员国墨西哥、智利、澳大利亚和新西兰等进行经贸领域谈判，力求达成合作。

在创造多边主义方面，欧盟在移民、难民、气候、自然资源、海洋治理和人权等领域的多边倡议中发挥了关键作用，如2018年9月，欧盟与13个合作伙伴在联合国发起了讲好人权故事倡议（Good Human Rights Stories Initiative），致力于人权领域全球治理的开展；① 欧盟带头促进了新形式的数字合作，以应对数字技术发展所带来的全新威胁和挑战，为全球多边数字治理的发展做出贡献。实施《2030年可持续发展议程》及其可持续发展目标是消除贫困、实现可持续和包容性发展的难得机遇。新的欧洲发展共识也强调安全、移民、气候变化和人道主义行动之间的联系。

此外，作为全球核不扩散的关键要素，欧盟致力于遵守与伊朗的联合全面行动计划。为了促进国际和平与安全、管理人口移徙和支持多边主义，欧盟与非盟在阿比让举行的首脑会议上发起非盟—欧盟—联合国三边合作，为三方在移民和更广泛的和平与安全议程上加强合作铺平了道路，具有开创性意义。男女平等是欧盟条约保障的一项基本价值，也是欧盟内外政策主流化的优先事项。欧盟支持妇女、和平与安全议程。2017年欧盟和联合国启动聚光灯倡议（Spotlight Initiative），② 旨在消除一切形式的暴力侵害妇女和女孩行为的新伙伴关系。作为联合国青年领袖组织的创始成员，欧盟还对青年与建设和平进行投资，并加快实施《青年、和平与安全议程》。在《罗马规约》生效20周年之际，欧盟进一步加强了对国际刑事法院的支持和促进。难民和移民人权的保护方面，欧盟致力于努力发展经济、社会和文化权利，制定关于清洁饮用水

---

① European External Action Service, "Shared Vision, Common Action: A Stronger Europe, A Global Strategy for the European Union's Foreign And Security Policy", June 2016, https://eeas. europa. eu/archives/docs/top_ stories/pdf/eugs_ review_ web. pdf, p. 16.

② European External Action Service, "From Shared Vision to Common Action: A Global Strategy for the European Union's Foreign and Security Policy Implementation Report Year 2", https://eeas. europa. eu/sites/default/files/eugs_ annual_ report_ year_ 2. pdf, p. 13.

和卫生设施的人权准则。①

总之，在以联合国为中心的多边主义机制及其国际规则日益受到压力的时代，欧盟采取各种方式为"重振多边主义而战"②，欧盟及其成员国不仅着力巩固多边国际机构（特别是联合国）的影响力，还利用多边机制来处理影响气候变化等多方面的问题。③ 此外，欧盟还致力于建立适当的多边框架来解决世界范围内的危机，试图将相关的区域和全球力量带入谈判桌，先后召开了布鲁塞尔叙利亚问题会议、委内瑞拉问题"国际接触小组"会议、利比亚四方会议等多次会谈寻求冲突的和平解决之道。

### 二　新安全战略在全球治理方面的执行效果评析

为了维护和加强以规则为基础的多边体系，实现多边主义的复兴并促进基于规则的区域合作，欧盟在支持多边主义深度改革、建立多变几何式多边主义、深化区域多边主义关系和发展灵活的多边主义关系四个方面取得了成效。

第一，支持多边主义深度改革。欧盟认为，尊重和促进国际法，包括《联合国宪章》的原则，对于维护和平、人权、可持续发展和持久利用全球公共资源至关重要。多边组织，特别是联合国是这一国际准则框架的核心。它们是全球治理的提供者，也是和平解决争端和共同应对全球挑战的平台。在其基础价值观的指导下，欧盟致力于建立一个以规则为基础的多边国际秩序，致力于改革联合国系统以提高其效率；深化世界贸易组织、国际金融机构和欧盟理事会的改革，完善有关补贴和强制性技术转让的规定；支持七国集团、二十国集团和欧安会的工作。从

---

① European External Action Service, "From Shared Vision to Common Action: A Global Strategy for the European Union's Foreign and Security Policy Implementation Report Year 2", https://eeas.europa.eu/sites/default/files/eugs_annual_report_year_2.pdf, pp. 12–13.

② Angela Merkel, "World Order is Falling Apart, We Must Save Europe", https://english.republika.mk/news/world/merkel-world-order-is-falling-apart-we-must-save-europe/.

③ Anthony Dworkin, Richard Gowan, "Rescuing Multilateralism", ECFR/289, https://www.ecfr.eu/page/-/7_Rescuing_multilateralism.pdf.

而确保各国际组织能够适应不断变化的世界，更好地捍卫和执行国际协定和法律。为了维护并加强以规则为基础的多边体系，欧盟以身作则，执行新的和重振现有的多边项目，如《巴黎协定》、可持续发展目标以及全球核不扩散和裁军努力，努力扩大国际准则和机构的影响范围。

第二，建立多变几何式多边主义。欧盟转变原本相对固定的多边主义模式，在不偏离其原则性目标的基础上，就具体问题务实地培育适当的多边集团。有原则的务实合作伙伴关系得以更大的创造力、共情能力，以及更一致、明确和自信的欧洲价值观及利益来寻找不同的合作伙伴。多变几何式伙伴关系因问题而异，如在伊朗核协议中持相同立场的伙伴国家与解决乌克兰问题时的可能截然不同；欧盟全球技术专家小组等都在全球治理与区域合作中发挥不可忽视的作用。

第三，深化区域多边主义关系。区域合作是全球治理的基础，深化欧盟与东部伙伴、非洲联盟、东盟、太平洋联盟以及南方共同市场的关系至关重要。此外，欧盟还致力于建立新型的三边关系模式（例如，欧盟—非盟—联合国在各种主题及地理问题上的合作），并尝试在次区域开展合作。既把多边议程放在欧盟处理对外关系的首要位置，又把它嵌入欧盟在当地的工作方式中，特别是通过在当地与成员国的合作来充分利用欧盟的能力促进可持续发展。

第四，发展灵活的多边主义关系。无论是在欧盟内部还是在欧盟处理对外关系时，欧盟都注意保持多边主义的灵活性和包容性。21世纪数字时代整治步伐的加快及全球环境的不稳定性，对多边主义的速度、效率、灵活程度提出了更高的要求。欧盟针对不同的挑战而组建相应的多边论坛，并使其与成员国部长会议及联合国建立机构联系，从而更好地管理全球冲突和危机，并为目前缺乏有效多边治理的领域（数字技术、网络空间、人工智能、自然资源、海洋和太空等）带头提供解决方案。

总的来说，欧盟的全球治理路径和方式具有三个特点：一是在坚持多边主义、维护现行国际制度的同时，强调国际体系的改革。二是将一些新的议题列入其所关注的全球性问题之中。新安全战略涉及的全球治理议题范围广泛，除联合国维和、可持续发展和气候变化、全球经贸体制、军备控制、公共卫生以及老生常谈的人权等全球性议题之外，在"发展"的条目下，还以多边主义为指导方针，专门列出国际网络安全、负责任的宇宙空间行为准则，以及国际能源安全机制等议题，反映了欧盟参与国际治理的领域的拓展及其价值取向。值得注意的是，该文件以较大的篇幅论及欧盟将"为全球海洋安全做出贡献"的议题，并具体提到它将"探索在几内亚湾、中国南海以及马六甲海峡的可能性"。三是寻求在全球治理中扮演举足轻重的角色，对不同领域的国际合作者做精心区分。欧盟将自己定位为全球治理行为体中的议程设定者、联系者、协调者和促进者，展示了欧盟引领全球治理的雄心。根据欧盟的新安全战略，在绝大多数全球治理问题上，它将与作为多边体系框架的联合国合作并视之为核心伙伴，此外还要与"美国那样的"核心伙伴、地区组织以及亚非拉"志同道合的战略伙伴"合作。对于具体领域的合作伙伴则视个案而定，包括在网络安全领域与各种国家和非国家行为者的合作；在海上多边主义领域与联合国及其专门机构、北约、战略伙伴以及东盟的合作；在人道主义行动、可持续发展和气候变化领域与联合国、二十国集团以及其他角色的合作；在反恐领域深化与联合国的对话；等等。

同时，欧盟在发展机遇规则的多边主义和全球治理方面也面临挑战。一是确定成员国集体采取的欧盟多边行动的明确优先事项。二是确定最适合促进有关优先事项的多边主义形式。[①] 三是内部的多边主义协调不够。

就优先事项而言，有学者认为欧盟多边行动的优先事项应该是对金砖国家[②]（巴西、俄罗斯、印度、中国和南非）等新兴国家的崛起以及

---

[①] Balazs Ujvari, ed., "The EU Global Strategy: Going beyond Effective Multilateralism?", June 2016, https://core.ac.uk/download/pdf/76830807.pdf, p. 11.

[②] 2023 年 8 月 22 日至 24 日，第十五届金砖国家峰会在南非约翰内斯堡举行，此次金砖国家峰会吸纳六个新成员，包括阿根廷、埃及、埃塞俄比亚、伊朗、沙特阿拉伯和阿联酋。新加入的国家将于 2024 年 1 月 1 日正式成为金砖国家的成员，由此金砖国家合作机制从 5 国扩容至 11 国。具体参见 https://world.gmw.cn/2023-08/26/content_36789947.htm。

它们为增加其在国际事务中的影响力而建立的多边机构做出适当反应。

就促进有关优先事项的多边主义形式，欧盟需要反思其利益所在，支持继续改革已成立的国际组织，通过参与全球治理进程，维护既有国际关系秩序，推进全球治理机制改革以适应全球形势变化，以便更好地反映当今不断变化的现实，① 防止新兴国家在现有国际体系之外建立与之抗衡的新机制是欧盟新安全战略的核心内容。

就内部多边主义协调而言，提高内部凝聚力和协调性，是欧盟在外部巩固多边主义并捍卫区域合作秩序的基础，欧盟成员国之间和欧盟机构之间应加强协调与配合。

为应对上述挑战，欧盟的全球治理应着眼于如下方面。

第一，维护既有国际关系秩序，调整国际机制的投票权分配。新兴国家经济迅速发展，中东欧欧盟成员国不断要求增强自身代表权，出于对共同体内外形势的考虑，欧盟选择在维护既得利益的前提下参与甚至引领全球治理机制的改革。新兴国家要求按照在全球经济中所占比重及贡献率重新分配各国在国际经济金融治理机制中的代表权，改变包含欧盟一些成员国在内的西方国家"超额代表"的现状。因为"超额代表"的状况不但无助于欧盟在国际经济中掌握话语权，反而会造成权力分散而阻碍共同体的行动力。对此，欧盟应积极"参与"而不是顽固"抗拒"国际机制改革，平衡各方诉求不仅有利于安抚中东欧成员国的不满情绪，又能以新兴国家伙伴的身份保证现有国际机制改革与新机制创设最大限度地维护欧盟的既有利益。

第二，以欧盟整体身份谋求在重要国际机制中的代表权。欧盟只有以整体身份参与全球治理实践，才能保持较强的国际影响力和在重要国际机制中的代表性。《联合国宪章》赋予了区域联盟身份加入联合国的合法性，《里斯本条约》明确规定了欧盟具有法律人格，这就为欧盟成为联合国可信赖的行为体提供了法律依据。然而不能否认的是，欧盟在

---

① Balazs Ujvari, ed. , "The EU Global Strategy: Going beyond Effective Multilateralism?", June 2016, https: //core. ac. uk/download/pdf/76830807. pdf, p. 15.

全球治理机制中获得单一代表权与较强影响力的时机尚未成熟，因此，以欧盟整体身份参与重大国际事务不仅遭到联盟成员国尤其是大国的反对，欧盟地区以外的国家能否接受超国家机构和主权国家在重要国际机构中拥有同等地位也未可知。

第三，借助参与全球安全治理，提高欧盟集体行动能力。欧盟一系列重要条约为欧盟参与全球安全治理提供了法律基础和制度保障。完善共同外交与安全政策的决策程序、加强军事协调能力以及突出共同外交与安全政策高级代表的地位是提高欧盟集体行动能力的具体措施。

第四，提供国际公共产品，主导全球公益领域的治理进程。2011年《欧盟的全球治理议程》报告阐述了"控制冲突、促进合作、减少不确定性以及供应治理所需的全球公共产品"是欧盟参与全球治理的目的。欧盟有意愿也有能力在全球公益领域"有所作为"。① 在实践中，欧盟一如既往地重视提供全球公共产品，热衷引导某些治理领域的国际机制建设，尤其是在全球公益领域的治理中发挥领导作用，再逐渐将自身的影响力"外溢"到全球治理的其他领域。环境保护与气候变化治理之所以成为欧盟重点投入的全球公益领域，是因为欧盟拥有环境治理的成功经验、高水平的人才与专家团队以及低碳环保的产业优势。此外，在全球范围推广以规则为基础的环境治理，也有利于欧盟树立"民事力量"和"温和的超级大国"的形象。

## 第七节　新安全战略在其他方面的执行及效果评析

2016 年 10 月，欧盟外交事务理事会根据现实需要增加了两项对外

---

① Institute for Security Studies of European Union，"Global Governance 2025：At a Critical Juncture"，https：//www.iss.europa.eu/sites/default/files/EUISSFiles/Global _ _ Governance _ 2025_ 1. pdf，pp. 18-20.

行动优先事项：内部—外部联系和公共外交。此外，欧盟对外行动五大首要任务的实现需要由一个更加可信、灵活和团结的联盟来完成。在这些方面，欧盟也已经取得了许多进展。

### 一 内—外部联系方面的执行及效果评析

处理内部和外部的关系意味着同一政策领域内的内部和外部举措必须连贯协调，相辅相成。欧盟加强内—外部联系的措施主要适用于移民和难民、可持续发展、反恐及打击有组织犯罪、网络安全等领域。

#### （一）移民与难民领域的内—外部联系

在移民方面，内—外部联系是解决移民问题的关键。① 欧盟在移民和难民领域的工作重点是合作、保护、机会和投资、打击走私以及回返和重新接纳。为此，欧盟继续与成员国和国际伙伴密切合作，拯救生命，提供保护，为移徙提供安全和合法的途径，并首先解决迫使人们离开家园的根源。2016 年，欧盟制定了短期、中期和长期措施来解决移民问题及其根源。在外部层面，欧盟支持并践行 2016 年 9 月联合国首脑会议上发布的"纽约难民和移民宣言"（New York Declaration for Refugees and Migrants）；推动与阿富汗的全面移民对话，以解决移民到欧洲和到邻国的问题并且已经初见成效：2017 年 3 月至 5 月，从利比亚移民自愿返回原籍国的人数已超过 2016 年利比亚自愿回返人数的总额；超过 25000 名移民从利比亚的拘留中心安全返回家园，沿地中海中部路线抵达的人数下降了 77%，尼日尔为需要保护的人建立了撤离机制。② 欧盟加强与国际移民组织和联合国难民事务高级专员公署的合作，以确保对被关押在利比亚拘留中心的移民提供充分的保护。

---

① European External Action Service，"From Shared Vision to Common Action：Implementing the EU Global Strategy Year 1"，avlailabel at：https：//eeas. europa. eu/sites/default/files/eugs-report-full_ brochure_ year_ 1. pdf，pp. 25–30.

② European External Action Service，"From Shared Vision to Common Action：A Global Strategy for the European Union's Foreign and Security Policy Implementation Report Year 2"，https：//eeas. europa. eu/sites/default/files/eugs_ annual_ report_ year_ 2. pdf，p. 15.

在内部层面，欧盟利用一系列融资工具（如欧盟非洲信托基金和欧洲对外投资计划）促进私人投资和创造就业来帮助解决非洲脆弱国家、地区的非正常移民问题。截至 2018 年，欧盟已承付 17 亿多欧元，并在其框架内签订了约 8 亿欧元的合同。为应对叙利亚危机，欧盟通过区域信托基金、与黎巴嫩和约旦缔结的契约以及土耳其难民基金提供了大量资助。土耳其难民基金是欧盟设立的一个协调机制，旨在迅速动员30 亿欧元援助土耳其难民。① 此外，欧盟还通过"索菲亚"行动训练利比亚海岸警卫队，移交巡逻船以帮助利比亚当局有效控制其领海；欧洲经济区、委员会和成员国在利比亚全境全力开发综合边境管理系统；尼日尔联合调查组在欧盟非洲信托基金的支持下，自 2017 年 3 月开始运作，首次成功捣毁了在 Tchin Tabaraden 活动的移民走私网络；欧盟在意大利部署了尼日利亚联络官，以协助查明非正规移民的身份；协助马里中部重建民政管理等。②

（二）可持续发展领域的内—外部联系

欧盟对联合国 2030 年议程高度重视，确保内部和外部行动的一致性是可持续发展③的核心。实现可持续发展目标是实施新安全战略的重要组成部分。为此，欧盟不仅在外部执行 2030 年议程方面采取了协调一致的举措，而且还通过欧盟内部政策确保一致执行。欧盟理事会也在"可持续的欧洲未来：欧盟对 2030 年可持续发展议程的回应"④ 的决议中强调欧盟机构和所有欧盟成员国要促进对人、地球、繁荣、和平与可持续性采取一致做法，并强调在各级建立复原力。之后欧盟委员会、欧

---

① European External Action Service, "From Shared Vision to Common Action: Implementing the EU Global Strategy Year 1", avlailabel at: https://eeas. europa. eu/sites/default/files/eugs-report-full_ brochure_ year_ 1. pdf, p. 26.

② "Fourth Progress Report on the Partnership Framework with Third Countries under the European Agenda on Migration", COM（2017）350 final of 13. 6. 2017.

③ Council conclusions on the EUGS, October 2016 Foreign Affairs Council（para 5）; new European Consensus on Development, para 9.

④ Communication, "Next Steps for a Sustainable European Future: European Action for Sustainability", COM（2016）739 of 22. 11. 2016.

洲议会、理事会以及与成员国政府代表通过新的《欧洲发展共识》，①
进一步明确该共识。

（三）反恐及打击有组织犯罪领域的内—外部联系

欧盟在反恐、人口走私和有组织犯罪领域也强调内—外部联系。为
了进一步加强内部和外部的联系，欧洲经济区和委员会服务部门在其任
务和能力范围内努力促进与优先伙伴在相关司法与内政机构之间的合
作，包括支持地方反恐能力建设倡议，借调司法与内政专家到共同安全
与防务特派团，更好地利用已经部署在 13 个欧盟代表团的反恐/安全专
家网络，并分享报告；加强共同安全与防务特派团和司法与内政行动者
之间的在信息交流上合作；高级代表与欧盟委员会、欧盟反恐协调员合
作，并在相关司法和内政机构（如欧洲刑警组织、欧洲司法组织等）
的协助下，加强与中东、北非、西巴尔干半岛和土耳其的优先伙伴的合
作，支持其努力通过升级和有针对性的反恐政治对话和发展反恐伙伴关
系；加强与阿拉伯世界（包括海湾合作委员会和阿拉伯联盟）的联系；
加强与第三国和国际组织在执法和司法合作、边境安全、打击非法贩运
枪支、暴力极端主义和资助恐怖主义等事项上的政治对话。

（四）网络安全领域的内—外部联系

网络安全对欧盟的安全至关重要。网络安全对欧盟的繁荣和安全至
关重要。恶意的网络活动不仅威胁欧盟的经济和数字单一市场，而且威
胁欧盟的民主、自由和价值观。网络威胁既来自非国家行为者，也来自
国家行为者：既可能是利益动机的犯罪行为，也可能是出于政治动机战
略威胁。为应对日益增长的内外部安全风险，欧盟采取网络防御政策，
旨在保护欧盟公民、民用和军事基础设施免受恶意攻击。具体措施包
括：欧盟委员会于 2017 年 9 月提出网络安全法案，以提高抵御能力、
发现和应对威胁的能力；欧盟通过了"网络外交工具箱"，以预防冲
突、减轻网络安全威胁和加强国际关系的稳定；欧盟组织并参与了一些

---

① The new European Consensus on Development "Our World, Our Dignity, Our Future",
signed on 7 June 2017.

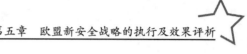

网络演习，如 PACE17、Cyber Europe 以及 CYBRID 演习等；进一步加强与美国、日本、印度、韩国、巴西和中国的网络对话，并与北约、东盟地区论坛、欧安组织和欧洲委员会等国际组织密切合作。此外，欧盟致力于维护网络空间的利益，并在欧盟《线上和线下言论自由人权准则》的基础上，促进网络空间的开放和自由，采取具体措施应对混合威胁，例如建立赫尔辛基混合卓越中心和专用网络平台。①

## 二 公共外交方面的执行及效果评析

就公共外交而言，欧盟在开展对外行动时不仅要维护欧盟的利益和价值观，而且还要将欧洲和非欧洲公民的利益诉求纳入到欧盟决策中。这就要求欧盟充分利用现有的各类对话机制，注重为年轻人创造新的机会，让他们拥有发言权和新的参与渠道，同时注重提高媒体的工作能力，增加人员配置，加强对阿拉伯世界和西巴尔干地区的宣传，以此构建良好的民意基础。欧盟还通过培训计划来提高其代表团在公共外交方面的能力。欧盟与多国家和非国家伙伴密切合作，并促进欧盟的学习交流、校友网络和青年倡议。推动诸如旗舰研究计划、"伊拉斯谟+"、欧盟研究与创新计划和"地平线 2020"等欧盟计划。可持续发展目标将是所有这些工作的一个交叉领域。人权、和平与安全、两性平等和赋予妇女权力是欧盟所有政策的组成部分。为确保广泛的观点被纳入，欧盟新安全战略及其实施将继续以众多外联活动的投入和研究界的分析为基础。

在促进欧盟战略的传播手段上，欧盟通过国际合作，加紧打击蓄意造谣。例如，在东部和南部邻国以及西巴尔干地区，欧盟建立了具体的工作队，以促进有效的战略沟通和公共外交；在东部，如在格鲁吉亚，与东正教神职人员的接触，以转变公众对欧盟及其价值观的态度；在南

---

① European External Action Service, "From Shared Vision to Common Action: A Global Strategy for the European Union's Foreign and Security Policy Implementation Report Year 2", https://eeas. europa. eu/sites/default/files/eugs_ annual_ report_ year_ 2. pdf, p. 15.

部，特别工作组分享欧盟伊拉克和叙利亚的政策，加强了与打击达什的全球联盟的合作。在南部邻国、阿尔及尔、贝鲁特和突尼斯开展数字外交，为 100 万年轻人提供了解欧盟的机会，并展示合作的实际成果。①

### 三　建设更可信、更灵活和更团结的联盟方面的执行及效果评析

第一，欧盟致力于建设一个更可信的联盟。为了使欧盟内部及海外公民可以更好地明确欧盟的身份与发展目标，欧盟投入了大量的财力。信誉度的高低是通过行为体之间一致决定和共同执行的意愿强弱及能力高低来衡量的，这既是政治意愿的问题，也是欧盟在对外行动中进行大量的金融投资，并提高在发展合作和人道主义援助领域的工作能力的客观要求。例如，在多年度财务框架（Multiannual Financial Framework，MFF）谈判中，欧洲委员会提议增加 300 亿欧元用于外交政策和国防，并主张设立欧洲和平基金。在发展合作和人道主义援助方面，2018 年 6 月 14 日欧盟理事会通过了"睦邻、发展和国际合作工具—全球欧洲"（Neighbourhood, Development and International Cooperation Instrument-Global Europe, NDICI-Global Europe）提案，旨在使欧盟在工作中更加协调一致，提供支持的地点选择和方式上有更大战略选择权，从而更好地将资金与政治优先事项相匹配，并更灵活地对全球舞台上无法预见的危机做出迅速反应。②

此外，欧盟改善外部融资架构，通过"欧盟外部投资计划"巧妙地利用欧盟的资金，并确保与国际金融机构和成员国开发银行的合作。

第二，欧盟致力于建设一个更灵活的联盟。公共外交和沟通，包括战略沟通和打击造谣对欧盟的灵活性而言至关重要。例如，欧洲对外行

---

① European External Action Service, "From Shared Vision to Common Action: Implementing the EU Global Strategy Year 1", avlailabel at: https://eeas.europa.eu/sites/default/files/eugs-report-full_ brochure_ year_ 1.pdf, pp. 30-32.

② European External Action Service, "From Shared Vision to Common Action: A Global Strategy for the European Union's Foreign and Security Policy Implementation Report Year 2", https://eeas.europa.eu/sites/default/files/eugs_ annual_ report_ year_ 2.pdf, p. 16.

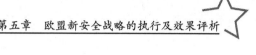

动署设立了三个战略通信工作队（东巴尔干、南巴尔干和西巴尔干），表明了这一领域的政治重要性。欧盟将向其伙伴及欧洲公民做更积极的宣传，投入更多的资金打击造谣。

第三，欧盟致力于建设一个更团结的联盟。只有团结一致，才能保护和促进欧盟及其利益、价值观和原则，确保欧盟继续成为不可或缺的全球行为体。"联合行动"是贯穿欧盟新安全战略的主线，更是欧盟提高信誉度并取得新成就的保障。欧盟致力于巩固和扩大移民问题以外的内部—外部联合，确保外交政策为内部利益服务，以实现内部利益促进外交政策的发展。欧盟还在更广泛的领域内推行"联合行动"，既涉及"人道主义—发展—和平"的联合或"内部—部外"联合等问题，还在欧洲对外行动中广泛推行这种团结与合作的文化。此外，在经济外交、文化外交和数字外交等领域采取"联合行动"的思维也开始出现并逐步得到巩固。首先是"经济—政治—安全"的联合，尤其是欧盟外交政策与欧盟在世界上的金融、经济和货币角色之间需要更紧密的联系，包括对金融可持续发展的大力支持，更好地发挥欧元在国际社会的强大作用，提升欧盟标准制定的能力并针对域外制裁采取有力保护，从而保护欧盟的合法经济利益，实现欧盟外交政策目标。其次，鉴于生态危机加剧了全球冲突且气候因素在欧盟能源、贸易、发展以及外交与安全政策中的重要性日益上升，欧盟注重开展"气候—安全"的联合。对于欧盟来说，公共外交、战略沟通以及与虚假信息的斗争至关重要。此外，欧盟通过与成员国的活动之间进行协调，以及提高欧盟政策内容与其政策实践之间的一致性，欧洲外交政策变得更加切实有效。欧盟还致力于投资创造性伙伴关系，尤其是与非洲联盟、东盟等区域组织合作，共同加强联合国和其他多边论坛。①

一项政策的落实，总会在理想与现实的磕磕碰碰中艰难前进，欧盟

---

① European External Action Service, "How to Revive Multilateralism in a Multipolar World?", https://eeas.europa.eu/headquarters/headquarters-homepage/95111/how-revive-multilateralism-multipolar-world_en.

新安全战略也不例外。总体而言，欧盟新安全战略几年来的执行具有重要意义，是欧盟追求战略自主性的必经之路，为欧盟成为可靠、务实和有原则的全球参与者创造了机会，也为欧盟地缘力量的塑造奠定了基础。但与此同时，我们也可以发现，欧盟新安全战略在诸多方面的执行上仍然存在不彻底、不完善、不能摆脱欧盟自身机制束缚、务实性不强等问题，欧盟真正实现其所设定的目标还任重道远。

# 第六章

## 欧盟新安全战略的特点

在面临多重危机的困难时期，欧盟新安全战略为欧盟的外部行动提供了新视角，是欧盟采取集体行动的指南针。欧盟及其成员国凭借集体前进的强烈政治意愿而坚持执行该战略并取得了一定的效果，彰显了新安全战略较之欧盟旧安全战略的特点与优势。与 2003 年的欧盟旧安全战略相比，2016 年欧盟新安全战略具有全面性、务实性、自主性和原则性四大特点。

### 第一节　欧盟新安全战略具有全面性

2016 年欧盟新安全战略与 2003 年的欧洲安全战略和 2008 年的欧洲安全战略执行报告不同，旧战略主要侧重于欧盟外部的安全，而新战略则采取"整体欧盟"① 的方法，强调欧盟的内部、区域和全球政策的协调。可以说，欧盟新安全战略具有全面性的特点，即地域跨度全面性、议题设置全面性、应对策略全面性。

---

① European External Action Service, "From Shared Vision to Common Action: Implementing the EU Global Strategy Year 1", avlailabel at: https://eeas.europa.eu/sites/default/files/eugs-report-full_ brochure_ year_ 1. pdf, pp. 20–25.

### 一　地域跨度全面性

2016 年欧盟新安全战略确定的对外行动的优先事项的先后顺序为：保障欧盟内部安全、维护欧盟周边安全、开展区域合作和全球治理。可以说，从地理跨度的角度来看，欧盟新安全战略着眼于全球。正是基于此，欧盟新安全战略才被称为"全面战略"（Global Strategy）①。

在保障欧盟内部安全方面，早在 2014 年乌克兰危机后，欧盟官方话语、政策倡议和实践都出现了地缘政治转向，新一届欧盟委员会也明确寻求成为地缘政治博弈中一支"硬力量"，宣示要打造一届"地缘政治委员会"，强调在加强内部团结的同时，致力于使欧洲成为大国竞争的"玩家"而非"玩物"。这意味着欧盟在维持其软实力的同时，将更加重视自身硬实力建设，包括进一步增强防务能力，以维护欧盟的核心利益。② 2015 年欧盟对邻国政策的官方文件修订中首次提出："邻国是一个地缘政治空间，欧盟有必要参与该地区冲突的解决。"③ 2016 年欧盟新安全战略也强调要增强欧盟的硬实力。新一届欧盟委员会专门成立了新的"国防产业和空间"总司，具体管理欧盟的欧洲防务基金、军事交流和"伽利略"项目。与此同时，委托欧盟外交与安全政策高级代表博雷利筹建"欧洲防务联盟"，并期待成为 2020 年下半年德国轮值主席国的成果。欧盟寄希望于通过防务联盟建设，为欧盟高技术产业和经济的发展提供新的推动力。虽然受新冠疫情等因素的影响，欧盟成员国的防务支出和欧盟委员会对欧洲防务基金的投入可能会有所减少，从而对永久结构性合作的实施带来一定的制约，但同时也有可能促使欧盟将有限资金集中用于发展一小部分关键项目，实际上会更有利于实质

①　也有学者将"Global Strategy"译为"全球战略"。但笔者认为欧盟的这一安全战略不仅涉及地域范围广，而且涉及的议题具体全面，翻译为"全球战略"只能体现地域上的全球性，但无法体现议题上的全面性。因此，本书将其翻译为"全面战略"。

②　金玲：《"主权欧洲"：欧盟向"硬实力"转型?》，《国际问题研究》2020 年第 1 期。

③　European Commission，Joint Staff Working Document：Towards a New European Neighbour-hood Policy，http：//eeas. europa. eu/archives/docs/enp/documents/2015/151118 _ staff-working-document_ en. pdf.

性提升欧盟防务能力。此外，欧盟新安全战略还重点关注反恐、网络安全和能源安全三个领域。这三个领域均是当前国际社会共同面临的问题，如网络威胁本质上是非地理性的，其威胁可以来自世界上任何地方，并影响地球上的任何角落，恐怖主义和能源安全威胁也具有全球性。

在维护周边安全方面，欧洲东部和南部地区的安全与稳定是欧盟最关心的议题。首先，当前欧盟周边局势动荡不安，新安全战略从全球的角度出发，在完善欧盟既有的扩大政策、睦邻政策的基础上，提出要与国际组织、主要伙伴关系国深化合作，维护周边地区的稳定，进而促进国际社会的安全与稳定。如在解决移民问题方面，欧盟重点加强对移民和难民来源国和过境国的人道主义努力，通过信托基金和预防性外交来调解欧盟与原籍国的合作，共同处理和预防造成难民的根源，管理移民和打击跨界犯罪。其次，欧盟在现有法律的基础上建立一个更有效的共同欧洲庇护制度，确保在欧盟内保护难民的安全。最后，欧盟与国际伙伴加强合作以确保共同分担全球责任，促进与联合国机构、新兴国家、区域组织、民间社会和地方社区之间建立更有效的移民管理伙伴关系。

在开展区域合作方面，新安全战略从全球层面制定了欧盟开展区域合作的框架。首先，欧盟加强与中东和非洲地区国家和组织的合作，促进中东和北非的和平与繁荣。其次，欧盟通过北约和跨大西洋贸易和投资伙伴关系加强与美国的合作，建立更牢固的跨大西洋伙伴关系。再次，欧盟新安全战略指出"亚洲的和平与稳定是欧洲繁荣的先决条件"①。亚洲、太平洋和印度洋的不稳定和冲突特别是海上贸易关键所在的海上通信线也对欧洲安全产生影响。因此，欧盟全面布局在亚洲的经济外交，发挥欧盟在维护亚洲安全中的作用。最后，欧盟积极开展与北极国家和机构、原住民和当地社区的具体合作。

---

① European External Action Service, "Shared Vision, Common Action: A Stronger Europe, A Global Strategy for the European Union's Foreign And Security Policy", June 2016, https://eeas. europa. eu/archives/docs/top_ stories/pdf/eugs_ review_ web. pdf, p. 37.

在全球治理方面，欧盟致力于建立基于规则的全球秩序，确保和平、人权、可持续发展和持久利用全球公域的联合国宪章原则。这一承诺不是简单地保存现有的系统，而是将其转化为具体行动。欧盟将在联合国框架内与其他国际和区域组织、国家和非国家行为体合作共同制定全球协调的政策，积极参与全球治理。这也是欧盟全球思维的集中体现。

## 二 议题设置全面性

近年来，混合威胁成为新常态。欧盟所处的安全环境的变化不仅涉及广泛的区域，而且涉及广泛的领域。欧盟面临的安全挑战不仅来自任何地方，也来自任何领域。因此，新安全战略不仅从地域跨度上看具有全球性，从议题设置上看，其所涉及的领域也具有全面性，涉及安全、国防、邻里、移民、能源、气候、外空、网络安全等方方面面的内容。[1]

以周边安全为例，中东、北非正处于动荡之中，极端主义和恐怖主义势力强大，欧盟致力于解决地区冲突和维护地区和平。为此，欧盟加强与中东的区域和次区域组织合作并确定了五项行动任务：在马格里布和中东支持功能性多边合作；加强与土耳其在反恐、应对难民、教育、能源和运输领域的合作；继续与海湾合作委员会和海湾国家合作，就解决区域冲突、保护人权和反恐问题进行交流；深化欧洲、非洲和海湾国家之间的红海三角关系，共同应对安全挑战；维护非洲的和平与促进该地区的发展，加强与非洲联盟、东非共同体的合作，促进非洲的经济增长。

在亚洲，欧盟新安全战略重新布局了欧盟在亚洲的经济外交格局，加强与亚洲国家在经济、高科技、海上安全、航行自由、反恐、打击走私、移民方、运输、贸易和能源连通性等领域的合作。在印度洋到太平

---

[1] Dick Zandee, "EU Global Strategy: from Design to Implementation", https://www.clingendael.org/sites/default/files/pdfs/EU%20Global%20Strategy%20-%20AP%20-%20August%202016.pdf, p. 2.

洋的广阔区域，欧盟致力于促进人权并支持缅甸等国家的民主转型。

在大西洋，欧盟通过与北约和美国建立牢固的跨大西洋伙伴关系并开展抵御风险、应对冲突、全球治理、抵御网络威胁、确保海上安全、危机管理、反恐、移民、能源和气候行动等方面的多边合作。

在北极，欧盟致力于与相关国家加强气候、可持续发展、通信、搜索和救援方面的研究与合作。

### 三　应对策略全面性

欧盟新安全战略中"Gloabl"不仅指地理范围和议题设置的全面性，也指欧盟可以使用的工具的全面性。近几年欧盟面临的新问题、新挑战呈多元化的特点。欧盟面临的威胁在性质上正在改变。相应地，简单地加强军事能力建设是不够的，应对混合威胁的措施也必须是多元的，所有可用的工具必须以联合的方式汇集在一起。因此，欧盟新安全战略强调以联合的方式将软实力和硬实力工具结合起来，采取综合的途径以应对冲突和危机。也就是说，欧盟新安全战略的应对策略具有全面性。

在欧盟运用综合方法以应对冲突和危机方面，欧盟采取多层治理和多边主义路径，加强与区域和国际组织、民间社会合作以应对冲突和危机。具体体现在：一是预防和监控那些可能导致危机爆发的根源，如侵犯人权、不平等、资源压力和气候变化等。二是在充分遵守国际法的情况下，加强欧洲的安全和防务政策，保护欧洲民众的安全。同时，注重内外政策的协调性和一致性，防止周边地区的不安全因素蔓延至欧盟；三是运用欧盟共同安全与防务政策和专用金融工具，采取自上而下和自下而上相结合的方式解决冲突。同时，欧盟还将促进在各层级的包容性治理，开发更具创造性的外交手段，注重在冲突环境中传播和平文化和开展经济外交等。四是注重对冲突地区进行人道主义援助，重点支持冲突地区的卫生、教育、合法就业等，当冲突地区出现稳定的前景时，注重运用贸易、发展、各种限制性措施和外交等综合手段，预防和解决冲突以及建设和巩固长期和平。

在全球治理方面，欧盟提出其参与全球治理的一系列举措，主要包括：支持联合国改革、加强在维持与建设和平和在人道主义上的投资、采取有效措施应对气候问题、完善全球贸易和投资领域的规则、促进全球海上安全、扩大国际制度和规范的适用范围、推动网络、能源、太空等领域全球规则的制定与发展等。

## 第二节　欧盟新安全战略具有务实性

欧盟新安全战略制定了未来欧盟对外行动的一系列指南，涵盖了从安全和防务到构建欧盟周边地区的复原力以及全球治理等多方面的内容。与 2003 年旧安全战略相比，2016 年新安全战略文件反映了欧盟试图通过调整其外交目标与重点以适应新的地区和全球形势，不仅指向 2003 年欧洲安全战略中的过于乐观和不现实的方法，而且也指向欧盟平衡价值观和利益，即在坚持欧盟自身价值理念及制度规范的同时，在具体政策的制定和实施上向实用主义转型，在对外政策上更加务实，① 具体体现在指导思想、指导原则、对外行动目标、具体政策措施的务实性四个方面。

### 一　指导思想的务实性

新安全战略的指导思想是有原则的实用主义，即欧盟在利益和价值观之间的权衡中更加重视利益因素。欧盟之前的对外政策以及欧盟旧安全战略在利益与价值观之间更重视价值观因素，如《欧洲联盟基础条约》规定：维护欧盟的价值观是其对外政策的首要考量因素。② 欧盟长

① Stephan Keukeleire and Tom Delreux, "EU Foreign Policy in Times of Existential Crises: Instability in the Neighbourhood, Brexit, Trump, and Beyond", *The Foreign Policy of the European Union*, Palgrave Macmillan, 2017, p. 3.

② 程卫东、李靖堃译：《欧洲联盟基础条约——经〈里斯本条约〉修订》，社会科学文献出版社 2010 年版，第 43 页。

期以来注重推行欧式的自由、民主和人权，热衷于通过贸易政策和对外援助的方式，在发展中国家尤其是其周边国家推行欧式价值观，甚至在国际上以自由、民主和人权为名，肆意干涉他国内政。但是，在一系列内外环境因素的推动下，在总结反思自身对政策的经验和教训中，欧盟在对外政策中重视价值观的因素出现了较大程度的调整，朝着更加注重实实在在的利益方向迈进。此次新安全战略则是欧盟对外政策的重大突破，在原则性和实用主义或者在利益因素和价值观因素方面更加重视实用主义和利益因素。① 正如欧盟新安全战略所提出的那样，"欧盟的利益和价值观携手并进，基本价值观嵌入实实在在利益中"②，正是在实用主义的指导下，欧盟淡化了对外政策中的民主因素，确定了和平与发展、繁荣、民主和全球法治的对外政策目标，既维护欧盟内外的和平与稳定，发展欧盟经济，重整欧盟的繁荣之景，又在国内法的基础上通过一系列政策措施保证欧洲民主的吸引力，在国际法原则的指导下，推进全球法治。

## 二 指导原则的务实性

欧盟新安全战略文件明确指出，欧盟在未来的对外政策中将以实用主义为支撑，③ 注重利益追求，淡化价值观因素。为实现欧盟对外行动的目标，欧盟新安全战略将团结一致、积极参与、承担责任和密切合作作为对外政策的行动原则。团结一致指欧盟机构、成员国以及欧洲民众将在共同应对威胁方面保持团结一致，并通过内部的团结协调对外政策中的行为和利益分歧，从而确保欧盟在国际上作为一个整体发挥作用。

---

① Joris Larik, "The EU's Global Strategy in the Age of Brexit and 'America First'", December 2017, https://ghum.kuleuven.be/ggs/publications/working_papers/2017/193larik, p. 20.

② European External Action Service, "Shared Vision, Common Action: A Stronger Europe, A Global Strategy for the European Union's Foreign And Security Policy", June 2016, https://eeas.europa.eu/archives/docs/top_stories/pdf/eugs_review_web.pdf, p. 14.

③ European External Action Service, "Shared Vision, Common Action: A Stronger Europe, A Global Strategy for the European Union's Foreign And Security Policy", June 2016, https://eeas.europa.eu/archives/docs/top_stories/pdf/eugs_review_web.pdf, p. 16.

积极参与是指欧盟将积极参与周边和全球事务，以自身的有效行动来应对出现的新威胁与新挑战，从而实现欧盟内部的团结与稳定。同时，欧盟也积极参与国际规则的制定与重塑，保持其对国际的影响力。承担责任是指欧盟在处理国内各种突发问题以及在周边和全球领域开展行动时，保持高度责任感，既强调欧盟在对外政策中的责任感，也强调欧盟将以其实际行动增强伙伴关系国的责任感。密切合作是指为应对全球新问题，欧盟积极加强与伙伴国、地区组织之间的合作，通过相互之间的紧密合作来壮大解决全球新问题的力量。由此可见，欧盟对外行动的原则是相辅相成，融为一体的，团结一致是基础，积极参与是方式，责任感是态度，密切合作是手段，四者共同构成了欧盟对外行动的整体，突出体现了欧盟的实用主义导向。

### 三　对外行动目标的务实性

在欧盟自身综合力量下降的时代背景下，欧盟的价值观外交出现了务实调整。欧盟不再将在其周边乃至全球范围强行推进民主作为欧洲安全战略的目标，不再单方面主导和干涉，而是更加重视获取现实的经济利益和安全保障，并强调"互惠和责任"原则，强调通过在其周边推进建构具有复原力的国家与社会，运用综合性的手段应对国际冲突与危机，以及拓展区域合作。在推动有效多边主义（effective multilateralism）问题上，① 欧盟采取了更为务实和灵活的立场，寻求在"多边主义"和"有效性"之间重建平衡。

从两版安全战略的对外行动目标来看，新安全战略将欧盟自身的安全当作首要目标，战略方向从 2003 年的由远及近改为由近及远、由内而外，实现成本更低，并且符合危机之后欧盟成员国加快恢复国内经济政治正常秩序和社会生活的诉求。这种改变的原因在于：一方面，欧盟的安全及内部治理关系到每个成员国的切身利益，而不是几个大国参与

---

① Balazs Ujvari, ed., "The EU Global Strategy: Going beyond Effective Multilateralism?", June 2016, https://core.ac.uk/download/pdf/76830807.pdf, p.9.

全球博弈、在全球谋取利益的工具；另一方面，欧盟旧安全战略对欧盟内部团结问题少有着墨，共同安全与防务政策仅停留在纸面上，鲜有实质性进展，且欧盟制宪失败使得一体化的深化遭受沉重打击；随着欧盟规模扩大，成员国之间的分歧明显增多，近年来的一系列危机使成员国之间的矛盾凸显，加强欧盟内部团结具有现实性和紧迫性，只有加强内部团结一致，欧盟才能加强自身行动力、更灵活迅速地应对危机与挑战。

### 四　具体政策措施的务实性

无论是指导思想还是指导原则和对外行动目标，最终都要靠具体的政策措施来实现。欧盟新安全战略的具体政策措施越来越朝着实用主义回归，日益从地缘政治和地缘经济的视角定义自身的利益，反映了实用主义导向。概括而言，主要表现在以下三个方面：一是更加注重欧洲本土安全；二是以复原力作为周边政策的核心；三是注重硬实力在对外行动中的运用。

#### （一）更加注重欧洲本土安全

在维护自身安全方面，欧盟将维护自身安全确定为新安全战略的首要任务。近年来，欧洲境内并不太平，各种危机频繁出现，恐怖主义、混合威胁、气候变化、经济动荡和能源问题威胁着欧盟的公民和领土。[①] 基于此，欧盟更加注重保障其本土安全，并将其作为未来欧盟对外行动优先事项的首要事项。在防务的手段上，欧盟改变过去在防务问题上依赖北约的路径，转而加强自身的防务建设，提高欧盟的战略自主性。这表明欧盟开始重新审视与美国之间的关系，在面临日益复杂的外部威胁的情况下，欧盟需要体现出自主性，加强欧洲国家内部之间的协调与共识。在具体的措施上，欧盟新安全战略采取了三方面的举措：一

---

① European External Action Service, "Shared Vision, Common Action: A Stronger Europe, A Global Strategy for the European Union's Foreign And Security Policy", June 2016, https: // eeas. europa. eu/archives/docs/top_ stories/pdf/eugs_ review_ web. pdf, pp. 16-18.

是在保持欧盟软实力的基础上，注重发展欧盟的硬实力，尤其是要加强安全力量建设，为维持欧盟本土安全和周边安全以及参与国际事务提供重要的力量支撑。二是提高欧盟集体防务的效能。三是注重为伙伴国提供安全援助。在反对恐怖主义方面，欧盟利用内外相结合的方式实现反恐目标，内部方式主要是加强成员之间在反恐领域的合作，同时注重利用教育手段消除极端主义对欧洲民众尤其是青年人的影响，外部方式主要是加强与其他国家和地区组织的合作来反对恐怖主义。在网络安全领域同样采取双管齐下的方式，一方面强调欧盟成员国就网络技术加强合作，同时注重发挥社会力量在维护网络安全上的独特作用；另一方面加强与伙伴国的合作，共同打击网络犯罪，维护网络安全。在能源安全方面，欧盟同样采取内外并举的措施，内部措施是保障欧盟内部能源市场的安全与稳定，同时提高能源利用效率，外部措施是保障能源生产国的稳定和运输线路的安全，以此来保障欧洲的能源供应安全，防止出现能源短缺的情况。总之，欧盟在保障本土安全方面，已经改变索拉纳时期内外明确划分的思维，注重内外并举，共同发力，提高自主性，采取务实行动。

### （二）以复原力作为周边政策的核心

欧盟周边政策是欧盟维持周边稳定进而维护本土安全的重要举措，早在周边政策出台之时，欧盟就强调与周边国家的关系是建立在共享价值观基础上。为了实现周边政策的目标，长久以来欧盟一直把采取行动以支持和鼓励坚持欧盟价值观的国家作为其政策的优先考虑，充满了价值观色彩。然而，现实的情况却是欧盟非但没有实现其周边政策的目标，反而周边地区接连陷入动荡局面，这就促使欧盟调整其周边政策。早在2011年中东北非发生动乱之时，欧盟就针对其周边政策进行过调整，随着中东北非局势逐步恶化，加上乌克兰危机和克里米亚危机相继发生，欧盟于2015年启动了对周边政策的评估，欧盟内部就此次评估达成的基本共识是欧盟周边政策需要考虑对象国的实际情况，采取有差别的政策措施，维持周边国家的稳定应成为周边政策的政治优先事项。

基于此，欧盟新安全战略正式提出了"复原力"这一概念，并将其作为欧盟周边政策的核心。在构建周边地区和国家复原力的指引下，欧盟因地制宜、因国制宜，注重采取综合方法，以此解决这些地区存在的冲突和危机。这意味着建立共同的价值观将不再是欧盟开展周边政策突出强调的重点，而是注重通过经济、贸易等各种方式，促进周边地区和国家经济的增长，维持其社会的稳定，减少因经济因素而导致的冲突。

（三）重视硬实力在对外行动中的运用

正如欧盟安全与外交政策高级代表莫盖里尼在新安全战略开篇时所说，"欧盟的软硬实力携手并进"。新安全战略指出，一些国家为获取地缘政治竞争优势会毫不犹豫地使用武力。因此，新安全战略下的欧盟在对外行动中更重视硬实力的运用，这也是对之前欧盟软实力强而硬实力弱的补充。

欧盟新安全战略在近年来数次欧盟峰会关于防务问题的讨论基础上，进行了更为系统的认识与阐述。其中的核心观点是更强调实用性与功效性，即能产生实际效果的行动。这其实是各成员国之间观点日渐趋同的结果，也是当前政治环境下采取的务实方式。虽没有联邦主义或欧洲联邦等方案显得"恢宏壮丽"，但更加务实和脚踏实地。[1] 在实用主义的指引下，新安全战略强调通过提升自身的硬权力来实现自身的全球安全战略目标，加强欧盟在安全和防务领域实现安全战略目标的可信度。[2]

## 第三节　欧盟新安全战略具有原则性

欧盟新安全战略将有原则的实用主义确定为欧盟对外行动的指导原

---

① 孔刚：《欧洲联盟共同防务：当代定位与基本逻辑》，《欧洲研究》2017 年第 5 期。

② 叶江：《试析欧盟安全战略的新变化——基于对欧盟 2003 与 2016 安全战略报告的比较》，《学术界》2017 年第 2 期。

则。这意味着，较之旧安全战略而言，虽然新安全战略具有很强的实用性，但这种实用性不是盲目的，它是在一定的原则和价值追求的指导下进行的。欧盟新安全战略的原则性与实用性是一个硬币的两个面，两者相辅相成，不可或缺。这种原则性主要体现在如下三个方面。

## 一　欧盟利益的原则性

欧盟新安全战略在对有原则的实用主义的原则性的论述首先体现在对欧盟价值观的陈述中，该战略的根本目的在于推进欧盟地区公民的利益，而欧盟的利益在新安全战略中与价值观是捆绑在一起，齐头并进的，追求欧盟自身利益的过程就是践行欧盟价值观的过程，具体表现为和平与安全、繁荣、民主与基于规则的全球秩序。

欧盟始终如一地把履行欧盟价值观当作决定欧盟的外部信誉和影响力的重要因素，欧盟内外部和平与安全是首要目标，并在此基础上通过维护一个开放和公平的世界贸易体系促进欧盟社会的繁荣，并坚持网络空间的自由与安全。同时，欧盟也没有放弃在欧盟以外的地区构建和推行民主制度和促进基于规则的全球秩序的意图。欧盟将致力于促进业已商定的规则，提供全球公共产品，并为一个和平与可持续的世界做出贡献。欧盟将促进以规则为基础的全球秩序，以多边主义为主要原则，以联合国为核心，这些价值取向不仅基于对当前战略环境的现实评估，也基于追求更美好世界的理想主义愿望。

## 二　对外行动指导思想的原则性

欧盟新安全战略在对外行动中明确提出了指导外部行动的原则：团结统一、积极参与、担负责任与伙伴关系。

首先，新安全战略明确了在当前国际形势变化的背景下，全球权力转移和权力扩散更为复杂，欧盟必须团结统一。只有真正团结一致、联合的欧盟才有可能为其公民带来安全、繁荣和民主，并在世界上产生积极的影响。其次，欧盟认为，在一个相互联系更加紧密的世界里，全球产业链和世界市场的形成、飞速发展的科学技术和近年来不断增长的移民，都是欧盟需要充分参与全球市场、共同制定全球市场规则的重要动因。欧盟通过参与更广泛的合作，利用相互依存的国际关系所带来的机遇来管理欧盟与外部世界的关系。再次，欧盟坚持在欧洲及其周边地区承担首要责任，同时在世界其他地区追求有针对性的安全事务的参与，在全球范围内解决冲突和贫困的根源，并倡导人权的不可分割性和普遍性。最后，与各国政府及非政府组织等国际关系行为体建立伙伴关系也是欧盟新安全战略的重要指导思想。欧盟与各国、区域机构和国际组织接触，有选择地与那些提供全球公共产品和应对共同挑战所必需的合作者进行合作，深化与民间社会和私营部门的伙伴关系。

### 三　对外行动内容的原则性

欧盟在其五项对外行动首要任务中坚持贯彻其价值理念和原则。

第一，就联盟的自身安全而言，欧盟认为对欧盟自身的安全挑战也是对欧盟自身价值观的挑战，捍卫欧盟价值观是欧盟自身安全建设的重要内容，为了保证欧盟的安全，促进欧盟的繁荣和捍卫民主，将在充分遵守人权和法治的基础上加强安全和防卫。第二，就欧盟东部及南部地区国家及社会的复原力建设而言，欧盟坚持自身的价值理念，认为自身的价值理念和制度规范是构建一个和平、安全及繁荣的社会的必由之路，是复原力建设最终的理想目标，因此在新安全战略中对具备复原力的社会下了定义："一个真正具备能够良好应对危机的复原力的社会，是一个以民主、对机构的信任和可持续发展为特征的有复原力的社会。"[1] 第三，在解决冲突和危机的综合方法方面，欧盟基于自身价值理念，认为每个存在冲突的国家都需要重建自己在国家与公民之间的社会契约，促进政府和社会各个层面的包容性治理。第四，在合作型区域

---

① European Council, "Enropean Security Strategy: A Secure Europe in a Better World", December 2003, https://www.consilium.europa.eu/media/30823/qc7809568enc.pdf, p.24.

秩序方面，对欧盟来说，在全球范围内构建一个自由和开放的市场经济，以及建立一体化的世界市场是欧盟价值体系的重要组成部分，这一思想映射到政治领域则表现为对权力多极化的追求，在国际关系领域则表现为多边外交战略。例如在与亚洲的关系上，欧盟致力于将价值观落实于具体的经济合作中，将经济合作议题与人权、民主等相关议题裹挟在一起，参与探讨政治相关的议题。第五，在全球治理方面，全球治理涉及相关国际组织机构和制度完善与改革等顶层设计，这些制度设计天然具有规范性和理想主义色彩。

## 第四节　欧盟新安全战略具有战略自主性

战略自主（strategic autonomy）的理念最早出现在有关欧盟安全与防务问题的相关讨论中。1999 年的科索沃战争迫使欧盟意识到拥有独立军事行动能力的重要性。当时欧盟官方政策文件开始出现"自主行动能力""行动自主性"等概念，强调欧盟防务建设与自主行动能力的必要性。1999 年 6 月，欧洲理事会提出"行动自主性"（autonomy of action）概念。1999 年底，欧洲领导人在赫尔辛基举行会议，强调在没有北约的情况下发展自主能力，发动和执行由欧盟领导的军事行动，以应对国际危机。2000 年 12 月，欧洲理事会尼斯会议成立了欧盟共同安全与防务机构。2003 年，欧盟发布的旧安全战略提出了欧盟的全球行动范围，虽然并未明确提出"战略自主"的概念，但欧盟已开始执行任务和行动，欧盟战斗群也于 2004 年前开始运作。2008 年，受国际金融危机与欧债危机影响，欧洲经济衰退，欧盟决定寻求更多的自主性。2010 年，欧洲议会在《实施欧盟安全战略及共同安全与防务政策》中使用了"战略自主"概念。2013 年，欧盟委员会发布《迈向更具竞争力与效率的防务与安全领域》政策文件，指出"欧盟必须承担起维护自身安全与世界和平稳定的责任，这需要欧盟具备一定程度的战略自主，即成为一个可信、可靠的合作伙伴，在不依靠第三方能力的情况下自主进行决策、自主展开行动"①。2013 年 12 月，欧洲理事会首次将欧洲战略自主权用于安全和防务领域。可以说，这一阶段的欧盟对战略自主有一些初步构想，但仍未上升至全球层面的战略高度。然而，过去五年欧盟所处的安全环境的变化以及不确定性的增加让欧洲各国政治领导人意识到欧洲必须为自己的安全承担更多责任，具备更好的军事能力，使欧盟能够"在一套独特的欧洲价值观和利益基础上塑造国际政治"。② 但欧盟现有的军事遗产却过度制度化、装备不足且战略分散。③ 因此，欧盟增加国防预算并采取一系列新举措，加快了提升防务领域战略自主性的步伐。

### 一　欧盟战略自主的原因

欧洲的战略自主不仅仅是一个理论问题，它还是在实践中产生的，并随着欧盟内部的发展和国际体系的深刻变化而在政治和政策上得到突出体现，包括欧盟层面、成员国层面和外部因素三个方面的动因。

（一）欧盟层面对战略自主的努力

在欧盟层面，欧盟从单一市场发展成为经济和货币联盟，拥有共同的自由、安全和正义立场，甚至还朝着银行联盟和财政联盟的方向发展，欧盟的一体化程度不断加深，为欧盟战略自主提供了物质基础。面对国际秩序与格局的深刻调整以及内部政治和社会失序风险，2016 年新安全战略出台以后，欧盟战略自主从理念发展到了实际行动阶段，甚至从强调战略自主发展到了强调主权欧洲，自主的意愿、能力和范围都进一步发展。④ 2018 年 9 月，时任欧盟委员会主席容克指出"主权欧洲

---

① 房乐宪、殷佳章：《欧盟的战略自主追求及其国际含义》，《现代国际关系》2020 年第 11 期。

② See N. Helwig, "EU Strategic Autonomy：A Reality Check for Europe's Global Agenda", https：//www. fia. f/en/publication/eu-strategic-autonomy, p. 7.

③ Daniel Fiott, ed., "The CSDP in 2020, the EU's Legacy and Ambition in Security and Defence", https：//www. iss. europa. eu/sites/default/files/EUISSFiles/CSDP% 20in% 202020 _ 0. pdf, p. 4.

④ Georgios Petropoulos and Guntram B. Wolff, "What Can the EU do to Keep Its Firm Globally Relevant?", https：//www. bruegel. org/? p = 29399.

时刻到来"，其核心要义是欧洲掌握自己的命运，保持团结、解决分歧，引领多边主义，成为国际社会更具"主权性的行为体"，拥有塑造全球秩序的能力，这反映了欧盟作为国际行为体，致力于发展其对欧洲利益（包括防务、投资、技术、气候、能源和移民等多个方面）的保护能力、在全球范围内的自主能力以及对国际秩序的塑造能力。特别是新冠疫情在全球蔓延暴露了不受控制的全球化所带来的安全风险，破坏曾经创造繁荣和合作互惠利益的相互依存关系，[1] 为了缓解冲突，欧盟不应陷入保护主义和封闭状态，而应重新平衡关系，[2] 以多边方式开展工作，治理相互依存的伙伴关系，投资其周边地区的风险和责任。[3]

（二）欧盟主要成员国的推动

欧盟成员国的国内政治也推动了欧盟战略自主的发展。[4] 德国和法国是欧盟战略自主的主要推手。1998 年，英、法两国领导人发表《圣马洛宣言》，提出要增强欧盟的自主军事行动能力。此后，德法两国一直致力于推动欧盟的战略自主。德国学者、智库和官方先后发布多份研究报告，系统论述欧盟战略自主，如《欧洲战略自主：行为体、议题和利益冲突》[5]《战略自主与欧洲防务——通向一支欧洲军的道路？》[6]《战略自主：通往防务的"欧洲主权"？》[7]《英国脱欧、

---

① Tarek Megerisi, "Spoiler Alert: How Europe Can Save Diplomacy in Libya", in ECFR Policy Briefs, 22 January 2021, https://ecfr.eu/? p=66494.

② Nathalie Tocci, "European Strategic Autonomy: What It Is, Why We Need It, How to Achieve It", https://www.iai.it/sites/default/files/9788893681780.pdf, pp. 32-36.

③ Branko Milanović, *Capitalism, Alone: The Future of the System That Rules the World*, The Belknap Press of Harvard University Press, 2019, pp. 207-211.

④ Garret Martin and Ville Sinkkonen, "Transatlantic Relations and European Strategic Autonomy in the Biden Era Neglect, Primacy or Reform?", https://www.fiia.fi/wp-content/uploads/2021/02/bp301_ us-and-european-strategic-autonomy_ ville-sinkkonen-and-garret-martin.pdf, p. 8.

⑤ Barbara Lippert, Nicolai von Ondarza, and Volker Perthes, "European Strategic Autonomy—Actors, Issues, Conflicts of Interests", https://www.swp-berlin.org/fileadmin/contents/products/research_ papers/2019RP04_ lpt_ orz_ prt_ web.pdf.

⑥ Hans-Peter Bartels, Anna Maria Kellner, and Uwe Optenhögel, *Strategic Autonomy and the Defence of Europe, On the Road to a European Army?*, Bonn: Dietz-Verlag, 2017.

⑦ Daniel Fiott, "Strategic Autonomy: Towards 'European Sovereignty' in Defence?", European Union Institute for Security Studies, https://www.iss.europa.eu/sites/default/files/EUISSFiles/Brief%2012_ Strategic%20Autonomy.pdf.

防务与欧盟战略自主的需求》① 以及《欧洲档案》(*The European Files*) 杂志关于《欧洲防务产业：朝向欧盟战略自主》② 的专题讨论，都将欧盟战略自主与欧盟的防务建设结合起来，强调大力发展防务产业以实现战略自主。2017 年 9 月，法国总统马克龙在演讲中正式提出实现"主权欧洲"的目标包括六大方面：防务建设、应对移民挑战、聚焦重点的对外政策、可持续发展的榜样、数字化欧洲建设以及经济和货币力量的欧洲。③ 这一概念本质上是欧洲一体化的设想，即"欧洲一体化并不会导致成员国丧失主权，而是恢复主权"。④

（三）美国能力的下降

在外部层面，国际体系的深刻变革使欧洲战略自主成为必要。欧洲的一体化是在所谓的自由主义国际秩序下发展起来的，这种秩序由以美国权力为前提的国际组织、法律、规范、制度和实践组成。欧洲人在美国霸权的保护伞下，虽然有时对美国有抱怨或和美国有分歧，但从未认真考虑发展自主保护自己的能力、决策结构和战略文化。即使在冷战结束后，欧洲的安全仍通过北约的集体防御得到美国的保障，欧盟也通过行使其软实力，在所谓的自由主义国际秩序的扩张中发挥了应有的作用。⑤

然而，自 2008 年国际金融危机以来，虽然美国仍然是唯——个能够在全球范围内投射其影响力（包括军事影响力）的大国，但已经不

---

① Nick Witney, "Brexit, Defence, and the EU's Quest for 'Strategic Autonomy'", European Council on Foreign Relations, https：//www.ecfr.eu/article/commentary_ brexit_ defence_ and_ the_ eus_ quest_ for_ strategic_ autonomy.

② "The European Defense Industry：Towards EU Strategic Autonomy", *The European Files*, https：//www.edf-vienna2018.at/wp-content/uploads/2018/09/Brochure _ The-European-Defense-Industry-Towards-EU-strategic-autonomy.pdf.

③ Pierre Briancon, "Five Takeaways from Macron's Big Speech on Europe's Future", https：//www.politico.eu/article/5-takeaways-from-macrons-big-speech-oneuropes-future/.

④ Andrés Ortega, "Macron, Champion of European Sovereignty", https：//blog.realinstituto elcaNo.org/en/macron-champion-of-european-sovereignty/.

⑤ Nathalie Tocci, "European Strategic Autonomy：What It Is, Why We Need It, How to Achieve It", https：//www.iai.it/sites/default/files/9788893681780.pdf, p. 10.

再是世界上无可争议的霸主，美国所构建的世界秩序也正在迅速消失。在经济上，尽管美国一直保持着金融主导地位、企业活力、技术优势和学术成就，但美国现在与中国不相上下，甚至很快会被中国超越。在政治上，美国的软实力正在下降，只有在直接利益受到威胁的情况下才有选择地参与世界事务，对其盟友的安全承诺变得日益不确定。特朗普政府更是常常忽视欧盟的经济乃至安全利益，对欧洲盟国征收关税，退出《中导条约》以及伊朗核协议，退出对维护欧盟价值和追求自身利益至关重要的多边合作论坛，如巴黎气候协定或世界卫生组织，甚至威胁退出北约。[1] 拜登就任以来，面对许多国内和国际挑战，宣布"美国回来了"，[2] 修正特朗普政府时期的单边主义路径，转而拉拢盟友，重返多边主义，宣布美国重新加入《巴黎协定》和逆转退出世界卫生组织，强调北约对美国的重要性，试图通过将领导力、民主和人权放在首位和中心位置，[3] 夺回美国的全球领导权。[4] 但美国力量日渐衰落的趋势已不可避免，美国国内政治的两极分化意味着拜登政府可能采取保守而低调的方式应对跨大西洋伙伴关系，[5] 能为欧盟安全提供的实质性贡献屈指可数，甚至默认欧盟应该为自身安全承担责任。

在上述背景下，欧盟各成员国越来越认为，欧洲面临的真正安全困境不是欧盟边界附近的不稳定，而是国际政治格局中正在发生的结构性

---

[1] Sven Biscop, "Fighting for Europe: European Strategic Antonomy and the Use of Force", http://aei.pitt.edu/97372/1/EP103.pdf, pp. 8–11.

[2] J. R. Biden Jr., "Remarks by President Biden on America's Place in the World", https://www.whitehouse.gov/briefng-room/speeches-remarks/2021/02/04/remarks-by-president-biden-on-americas-place-in-the-world/.

[3] Garret Martin and Ville Sinkkonen, "Transatlantic Relations and European Strategic Autonomy in the Biden Era Neglect, Primacy or Reform?", https://www.fiia.fi/wp-content/uploads/2021/02/bp301_ us-and-european-strategic-autonomy_ ville-sinkkonen-and-garret-martin.pdf, p. 3.

[4] Pew Research Center, "In a Politically Polarized Era, Sharp Divides in Both Partisan Coalitions", https://www.pewresearch.org/politics/wp-content/uploads/sites/4/2019/12/PP _ 2019.12.17_ Political-Values_ FINAL.pdf, pp. 80–89.

[5] Goldgeier and B. Jentleson, "Te United States is not Entitled to Lead the World", *Foreign Afairs*, https://www.foreignafairs.com/articles/world/2020－09－25/united-states-not-entitled-lead-world.

变化，并且事实上，在某些情况下，区域不稳定可以直接或间接归因于这些结构性变化（如俄罗斯接管克里米亚）。① 因此，欧盟不能再像过去那样假设自己可以依赖美国，而是应该对欧盟自身的防务能力进行有意义和前瞻性的投资，② 在欧盟周边地区以及当今时代主要跨国治理挑战（如健康、气候、科技、人口流动等方面）发表自身立场，发展自身能力和意愿，建设一个更强大的欧洲，在国际舞台上开辟一条更加独立的道路。③ 当然，这也意味着欧盟需采取一致和协调的努力，④ 处理好跨大西洋伙伴关系中业已存在和将来可能存在的摩擦，⑤ 协调好双方在印度—太平洋或在东地中海的战略，⑥ 在北约内部和在欧盟与北约之间寻求一个更好的关系。

## 二 新安全战略下欧盟自主性的适用

2013 年 12 月，欧盟外长理事会首次将欧洲战略自主权用于安全和防务领域。2016 年欧盟新安全战略将战略自主提升为更广泛的战略目标。此后，《欧盟安全与防务实施计划》给欧盟战略自主下了一个松散的定义：战略自主是指欧盟有能力在安全与防务方面与合作伙伴一起行

① Daniel Fiott, ed., "The CSDP IN 2020, The EU's Legacy and Ambition in Security and Defence", https：//www.iss.europa.eu/sites/default/files/EUISSFiles/CSDP%20in%202020_ 0.pdf, p. 4.

② See O. Bel, "What European Strategic Autonomy Requires：Smarter Talk, More Action", https：//www.atlanticcouncil.org/blogs/new-atlanticist/what-european-strategic-autonomy-requires-smarter-talk-more.

③ Garret Martin and Ville Sinkkonen, "Transatlantic Relations and European Strategic Autonomy in the Biden Era Neglect, Primacy or Reform?", https：//www.fiia.fi/wp-content/uploads/2021/02/bp301_ us-and-european-strategic-autonomy_ ville-sinkkonen-and-garret-martin.pdf, p. 3.

④ U. E. Franke, and T. Varma, "Independence Play：Europe's Pursuit of Strategic Autonomy", https：//ecfr.eu/special/independence_ play_ europes_ pursuit_ of_ strategic_ autonomy/.

⑤ E. Brattberg, T. Valasek, and T. Wright, "EU Defense Cooperation：Progress amid Transatlantic Concerns", https：//carnegieendowment.org/2019/11/21/eu-defense-cooperation-progress-amid-transatlantic-concerns-pub-80381.

⑥ See O. Bel, "What European Strategic Autonomy Requires：Smarter Talk, More Action", https：//www.atlanticcouncil.org/blogs/new-atlanticist/what-european-strategic-autonomy-requires-smarter-talk-more.

动，在必要时单独行动。① 随着时间的推移，这一最初源于并适用于防务领域的概念，渗透到其他政策领域，甚至与 2017 年法国总统马克龙和前欧盟委员会主席容克提出的主权欧洲概念互换使用。②

新安全战略下的欧盟战略自主主要适用于以下六个方面。

（一）安全与防务领域

防务自主是战略自主的基础，欧盟在加强战略自主方面的举措最早都是围绕防务自主展开的，主要包括欧洲防务基金、协调防务年度审查和永久结构性合作三大举措。欧洲防务基金提供资金支持，协调防务年度审查提供建议咨询，两者共同助力永久结构性合作项目朝着正确的方向迈出实质性步伐。此外，军事规划和行为能力建设为欧盟的军事任务和行动提供了更为精简的指挥和控制，而民事契约将成员国约束在一系列旨在提高欧盟民事反应能力的承诺上。由于有了欧盟层面的资金和制度保障，欧盟成员国实施了多个防务合作项目。同时，欧盟也在产业层面上发展可以生产一切对战略推动能力有帮助的国防工业。最后，欧盟制定军事部署的行动框架，以便各成员国在同一个框架内进行国防规划、军事能力建设和运作。③

（二）加强多边主义

欧洲必须带头加强和改革多边主义，④ 多边合作仍然是欧盟阐明、宣传和实施对外政策的最佳途径，也是建立一个更加和平、稳定和繁荣的世界秩序的最佳选择。⑤ 欧盟需要适应国际关系中日益增长的混杂

---

① Council of European Union, "Implementation Plan on Security and Defence", https：//www. consilium. europa. eu/media/22459/eugs-conclusions-st14149en16. pdf, pp. 4-5.

② Jean-Claude Juncker, "State of the Union Address 2018：The Hour of European Sovereignty", https：//ec. europa. eu/commission/presscorner/detail/en/SPEECH_ 18_ 5808.

③ 史志钦、田园：《英国"脱欧"对欧盟安全与防务的影响》，《当代世界与社会主义》2018 年第 2 期。

④ Ursula Von der Leyen, "'Mission Letter' to High Representative for Foreign Policy and Security Policy", Josep Borrell, https：//ec. europa. eu/commission/sites/beta-political/files/mission-letter-josep-borrell-2019_ en. pdf.

⑤ 2020 Rhodes Forum Report, "Can Multilateral Cooperation Be Saved?", https：//doc-research. org/wp-content/uploads/2020/12/Rhodes-report_ Download-file2. pdf.

性，减少官僚作风，相应地对那些为其成功投资的非国家利益攸关方（以及这些利益攸关方的成员）更加开放。

### （三）加强区域间关系

欧盟应加强其支持地区间关系的作用，特别是在其邻国。在一个远离全球多边主义的世界里，区域间多边关系将变得越来越重要。欧亚大陆、东亚、中东和北非以及撒哈拉以南非洲地区尤其如此。随着跨大西洋关系变得更加紧张，欧亚关系将会发展。与美国的对华政策不同，欧盟应该朝着通融互利的方向努力，而不是对抗。此外，欧盟还需要重新认识非洲。如果不能制定可持续的治理、增长和发展战略来遏制经济和政治移民的压力，那么整个地中海地区的事件从长远来看将产生不利影响。因此，欧盟应开展务实的伙伴关系和商业潜力，例如，向欧洲发电和出口太阳能已成为摩洛哥发展政策的核心内容。①

### （四）应对气候变化

欧盟需要在应对气候变化方面发挥带头作用，使欧盟的外交政策在国家、私营部门和非政府组织部门间建立关系。在基础设施、研究、创新和绿色技术方面进行大规模投资，并致力于刺激循环经济，从而在减少排放的同时，创造就业机会，提高生活质量。此外，欧盟还需要制定政策，使经济增长与资源枯竭和环境退化脱钩，对进口产品征收碳税，到2050年实现碳中和，确保欧盟与中国以及拜登领导下的美国一道在全球环境问题上发挥主导作用，② 成为气候外交的全球力量。

### （五）应对数字化挑战

数字化挑战既是外交政策和国际关系问题，也是欧盟内部信息主

---

① Salman Zafar, "Renewable Energy in Morocco", https://www.ecomena.org/renewable-energy-in-morocco/, last accessed on December 2, 2018; Amine Bennis, "Power Surge: How the European Green Deal Can Succeed in Morocco and Tunisia", https://ecfr.eu/publication/power-surge-how-the-european-green-deal-cansucceed-in-morocco-and-tunisia/.

② European Commission, "A European Green Deal: Striving to be the First Climate Neutral Continent", https://ec.europa.eu/info/strategy/priorities-2019-2024/european-green-deal_en.

权问题。21 世纪的主要数字强国数字领域技术标准（涵盖人工智能、大数据、5G 和网络战工具的发展）和规范的主导权。① 欧盟意识到自身在高新技术发展方面的脆弱性与相对劣势，也更深刻认识到维护自身战略自主的重要性，并因此做出一系列战略性布局调整，进一步扩充战略自主内涵。2019 年 7 月，欧洲政治战略中心提出重新思考数字时代背景下欧盟的战略自主，并出台了相应政策报告。报告指出，数字时代的战略自主不再只是安全防务问题，保护欧洲利益需要一条更为全面的路径，涉及投资审查、隐私与数据保护、贸易规则、网络安全、政府与公共采购、产业与创新政策、出口管控等多个重要方面，并为此提出了一系列提升欧盟在数字信息领域战略自主性的具体举措。②

（六）太空战略自主权

太空领域正迅速成为笼罩在地球地缘政治竞争之上的政治舞台。美国、俄罗斯等国都声称和平利用太空，但也都在发展其在太空的军事力量。在当前的地缘政治背景下，空间对于欧盟的安全和防卫至关重要。欧盟在致力于促进安全、可靠和可持续地利用太空的同时，也开始重新审视其在太空中的角色。鉴于新冠疫情所释放的经济压力、国际空间市场上日益激烈的竞争以及空间部门的特殊性质，欧盟需要通过长期公共投资支持欧洲太空工业，确保欧盟的空间中小企业和初创企业能够获得私人资本；欧盟需要制定各种方法，推动太空的技术前沿（先进发射器、纳米卫星和量子通信等新兴技术领域）的研发，③ 确保其陆基和天基关键基础设施得到保护，确保其工业供应链具有弹性，兼顾管控防务资金流向、发展伽利略卫星定位系统、解决技术依赖问题，并利用安全

① Kate Coyer and Richard Higgott, "Sovereignty in an Era of Digitalisation", https：//doc-research. org/wp-content/uploads/2020/09/Sovereignty-in-a-digital-era. pdf.

② European Political Strategy Centre, "Rethinking Strategic Autonomy in the Digital Age", EPSC Strategic Notes, November 2019, pp. 15－17.

③ Daniel Fiott, "The European Space Sector as an Enabler of EU Strategic Autonomy", https：//www. iss. europa. eu/sites/default/files/EUISSFiles/EXPO ＿ IDA% 282020% 29653620 ＿ EN. pdf, pp. 37－40.

和防务方面的新举措，进一步增强欧盟自主行动的能力。[①]

此外，当前欧盟战略自主理念也开始向数字技术、人工智能、空间技术等高新技术领域以及维护全球供应链、[②] 限制民粹主义、[③] 混合威胁[④]等领域延伸，其内涵也在逐渐发展与丰富。

### 三 欧盟战略自主评析

2016 年以来，欧盟不仅在其新安全战略中更明确强调"战略自主"，还首次将其作为欧盟战略目标的重要组成部分。欧盟战略自主的内涵和实践都得以进一步发展和深化。

首先，新安全战略首次将战略自主确定为欧盟正式追求的战略目标。为实现欧盟战略自主，提出要加强成员国间的防务合作，推动防务合作的规范化，建立可持续的、创新的、有竞争力的欧洲防务产业。[⑤] 在此基础上，欧盟还进一步明确并细化了追求战略自主的具体目标：维护欧盟内部稳定（包括维护社会、经济和生态环境的稳定）、推广欧盟标准和倡导欧盟的价值观。[⑥] 可以说，战略自主理念与欧盟新安全战略

[①] Daniel Fiott, "Securing the Heavens How can space support the EU's Strategic Compass?", https：//www. iss. europa. eu/sites/default/files/EUISSFiles/Brief_ 9_ 2021_ 0. pdf, pp. 7–8.

[②] Scott Paul, "Why Can't America Make Enough Masks or Ventilators?", New York Times, https：//www. nytimes. com/2020/04/14/opinion/coronavirus-industry-manufacturing. html? searchResultPosition=6; Chad P. Bown, "China should export more medical gear to battle COVID–19", Peterson Institute for International Economics, May 5, 2020, https：//www. piie. com/blogs/trade-and-investment-policy-watch/china-should-export-more-medical-gear-battle-covid–19.

[③] Richard Higgott and Simon Reich, "Hedging by Default：The Limits of EU 'Strategic Autonomy' in a Binary World Order", https：//www. lse. ac. uk/ideas/Assets/Documents/reports/LSE-IDEAS-Hedging-by-Default. pdf, p. 14.

[④] Daniel Fiott, "Uncharted Terriroty? Towards a Common Threat Analysis and a Strategic Compass for EU Security and Defence", https：//www. iss. europa. eu/sites/default/files/EUISSFiles/Brief%2016%20Strategic%20Compass_ 0. pdf, pp. 2–4.

[⑤] European External Action Service, "Shared Vision, Common Action：A Stronger Europe, A Global Strategy for the European Union's Foreign And Security Policy", June 2016, https：//eeas. europa. eu/archives/docs/top_ stories/pdf/eugs_ review_ web. pdf, pp. 2–10.

[⑥] Europena External Action Service, "Why European Strategic Autonomy Matters", https：//eeas. europa. eu/headquarters/headquarters-homepage_ en/89865/Why% 20European% 20strategic% 20autonomy%20matters.

相辅相成：一方面，保持战略自主有利于欧盟维护自身安全，实现欧盟的新安全战略；另一方面，欧盟新安全战略的推行与防务合作的开展也有助于提升其战略自主性。

其次，从政策主体层面来看，欧盟新安全战略明确了欧洲人负有保卫欧洲的责任和义务，强调发挥自身军事安全防务的主体性而不再像过去那样依赖美国的保护。[①] 此外，欧盟突出合作自主，即同联合国及北约的伙伴积极展开合作。

再次，就内容、手段和路径而言，战略自主在除了本土防御之外的许多新兴安全领域，如反对恐怖主义、混合威胁以及网络攻击等方面发挥积极作用，[②] 在手段上，欧盟新安全战略呼吁发扬成员国在政治上的团结精神，强调共同防御，即如果一个欧盟成员国的利益受到侵犯，欧盟不消极等待北约采取行动，而是在必要时予以反击，同时也在必要时进行合作。[③] 就路径而言，新安全战略明确指出欧盟的相关机构应该在防务产业、安全防务行动的共同资金支持方面，发挥更大的作用。这是一种自下而上由经济、技术、财政层面，向上拉动政治层面的防务一体化发展路径。

最后，就具体措施而言，在维护欧盟安全方面，欧盟采取了成立欧洲防务基金、启动永久结构性合作、设立欧洲和平基金、提高军事机动性等诸多措施，促进国防研究和工业发展阶段的创新，实现规模经济，从而加强欧盟国防工业的竞争力。其他措施还包括加强民用安全与防务合作伙伴关系，为欧盟与第三国的安全与防务伙伴关系制定更具战略性的方法，以及提高应对混合威胁的复原力和增强能力，进一步完善可持

①　Simon Reich and Peter Dombrowski, *the End of Grand Strategy: Maritime Operations in the Twenty-First Century*, Cornell University Press, 2017, pp. 85–102.

②　John Mearsheimer, *The Great Delusion: Liberal Dreams and International Realities*, Yale University Press, 2018, and Walter Russell Mead, "The End of the Wilsonian Era: Why Liberal Internationalism Has Failed", *Foreign Affairs*, January/February 2021, https://www.foreignaffairs.com/articles/united-states/2020-12-08/end-wilsonian-era.

③　Sven Biscop, "The EU Global Strategy 2020", http://aei.pitt.edu/97384/1/SPB108.pdf, pp. 2–3.

续发展战略下欧盟与成员国的战略沟通方式。① 在维护经济稳定方面，欧盟将继续营造良好贸易与投资环境，提倡自由贸易与开放贸易，反对贸易保护主义。欧盟还将进一步确保医药产品、稀土、微处理器等关键性资源的供应链更安全和多元。

然而，虽然欧盟战略自主提出至今在概念和实践上都有了很大的发展，但时至今日，赫尔辛基会议设定的战略自主的基本目标仍未实现。在克罗地亚 2020 年担任欧盟理事会轮值主席国期间，各国领导人和部长仍在辩论如何确保欧盟能够部署军事和民用资产，作为共同外交与安全政策的一部分，以及如何促进欧盟在安全和防务方面的更大战略自主权。究其原因，主要有如下几个方面。

首先，战略自主的概念和范围仍旧界定不清。除防务上的战略自主外，还涉及经济上、地缘政治上、技术、数据上的战略自主等方面。不仅涉及欧盟自身的能力建设，还涉及欧盟在人权、安全、数字和移民等领域形成国际规范和惯例的能力，以及气候变化、传染病防控与治疗、经济复苏等方面国际体系中的所有参与者共同行动。②

其次，在可预见的未来，欧盟无法真正实现自主，尤其是在国防领域，美国与北约仍是一个不可忽略的外部因素。③ 美国对欧洲战略自主的态度与美国长期以来要求欧洲人承担更大的集体防御责任的要求相矛盾。美国一方面一直坚持要求欧洲增加支出，以扩大规模，提高能力，另一方面又不希望欧洲的能力变得更强，以至于可以独立行动；美国一方面依然要求欧洲在国际重大问题上与其保持一致，如伊核问题、"北溪 2 号"项目问题、5G 网络建设问题等，另一方面又不愿意以提供安全保护作为交换。这种矛盾造成的后果是欧盟各成员国国防开支增加，

---

① European Council, "EU Cooperation on Security and Defence", https：//www.consilium. europa.eu/en/policies/defence-security/.

② Nathalie Tocci, "European Strategic Autonomy：What It Is, Why We Need It, How to Achieve It", https：//www.iai.it/sites/default/files/9788893681780.pdf, pp.3-5.

③ 夏晓文：《浅析欧盟的战略自主——以防务合作为切入点》，《国际展望》2020 年第 2 期。

但由于各国建立的是各自独立的国防力量，为不同的政治目的服务，培育不同的国防工业，导致欧盟层面国防开支被冗余和低效所削弱，欧盟在政治上仍然存在分歧，在军事上缺乏能力部署武力。[1] 解决欧盟防务自主乃至欧洲战略自主的先决条件不是增加开支，而是加强成员国防务协调，实现内部团结、强大和复原力，并最终实现一体化。[2] 除美国外，俄罗斯作为欧盟的战略竞争对手也对欧盟的战略自主有牵制效应。俄罗斯与欧洲尤其是与德国在东欧存在着深刻的结构性张力。俄罗斯作为联合国安理会常任理事国的身份，在东欧、中东、中亚地区进行长期的战略深耕，以及对俄罗斯能源的依赖（如"北溪2号"天然气管道）等都会限制欧盟战略自主的发挥。

再次，追求战略自主可能会促使个别公司或成员国集团在单一市场内过度集中权力，[3] 或间接助长保护主义。[4] 欧盟不应陷入保护主义和封闭状态，而应治理相互依存关系，重新平衡关系，通过多边合作避免利用依赖关系。此外，欧盟机构如何更好地发挥作用，实现机制之间的协调，以及欧盟机构与成员国之间的协调，都直接影响了欧盟战略自主的发挥。[5]

最后，新冠疫情在欧盟的传播，揭示了大多数欧盟政策部门与外部国家之间的高度依赖性，导致疑欧情绪泛起。在这样的背景下，欧盟战略自主将成为实施欧盟新安全战略的关键概念，有利于欧盟内部实力不

---

[1]　Daniel Fiott, "Strategic Autonomy: Towards 'European Sovereignty' in Defence?", European Union Institute for Security Studies, https://www.iss.europa.eu/sites/default/files/EUISS Files/Brief% 2012 _ Strategic% 20Autonomy. pdf; Sven Biscop, "Fighting for Europe: European Strategic Antonomy and the Use of Force", http://aei.pitt.edu/97372/1/EP103.pdf, pp. 8-11.

[2]　Michael Shurkin, "Welcoming a Stronger European Defense", https://www.rand.org/blog/2021/01/welcoming-a-stronger-european-defense.html.

[3]　Nathalie Tocci, "European Strategic Autonomy: What It Is, Why We Need It, How to Achieve It", https://www.iai.it/sites/default/files/9788893681780.pdf, pp. 3-6.

[4]　Daniel R. Coats, "Worldwide Threat Assessment of the US Intelligence Community", https://www.dni.gov/files/ODNI/documents/2019-ATA-SFR-SSCI.pdf, p. 2.

[5]　Thierry Tardy, Revisiting the EU's security partnerships, https://www.iss.europa.eu/sites/default/files/EUISSFiles/Brief%201%20Security%20Partnerships.pdf.

断增强，在外交政策中采取建设性行动。① 但战略自主的实施，也有可能是欧盟在坚持多边合作与战略自主之间失去平衡，而最终走向一种没有原则的实用主义，并最终失去其作为国际关系规范行动者的独特性。因此，战略自主的道路是否适合欧盟，如何实现战略自主，将取决于欧洲，也取决于欧盟所处的日益相互依存的世界。②

---

① Daniel Fiott, "Strategic Investment Making Geopolitical Sense of the EU's Defence Industrial Policy", https：//www. iss. europa. eu/sites/default/files/EUISSFiles/CP_ 156. pdf, pp. 12-17.

② Pol Bargués, "From 'Resilience' to Strategic Autonomy: A Shift in the Implementation of the Global Strategy?", https：//www. eu-listco. net/publications/from-resilience-to-strategic-autonomy, p. 11.

# 第七章

## 欧盟新安全战略下的中欧关系

欧盟新安全战略是新形势下欧盟为应对其所面临的新情况而制定的政策措施，内容丰富，涉及面广，深入研究该战略，可以发现欧盟新安全战略在很多内容上都间接指向中国，有些内容虽然没有指向中国，但是涉及中国对外政策与欧盟新安全战略的对接问题。根据欧盟新安全战略的内容和特点，结合欧盟发布的针对中国或有可能影响到中国的新文件，可以得出结论：欧盟新安全战略下的中欧关系可以概括为机遇与挑战并存。

### 第一节　欧盟新安全战略下欧盟的对华政策及实践

欧盟的对华政策是一脉相承又渐进式发展的。把握新安全战略下的欧盟的对华政策与实践及其对中国的影响，首先要梳理欧盟对华政策文件的发展和演进，以及欧盟对华实践，了解欧盟在不同时期如何界定中国，如何处理与中国和与世界的关系。

## 一　欧盟对华的政策文件

（一）欧盟新安全战略前欧盟的对华政策

在欧盟 2003 年旧安全战略中，欧盟对其战略伙伴的排序是美国和俄罗斯位居前列，其后依次是日本、中国、加拿大和印度。[①] 此后，欧盟对中国的重视程度呈逐年上升趋势，并在 2006 年以后开始趋向竞争和强硬。2006 年 10 月，欧盟发布的第一份对华贸易战略文件《竞争与伙伴：欧盟—中国贸易与投资政策》指出中国是对欧盟经济最严重的挑战，欧盟与中国既要竞争又要合作。在 2008 年旧安全战略的实施报告中，中国排在日本之前，欧盟肯定中国对于世界减贫的贡献，指出欧盟与中国的关系"已经取得实质性的拓展"。[②] 2013 年《中欧合作 2020 战略规划》[③] 指出当今世界正经历着深刻而复杂的变化，欧盟和中国是多极世界的重要行为体，在促进和平、繁荣和可持续发展、造福于人类方面负有共同责任。文件明确了中欧高度相互依存的关系，并进一步深化和拓宽了中欧的合作领域。文件确定双方开展合作的基本原则是在平等、尊重和信任的基础上，继续巩固和发展有利于双方的战略伙伴关系。就具体方式而言，双方通过中欧峰会、战略对话、高层经贸对话机制和高级别人文交流对话以及对口单位的定期会议和广泛的部门对话等多种方式，在和平与安全、繁荣、可持续发展以及人文交流领域展开合作。2016 年初，欧盟发布了新的对华政策文件，进一步强调了统一欧盟的对华政策，捍卫欧盟的整体利益，并且重新强调对华军售禁令作为对华武器出口的指导原则。

---

① Council of the European Union，"European Security Strategy A Secure Europe in a Better World"，https：//www. consilium. europa. eu/media/30823/qc7809568enc. pdf，p. 43.

② Council of the European Union，"Report on the Implementation of the European Security Strategy-Providing Security in a Changing World"，https：//www. consilium. europa. eu/ueDocs/cms _ Data/docs/pressdata/EN/reports/104630. pdf，pp. 2–7.

③ European External Service Action，"EU-China 2020 Strategic Agenda for Cooperation"，https：//eeas. europa. eu/archives/docs/china/docs/eu-china_ 2020_ strategic_ agenda_ en. pdf.

（二）欧盟新安全战略中有关中国的规定

2016 年的欧盟新安全战略指出"欧盟欢迎中国的重新崛起，相信中国参与全球事务对世界的稳定至关重要并继续鼓励中国在国际关系中扮演建设性角色"①。欧盟要在国内和国际上都尊重法治的基础上与中国进行接触，深化对中国的贸易和投资，寻求一个公平的竞争环境、推动知识产权保护和高端技术的更大合作，以及经济改革、人权和气候行动上的对话。此外，欧盟还将发挥中欧互联互通平台、亚欧会议和欧盟—东盟框架的潜力，对中国的互联互通的"一带一路"倡议采取协调一致的做法。

相比较而言，2016 年的欧盟新安全战略在论及美国时，欧盟强调其自身的"战略自主性"及"健康的"跨大西洋伙伴关系；论及俄罗斯时，认为俄罗斯已成为欧洲安全核心秩序的挑战者，处理对俄关系乃是"一个关键的战略挑战"。②

欧盟新安全战略对不同国家的不同表述表明，内外部重重压力下的欧盟与其他大国的关系正经历重要调整，而欧盟在对华关系问题上展现出了空前重视的态度，这也折射出中欧合作出现了新的机遇与挑战。

（三）欧盟新安全战略后欧盟的对华政策

2016 年，欧盟新安全战略出台之际，欧盟不仅基于自身所处的内外部环境对自身外交与安全做了全面规划，也专门就与中国的关系出台了两份重要文件：一是 2016 年 6 月 22 日欧盟委员会的《欧盟对华新战略要素》，③ 二是 2016 年 7 月 18 日，欧盟理事会发布的《欧盟对华战

---

① European External Action Service, "Shared Vision, Common Action: A Stronger Europe, A Global Strategy for the European Union's Foreign And Security Policy", June 2016, https://eeas. europa. eu/archives/docs/top_ stories/pdf/eugs_ review_ web. pdf, p. 41.

② European External Action Service, "Shared Vision, Common Action: A Stronger Europe, A Global Strategy for the European Union's Foreign And Security Policy", June 2016, https://eeas. europa. eu/archives/docs/top_ stories/pdf/eugs_ review_ web. pdf, pp. 22-33.

③ European Commission, "Elements for a New EU Strategy on China", https://eeas. europa. eu/sites/default/files/joint_ communication_ to_ the_ european_ parliament_ and_ the_ council_ -_ elements_ for_ a_ new_ eu_ strategy_ on_ china. pdf.

略的理事会决议》。① 2019 年 3 月，欧盟委员会和高级代表向欧盟理事会提交《中欧战略展望》②，进一步完善和更新了欧盟对华战略。2019年 4 月，欧盟和中国共同签署了年度《中欧领导人会晤联合声明》③ 为欧盟对华政策实践提供了指导。欧盟新安全战略出台后，在 2019 年《中欧战略展望》和《中欧领导人会晤联合声明》的指导下，欧盟对华战略正逐步现实、明确、细化、深入和连贯，中欧关系在竞争与合作中深入发展。2016 年以来欧盟对华政策文件主要包括以下三个方面。

1. 欧盟对中国和中欧关系的定位

2019 年，中国是欧盟仅次于美国的第二大贸易伙伴，欧盟为中国最大的贸易伙伴。在过去十年中，中国的经济实力和政治影响力以前所未有的规模和速度增长，欧盟不再把中国视为发展中国家，而视为一个关键的全球行动者和领先的科技强国。中欧关系是全面战略伙伴关系（Comprehensive Strategic Partnership），但是欧盟在不同的政策领域对中国有不同的定位：合作伙伴、谈判伙伴、经济竞争对手和制度竞争对手。

在与欧盟目标一致的领域，中国是欧盟的合作伙伴（cooperation partner），如气候变化、全球治理领域；在寻求利益平衡的领域，中国是欧盟的谈判伙伴（negotiating partner），如贸易领域；在高科技领域，中国是欧盟在追求技术领先地位的经济竞争对手（economic competitor）；在制度领域，中国是提倡另一套治理模式的系统性竞争对手（systemic rival）。欧盟需要针对不同的政策领域，对中国采取灵活务实的做法。④ 这要求欧盟与中国接触的工具和方式注重不同政策领域

① Council of the European Union, "EU Strategy on China", https：//data. consilium. europa. eu/doc/document/ST-11252-2016-INIT/en/pdf.

② European Commission, "EU-China—A Strategic Outlook", https：//ec. europa. eu/info/sites/default/files/communication-eu-china-a-strategic-outlook. pdf.

③ "Joint Statement of the 21st EU-China Summit", https：//eeas. europa. eu/sites/default/files/euchina-joint-statement-9april2019_ 1. pdf.

④ The European Commission, "Joint Report to the European Parliament and The Council：EU-China A Strategic Outlook", https：//eur-lex. europa. eu/legal-content/EN/TXT/PDF/？ uri = CELEX：52019JC0005, pp. 2-12.

和部门之间的联系，以便原则地捍卫利益和价值观，在实现其目标上发挥更大的影响力。

2. 欧盟视角下中欧合作应遵循的原则

欧盟和中国合作的基本前提是促进民主、法治、人权以及对《联合国宪章》和国际法的尊重，并在政治和经济关系中寻求互惠互利。①坚持的具体原则有：坚持与中国政治和经济上互利互惠；在坚持自身价值观和利益的原则下与中国开展切实、务实的合作；建设性地与中国处理分歧；坚持"一个中国"原则；欧盟及其成员国在单独或利用其他多边机制与中国进行合作时，必须团结一致并在遵守欧盟法律、法规和政策的基础上进行合作；②促进人权；欧盟对华政策的制定应充分考虑欧盟与美国等密切伙伴国的关系；期望中国承担起与其所获得的利益相一致的责任。③

3. 欧盟中国战略的具体目标

欧盟对中国的战略，主要有三个方面的目标：一是应在明确界定利益和原则的基础上，深化与中国的交往，促进全球共同利益；二是积极寻求更平衡和互惠的经济关系条件；三是根据不断变化的经济现实，在一些领域加强自身的国内政策和产业基础以保持欧盟的繁荣、价值观和社会模式。

## 二　欧盟对华政策实践

回顾欧盟对华政策文件和政策实践，可以发现，欧盟对中国的定位经历了长期伙伴关系—建设性伙伴关系—全面伙伴关系的演变。这一定位的变化也反映了欧盟对中国认知的变化：可改造的伙伴—无法改造的

---

①　Delegation of the European Union to China, "China and the EU", https：//eeas. europa. eu/delegations/china/15394/node/15394_ en.

②　European Commission, "EU-China—A Strategic Outlook", https：//ec. europa. eu/info/sites/default/files/communication-eu-china-a-strategic-outlook. pdf.

③　European Commission, "Elements for a New EU Strategy on China", https：//eeas. europa. eu/sites/default/files/joint_ communication_ to_ the_ european_ parliament_ and_ the_ council_ -_ elements_ for_ a_ new_ eu_ strategy_ on_ china. pdf, p. 5.

竞争对手—高度相互依存的全面竞争对手。欧洲中心主义在欧盟的认知中根深蒂固，欧盟为自己具有的规范性权力（normative power）而自豪。因此，2003 年欧盟安全战略出台之际，东扩后的欧盟信心满满，欧洲人试图拿改造东欧的模式来改造中国，其基本逻辑是与中国接触和经济合作，换取中国国内政治向欧洲所希望的方向发展。因此 2003 年，中欧双方致力于建设全面战略伙伴关系。

但 2006 年以后，欧盟开始视中国为竞争对手，并谋求对中国采取强硬政策。2009 年，欧洲对外关系委员会在其发表的对华政策报告中指出，欧盟自 1995 年以来采取的以经济利益换取中国政治改变的对华政策彻底失败了，应当转而对华采取更为强硬的政策，以捍卫欧洲的利益。[①] 但是，由于若干欧盟成员国的债务危机，以及成员国对华利益的复杂性、多样性而无法形成统一的对华政策，欧盟对华政策的变动暂时被搁置。在实践中，欧盟充分展示了其对华强硬政策的态度，导致 2016 年和 2017 年两次中欧领导人峰会因未能就争议问题达成协议而没有发表联合声明。2019 年，欧盟再次发表对华战略文件，将中国定位为具有四重身份的全面竞争对手。

新安全战略使战略自主与欧洲主权为欧盟机构及德国等成员国广泛接受，[②] 并被细分为技术主权（数字主权）、货币主权、防务主权，甚至健康主权、卫生主权等。在美国将货币和经济政策武器化，利用美元的霸权地位对欧洲进行长臂管辖，限制欧洲与伊朗正常的贸易关系，阻止 "北溪 2 号" 管道建设的背景下，推进欧洲主权建设，保护欧洲利益和自主决策能力就显得格外重要。从经济上看，欧洲的经济主权、数字或技术主权建设，目的是保护欧洲的所谓关键技术或关键基础设施，限制外国或外部企业对欧盟的经济、技术渗透，扶持欧盟本地的高科技

① Delegation of the European Union to China, "China and the EU", https：//eeas. europa. eu/delegations/china/15394/node/15394_ en.

② European Defense Agency, "A Strategy for the European Defense Technological and Industrial Base", Brussels, May 14, 2007; European Commission, "European Defense Action Plan", COM (2016) 950 final, Brussels, November 30, 2016.

企业发展，降低对外部技术的依赖。这种对欧洲经济进行全面保护的思想和观念已在欧洲占据主导地位，成为一种新的思维范式。在贸易方面，欧盟出台了新的贸易救济措施，扩大欧盟委员会在反倾销、反补贴方面的权力，推动进口替代政策；计划推出碳关税，对进入欧盟单一市场的所谓污染产品征收关税，这实际上也是欧盟一贯声讨的单边主义行为。从投资上看，欧盟强化了投资保护措施，政府干预企业并购的门槛越降越低，而且随意性增大。欧盟还制定新的产业战略，加大政府对经济的干预力度，包括鼓励产业回迁，建立欧洲电池联盟，打造欧洲电动汽车冠军企业，建设欧洲的云计算平台，等等。此外，为加强防御和保卫能力，更为有效地反击、反制外部对欧洲采取的地缘政治经济行动，欧盟也开始积极打造地缘斗争"工具箱"。欧盟委员会就声称要做一届"地缘政治的委员会"，欧盟高官也一再宣称要学会使用"权力的语言"，更多展示欧盟的力量，主要是利用欧盟全球最大单一市场地位，推广欧洲规制、理念，将气候、环保、劳工标准、公平贸易等条文纳入自贸谈判框架；制定《通用数据保护条例》（2018 年 5 月 25 日生效），正在制定新的"数字服务法案""数字市场法案"等，限制、规范大型高科技公司；欧盟委员会获得授权，制裁涉嫌违反欧盟网络安全法的外国公民和企业。2020 年 12 月 7 日，欧盟理事会通过一项全球人权制裁机制，对违反人权的个人、实体和机构实施资产冻结、旅行限制等制裁措施。① 上述种种措施表明，欧盟对自身的经济实力缺乏信心，越来越倾向于保守和保护主义的经济贸易政策。同时，以市场力量推广欧盟价值观的趋势也将愈加明显。欧盟一直将维护联盟的人权、法治等价值观作为其对外政策的总目标，并将普惠制待遇作为在伙伴国输出价值观的主要政策工具。随着欧盟对外输出模式能力的下降，欧盟对外政策日趋务实。但是随着内外身份危机的凸显，欧盟对外政策中开始强调所谓"模式竞争"，人权、民主等价值观问题在其对外贸易议程中的地位上升，冯德莱恩在其欧洲议程中明确指出贸易承载对外输出价值观的

---

① 金玲：《"主权欧洲"：欧盟向"硬实力"转型？》，《国际问题研究》2020 年第 1 期。

功能。

此外，欧洲认为，中国的继续崛起将无法阻挡，与美国实力将愈益接近，在亚太地区及全球的影响力将进一步提升。"欧洲不想被卷入中美冲突之中，在中美之间选边站队"，但这却是欧洲将不得不长期面对的现实。因此，欧盟尝试走"第三条道路"，即欧洲对外战略既不同于美国，也不同于中国；既与美国携手，又保持独立性；既对华防范，又与华合作。欧洲可以利用美国或通过与美国合作，达成自己的一些对华目标，在对华长期目标上，欧洲的目标是规范中国而不是遏制中国崛起，中国崛起很大程度上也有益于欧洲，因为中国市场是欧洲高质量汽车和机械产品以及奢侈品、旅游业的希望所在。所以，完全与美国绑在一起将严重损害欧洲自身利益，加强与中美两国的理解与合作，同时促进中美之间的理解与合作，降低中美对抗烈度，避免彻底选边美国。

总之，2016年新安全战略以来，欧盟对华政策陷入自我矛盾之中：一方面承认中国的崛起已成为现实，另一方面又不知道如何应对崛起的中国；一方面认为欧盟以往的对华政策行不通，另一方面又认为特朗普政府与中国脱钩方式不可行；一方面强调中国是制度上对欧盟构成全面威胁的敌手，另一方面又承认经济上彼此间的相互依存关系。这种自相矛盾的心态导致新安全战略下的中欧关系在各个领域呈现出既有合作又有竞争、既有机遇又充满挑战的局面。有些领域的合作机遇大于挑战，双方的共识和共同利益比较多，彼此相互依存；有些领域双方的分歧比较多，合作的挑战大于机遇；也还有些领域合作的机遇与挑战并存。

## 第二节 欧盟新安全战略下的中欧关系

中欧关系是一个矛盾统一体，中欧在某些方面有同一性，双方相互依存、互为条件、相互贯通。根据欧盟新安全战略及其后出台的关于中国的政策文件，中欧在全球治理、气候变化、传染病防控、维护国际和平与安全、生物多样性保护等领域存在广泛的共同利益，双方都是联合国框架下的重要的不可或缺的行为体，双方在上述领域的合作机遇多于挑战；但在经贸、海上安全等领域，欧盟与中国既有合作，又有分歧，在这些领域欧盟自身利益的实现往往伴随着对中国利益的平衡，因此，中欧在这些领域合作机遇与挑战并存；在高科技、网络空间、外层空间、新兴科技等领域，中国飞速发展成一个重要的科技力量，中欧在这些领域的合作挑战多于机遇。

## 一　中国作为欧盟的"合作伙伴"视角下的中欧合作

在多边主义、气候变化等领域，欧盟视中国为合作伙伴（cooperation partner），与中国存在较多的共同利益，但也并不意味着双方毫无分歧。

### （一）多边主义

在促进有效多边主义方面，欧盟致力于支持以联合国为核心的有效多边主义。因此，欧盟愿意与中国加强在联合国三大支柱（人权、和平与安全、发展）上的合作。

#### 1. 中欧在多边主义上的同一性

自第二次世界大战以来，美国一直是全球治理的重要支持者。但是2017 年初以来，美国总统特朗普奉行单边主义路线，引发国际社会对现有全球治理形式可持续性的质疑。[①] 在这样的背景下，欧盟新安全战略将全球治理确定为五大对外行动优先任务之一，从改革、投资、实施、深化、拓展、发展和伙伴关系七个方面阐述了欧盟参与全球治理的主张，支持推动建立一个强大的以联合国为基础的多边秩序，注重加强与联合国在建设和平事务上的协同作用。[②] 欧盟与中国在全球治理的目标与积极性上不谋而合：欧盟致力于维护以规则为基础的国际秩序。中

① Edward Newman and Benjamin Zala, "Rising Powers and Order Contestation: Disaggregating the Normative from the Representational", *Third World Quarterly*, Vol. 39, 2017, pp. 871-888.

② European External Action Service, "Shared Vision, Common Action: A Stronger Europe, A Global Strategy for the European Union's Foreign And Security Policy", June 2016, https://eeas.europa.eu/archives/docs/top_ stories/pdf/eugs_ review_ web.pdf, pp. 32-40.

国也表示致力于建立公平公正的全球治理模式。

其次，欧盟和中国在全球可持续发展和 2030 年议程方面有共同利益，双方都积极捍卫全球贸易体系和多边自由贸易协定。欧盟希望与中国建立对话，寻求协同作用，并进一步参与，提供实现可持续发展目标所需的大量资源。①

再次，联合国主持下的维和行动是中欧合作的又一领域，欧盟成员国是联合国维和预算的最大捐助国，中国是仅次于美国的第二大捐助国，因此在这一领域可以分享行动经验。自 2009 年以来，中欧双方在亚丁湾的反海盗行动进行了积极的合作，也于 2013 年在马里开展了合作，提高了这些地区的航运安全。

最后，在维护国际和平与安全方面，特别是区域安全方面，中国参与和支持《伊朗联合全面行动计划》是确保该协定全面有效执行的主要因素，欧盟也在积极推动《伊朗联合全面行动计划》的基础上，深化与中国在和平与安全领域的接触；在非洲地区，欧盟将以更大的力度促进该地区的稳定、可持续经济发展和尊重善政。在需求驱动、基于共同利益和理解的情况下，中国在非洲等对欧盟具有优先重要性的地区增加国际存在可以为三方合作和积极接触提供重大机遇。欧盟将鼓励中国通过实施二十国集团可持续融资操作指南、提高债务透明度和可持续性，并支持巴黎俱乐部继续努力接纳新兴市场债权人；在西巴尔干和欧盟的邻国，欧盟的主要利益在于更有效地推行其扩大和邻国政策，这正是为了加强其伙伴的复原力，确保充分遵守欧盟的价值观、规范和标准，特别是在法治、公共采购、环境、能源、基础设施和竞争。这涉及充分执行具有法律约束力的国际协定，并优先考虑扩大进程的有关谈判章节以更加有力地引导改革。为维护对伙伴国家稳定、经济可持续发展和善政的兴趣，欧盟将更加有力地运用现有的双边协议和金融工具，通过实施欧盟连接欧亚战略，与中国一道遵循同样的原则。在亚洲，中国

---

① European Commission, "EU-China—A Strategic Outlook", https://ec.europa.eu/info/sites/default/files/communication-eu-china-a-strategic-outlook.pdf.

在确保朝鲜民主主义人民共和国无核化方面发挥重要作用。欧盟还愿与中方一道，支持阿富汗未来和平进程和解决缅甸罗兴亚危机。

2. 中欧在多边主义上的分歧

尽管中欧在多边主义和全球治理方面具有共同利益，同一性是矛盾的主要方面，但也并不意味着两者毫无分歧。在欧盟看来，中国具备重塑区域和全球秩序、领导全球治理结构调整的野心和能力，因此欧盟将中国视为全球议程的塑造者和全球治理体系的改革者。[①] 中欧在多边主义与全球治理上的分歧主要表现在议题、路径、方法论和欧盟自身安全上。

首先，在议题设置上，欧盟认为中国将议题与国家优先事项协调起来，鼓励不同的多边机构设置重叠的议题。在欧盟看来，中国把全球基础设施建设放在经济发展战略的核心位置以解决国内的相关问题，在海外寻找新的商机，支持本国企业在该领域的国际化。因此，中国外交巧妙地将基础设施建设提上各种多边机制和非正式论坛的议程首位。基础设施建设和互联互通现在不仅是金砖国家议程的核心，也是 G20、亚投行以及所有与"一带一路"倡议有关的峰会和论坛的核心。而对欧盟而言，目前最紧迫的问题仍是移民、恐怖主义、气候变化等问题，新冠疫情之后，欧盟更多地关注生物多样性保护、传染病防控、疫苗分配、疫后经济的绿色可持续复苏等方面的议题。[②] 在外层空间和网络空间方面，欧盟也有一套不同于中国的多边治理机制和模式。

其次，从路径上看，欧盟认为尽管中国经常重申其改革全球治理的合法要求，以赋予新兴经济体更大的参与权和决策权，但中国支持多边主义的做法有时是有选择性的。有选择地维护某些准则而牺牲其他准则会削弱以规则为基础的国际秩序的可持续性。欧盟认为中国提出的"一带一路"倡议、亚洲基础设施投资银行的设立都是中国建立新的多

---

① Sven Biscop, "The EU Global Strategy: Realpolitik with European Characteristics", http://aei.pitt.edu/86895/1/SPB75.pdf, p. 4.

② European Commission, "EU-China—A Strategic Outlook", https://ec.europa.eu/info/sites/default/files/communication-eu-china-a-strategic-outlook.pdf.

边机构以实现其野心的重要举措。① 此外，中国还发起和巩固各种新的正式和非正式的多边合作机制网络，如 2012 年中国在欧盟邻近地区发展次区域合作机制，启动了与 16 个中东欧国家对话的国家合作机制模式。上述新的多边主义与全球治理路径将对欧盟的互联互通的方式（基础设施建设项目）和运作方式（与周边地区的对话和沟通渠道）产生影响。就欧盟而言，欧盟一方面通过中欧互联互通平台使得欧盟的投资计划与中国的"一带一路"倡议对接，并且通过亚欧会议和欧盟—东盟伙伴关系与中国展开多边合作；另一方面又不希望中国的多边主义新路径给欧盟内部造成分裂，这对中欧双方而言都将是一项复杂的外交活动。②

再次，从方法论上看，欧盟认为中国偏爱不具法律约束力的安排，否认普世价值的存在，大力强调国家主权和经济增长。③ 随着民族主义和保护主义在全球（尤其是在一些西方国家）的抬头以及人们对强国提供和维护国际公共产品的能力和意愿产生疑问，中国利用欧盟和美国在立场和做法上存在的潜在利益分歧以及与"分担负担"有关的严重冲突，加之 20 世纪中期成立的许多全球治理机构所确立的程序和规则与当代现实脱节，全球治理的许多工具反映了精英主导的"高级政治"的风气，许多多边安排有利于西方利益，而对世界其他地区的代表性不足。④ 在这样的背景下，中国在发展中国家面前对西方国家进行批评，⑤ 倡导推动改革以"西方"为主导的全球秩序。面对现有多边组织缺乏

---

① Balazs Ujvari, ed., "The EU Global Strategy: Going beyond Effective Multilateralism?", June 2016, https://core.ac.uk/download/pdf/76830807.pdf, p. 15.

② Sven Biscop, "The EU Global Strategy: Realpolitik with European Characteristics", http://aei.pitt.edu/86895/1/SPB75.pdf, pp. 3-5.

③ Balazs Ujvari, ed., "The EU Global Strategy: Going beyond Effective Multilateralism?", June 2016, https://core.ac.uk/download/pdf/76830807.pdf, p. 17.

④ Edward Newman and Benjamin Zala, "Rising Powers and Order Contestation: Disaggregating the Normative from the Representational", *Third World Quarterly*, Vol. 39, 2017, pp. 871-888.

⑤ Edward Newman, "The EU Global Strategy in a Transitional International Order", *Global Society*, Vol. 32, 2018, pp. 198-209.

改革和停滞不前，国际组织的信任遭到严重质疑的情况，① 如果欧盟希望继续推行其全球治理理念，欧盟需要回答和解决上述问题。②

最后，从欧盟自身安全的角度看，欧盟在南海仲裁案的问题上，明显对中国具有偏见，指责中国违反依照《联合国海洋法公约》发布的具有约束力的仲裁裁决，影响国际法律秩序，使解决影响到对欧盟经济利益至关重要的海上交通通道的紧张局势变得更加困难。③ 另外，中国日益增强的军事能力以及 2050 年前全面建成拥有技术和最先进武装力量的世界一流军队的目标，也是短期甚至中期的安全关切。可以预见，未来中国在南海及军队现代化方面的行动将会遭到包括欧盟在内的西方国家更大程度的联合打压。

（二）气候变化

1. 中欧在气候变化上的同一性

气候治理领域是欧盟对外政策的重点之一。长期以来，欧盟为推动全球气候治理做出重大努力。中国是世界上最大的发展中国家，是可再生能源的最大投资国。中国与欧盟就气候问题展开了多方面的合作，如双方建立"气候变化伙伴关系"，在清洁发展机制（Clean Development Mechanism, CDM）、可再生能源和碳捕获与储存（Carbon Capture and Storage）等方面开展了大量务实的合作。总体来说，中国与欧盟在气候领域内的合作经历了从欧盟向中国提供援助到双方共同合作的阶段，合作的内容也从单纯的开展环境合作扩展到城镇化和可持续发展等多个领域。伴随着中国与欧盟双方在气候领域的合作不断深化，双方在国际气

---

① Roberto Patricio Korzeniewicz and William C. Smith, "Protest and Collaboration: Transnational Civil Society Networks and the Politics of Summitry and Free Trade in the Americas", Paper presented at the XXIII International Congress of the Latin American Studies Association, Washington, DC, September 6–8, 2001, pp. 4–6; Joseph E. Stiglitz, "Globalism's Discontents", *The American Prospect*, Vol. 13, No. 1, 2002, pp. 1–14.

② Thomas G. Weiss, *What's Wrong with the United Nations and How to Fix It*, New York: John Wiley & Sons, 2016, pp. 23–49.

③ See Declaration by the High Representative on behalf of the EU on the Award rendered in the Arbitration between the Republic of the Philippines and the People's Republic of China of 15 July 2016.

候合作的立场也愈加接近。

2. 中欧在气候变化上的分歧

但是中国与欧盟在气候领域的合作也存在分歧。[①] 欧盟要求中国在 2030 年之前按照《巴黎协定》的目标，将排放量达到峰值；另外，欧盟认为中国的海外基建项目有些涉及在其他国家建设燃煤电站，这破坏了《巴黎协定》的全球目标；在清洁发展机制方面，欧盟不向中国转让环境友好产品的核心技术，且欧盟认为中国对于可持续发展没有充分理解，缺乏将经济发展、环境保护纳入整体框架的全球视野。此外，中国在碳捕获与储存方面的项目仍处于试验阶段，商业化面临着高成本、技术等各种障碍："中欧在该项目合作存在着技术创新、规章缺乏，以及中国能否获得相应设备等问题"[②]。最后，由于发展阶段不同，双方在国际气候谈判问题上也存在分歧。[③] 此次新安全战略明确提出增加气候融资，推动气候变化的国际合作，努力降低清洁能源成本，利用欧洲投资银行为发展中国家和中等收入国家提供技术援助。[④] 欧盟将在气候变化领域与中国展开对话，建立强有力的关系，加强在高科技领域合作，并加强在可持续金融方面的合作，引导私人资本流向更可持续和气候中立的经济。2020 年底双方原则上签署的《中欧全面投资协定》中也包括环境和气候方面的承诺以有效实施《巴黎协定》。随着中欧双方合作的深入，双方的分歧将逐渐缩小，共识逐步扩大，中欧正在成为推动建设国际气候治理统一框架的重要行为体。

---

[①] Torney, Diarmuid, "Challenges of European Union Climate Diplomacy: The Case of China", *European Foreign Affairs Review*, vol. 19, Special Issue, 2014, pp. 119-134.

[②] Giulia C Romana, "The EU-China Partnership on Climate Change: Bilateralism Begetting Multilateralism in Promoting a Climate Change Regime", http://www.europa.ed.ac.uk/_ _ data/assets/pdf_ file/0007/206890/Mercury-Paper-8.pdf, p. 19.

[③] 金玲：《欧盟对外政策转型》，世界知识出版社 2015 年版，第 210 页。

[④] European External Action Service, "Shared Vision, Common Action: A Stronger Europe, A Global Strategy for the European Union's Foreign And Security Policy", June 2016, https://eeas.europa.eu/archives/docs/top_ stories/pdf/eugs_ review_ web.pdf, p. 40.

### 二 中国作为欧盟的"谈判伙伴"视角下的中欧合作

在欧盟寻求平衡中国利益的领域，如贸易领域，欧盟视中国为谈判伙伴（negotiating partner），与中国既有合作又有分歧。

（一）中欧在经贸投资领域的同一性

欧盟和中国互为战略市场，中国日益增长的国内市场和经济实力创造了重要机遇。自中国改革开放和加入世界贸易组织以来，中国与欧盟在经贸领域开展了大量的合作，最直接的表现就是双方贸易额的快速增加以及经贸规模的不断扩大。可以说，今天的中国与欧盟已经形成了你中有我、我中有你的局面。作为全球重要的经济体，中国与欧盟之间的良性互动对世界经济的发展将产生积极的影响。反之，如果双方互不信任，相互拆台，不仅不利于双方经济的发展，也会给世界经济造成负面的冲击。自国际金融危机和欧洲危机爆发后，欧盟经济遭受重创，危机发生以来，欧盟面临着严峻的经济增长和就业形势，而且欧盟的经济低增长状态是结构性的，短期内难以克服。虽然欧盟采取了一系列措施促进经济发展，缓解经济增长和就业压力，但是效果并不明显。短时期内，欧盟和欧元区经济很难恢复到危机前的水平。再加上欧盟已有的僵化的劳动力市场和沉重的福利负担以及欧元区的制度缺陷，给本已经遭受重创的欧洲经济造成更大的压力。在这种情况下，仍然保持经济快速增长的中国对欧盟就显得比任何时候都要重要，① 可以说，中国的发展为欧盟经济复苏起重要作用。此次欧盟新安全战略将繁荣作为其对外行动的重要理念，也意味着欧盟将更加重视与中国深化在经贸领域的合作。

当前，中国积极推进的"一带一路"建设无疑为深化中国与欧盟的经贸关系提供了新的平台与机遇。欧洲是历史上丝绸之路的终点，也

---

① European Commission, "Elements for a New EU Strategy on China", https：//eeas. europa. eu/sites/default/files/joint_ communication_ to_ the_ european_ parliament_ and_ the_ council_ -_ elements_ for_ a_ new_ eu_ strategy_ on_ china. pdf, p. 3.

是今天"一带一路"建设的重要伙伴。在当前欧盟许多成员国面临债台高筑、投资短缺和失业等问题下,"一带一路"倡议可以为欧洲经济复苏提供重要的助力。"一带一路"倡议将会为中国和欧洲企业带来更多的投资和贸易机会,同时也有利于缓解欧盟内部经济紧缩的情况,为深化双方的经贸关系注入了强大的动力,这不仅有利于欧盟实现其繁荣,恢复经济实力,更将为中国与欧盟双方解决贸易赤字问题提供了新的途径。2020年底,《中欧全面投资协定》谈判完成,[①] 进一步发展了中欧经贸关系。协定涉及领域涵盖市场准入承诺、公平竞争规则、可持续发展和争端解决四方面内容。协定对标国际高水平经贸规则,首次为欧洲在中国的投资和中国在欧洲的投资建立一套统一的法律框架,提供更大的市场准入、更高水平的营商环境、更有力的制度保障,有利于进一步消除中欧双向投资壁垒,打造横跨欧亚大陆东西两端的投资循环圈,为中欧经贸投资领域打开更光明的合作前景。于中国而言,该协议有利于中国更深层次改革、更高水平开放服务经济社会发展大局,以制度优势应对风险挑战冲击,推动全面深化改革取得重大进展。

（二）中欧在经贸投资领域的分歧

中欧在经贸投资领域虽然有较多的共同利益,但是也并不意味着中欧在这一领域完全没有挑战。欧盟指责中国通过选择性的市场开放、许可证发放和其他投资限制,保护本国市场不受竞争;对国有和私营企业进行巨额补贴;关闭其采购市场;本地化要求,包括数据;在保护和执行知识产权和其他国内法律方面有利于国内经营者;限制外国公司获得政府资助的项目,作为进入中国市场的先决条件,欧盟运营商必须服从繁重的要求,例如与当地公司建立合资企业或向中国同行转让关键技术。金融服务业是缺乏对等市场准入问题特别严重的部门之一。尽管中国金融科技和在线支付公司、信用卡提供商、银行和保险公司正在扩大在欧盟的业务,但欧洲运营商却被拒绝进入中国市场。采购方面,欧盟

---

① European Commission, "EU and China Reach Agreement in Principle on Investment", https：//ec. europa. eu/commission/presscorner/detail/en/ip_ 20_ 2541.

认为其拥有一个开放的采购市场，是世界上最大的采购市场。但在公共采购市场日益全球化的同时，欧盟公司在获得在中国和其他外国市场的采购机会方面往往遇到困难，特别是在欧盟公司竞争激烈的行业（如运输设备、电信、发电、医疗设备和建筑服务）。基于此，欧盟委员会修订了国际采购文书①以增加欧盟在谈判互惠和市场开放方面的影响力，为欧盟企业创造新的机会。总之，在欧盟看来，中国越来越成为欧盟的战略竞争对手，中国日益增长的经济实力增加了全球经济因中国经济体系可能出现的突然经济衰退而出现负面外溢的风险。

基于这种认识，中欧在经贸投资领域的分歧也日益增加。这种分歧首先体现在欧盟近期综合利用贸易政策、竞争政策、产业政策工具出台一系列涉华单边经贸措施，如欧盟反倾销、反补贴条例、欧盟外资安全审查框架条例、欧盟外国补贴白皮书、欧盟外国补贴条例草案、欧盟国际采购工具立法草案、欧洲供应链立法，等等。2019 年 4 月生效的欧盟《外国直接投资甄别条例》② 将于 2025 年 11 月 20 日起全面实施。该条例有助于成员国查明外国投资对关键资产、技术和基础设施构成的安全风险并提高对这些风险的认识，从而集体确定和解决敏感部门收购造成的安全和公共秩序威胁。欧盟委员会 2021 年 2 月 18 日出台《欧盟贸易政策审议——开放、可持续和坚定的贸易政策》，该文件的出台旨在保持欧盟的竞争力和开放的战略自主。2021 年 4 月 30 日，欧洲议会出台关于新的欧中战略的报告草案再平衡中欧关系，③ 以应对来自中国的挑战，并提出六个支柱：对全球挑战展开公开对话、通过经济杠杆处理人权议题、分析威胁与挑战、与志同道合者建立伙伴关系、促进开放

---

① Amended proposal for a Regulation of the European Parliament and of the Council on the access of thirdcountry goods and services to the Union's internal market in public procurement and procedures supporting negotiations on access of Union goods and services to the public procurement markets of third countries, COM（2016）034 final, 29.01.2019.

② Proposal for a Regulation of the European Parliament and of the Council, setting up a Union regime for the control of exports, transfer, brokering, technical assistance and transit of dual-use items（recast）, COM（2016）616 final, 28.09.2016.

③ "Official Journal of thé European Union", https://www.europarl.europa.eu/meetdocs/2014_2019/plmrep/DELEGATIONS/D-CN/DV/2021/05-28/20210528_01_EN.pdf.

的战略自主、通过将欧盟转型为地缘战略行为体，捍卫欧洲核心利益与价值观。此外，欧盟还出台了新的产业政策战略，① 围绕对欧盟产业竞争力和战略自主性至关重要的战略价值链，以促进产业跨境合作，如欧盟人工智能协调行动计划②和欧洲电池联盟项目③等倡议。在欧洲人工智能战略④旨在最大限度地发挥投资的影响，帮助欧洲成为开发和部署尖端、道德和安全人工智能的世界领先地区。具体手段是通过增加投资、提供更多数据、培养人才和确保信任；欧洲电池联盟项目注意确保原材料的可靠供应和稀土的获取，旨在在欧洲创造一个具有竞争力、可持续性和创新性的电池"生态系统"，覆盖整个价值链。电池是能源储存和清洁移动的关键，对欧盟工业的现代化具有重要的战略意义；地平线欧洲计划⑤包括利用成果的明确规则和允许有效地相互获得研究和发展资金，旨在保持欧盟的全球研究和创新的前沿地位。

　　历经八年谈判，欧盟和中国于 2020 年 12 月就《中欧全面投资协定》原则上达成一致，为双方投资者提供更大的市场准入，并通过国家间争端解决机制来保障协定的执行。总体上看，如果中欧双方都将从该协定中获得可观的经济利益，维持开放和可预测的世界贸易体系的前

---

　　① Communication from the Commission to the European Parliament, the European Council, the Council, the European Economic and Social Committee, the Committee of the Regions and the European Investment Bank-Investing in a smart, innovative and sustainable Industry-A renewed EU Industrial Policy Strategy, COM (2017) 0479 final, 13. 09. 2017.

　　② Communication from the Commission to the European Parliament, the European Council, the European Economic and Social Committee and the Committee of the Regions-Coordinated Plan on Artificial Intelligence, COM (2018) 795 final, 7. 12. 2018.

　　③ Communication from the Commission to the European Parliament, the Council, the European Economic and Social Committee and the Committee of the Regions-Europe on the Move Sustainable Mobility for Europe: safe, connected and clean, Annex 2 Strategic Action Plan on Batteries, COM (2018) 293 final, 17. 05. 2018.

　　④ Communication from the Commission to the European Parliament, the European Council, the European Economic and Social Committee and the Committee of the Regions-Artificial Intelligence for Europe, COM (2018) 237 final, 25. 4. 2018.

　　⑤ Proposal for a Regulation of the European Parliament and of the Council establishing Horizon Europe-the Framework Programme for Research and Innovation, laying down its rules for participation and dissemination, COM (2018) 435 final, 07. 06. 2018.

景将得到改善。然而，2021 年 5 月 20 日，欧洲议会却通过了关于中国对欧盟实体、欧洲议会议员和成员国议员的反制裁措施决议，以《中欧全面投资协定》为杠杆（要挟），干涉别国内政。上述种种政策措施表明，在百年未有之大变局下，欧盟已从贸易战转向科技战、法律战、产业政策战，贸易规则出现价值观政治化倾向，《中欧全面投资协定》能否通过，将考验欧洲的所谓战略自主是否真的自主，欧盟的一系列单边措施将事实上增加中国对欧投资的难度。事实上，《中欧全面投资协定》对中国在欧资本的意义有限，《中欧全面投资协定》若通过，中欧关系得到法律上的保障，市场开放，对话与竞争放在法律框架之下，中国与欧盟获得战略胜利；若未通过，中国的改革开放进程不会停滞，中国资本留在国内或者转向其他大陆，也有利于中国反制裁体制的法制化。2021 年 6 月 10 日全国人民代表大会常委会通过《中华人民共和国反外国制裁法》就是中国反制裁体制法制化的重要表现。

中欧在经贸领域的另一个分歧是如何处理欧盟与中东欧 16 国的特殊关系。① 自中国—中东欧国家合作机制建立以来，欧盟便疑虑重重，欧盟担心尚未加入欧盟的西巴尔干国家"选中弃欧"和已经入盟的中东欧国家"亲中疏欧"。欧盟猜测中国试图"分裂欧洲"，组成另一个"中东欧集团"。此外，克里米亚危机和乌克兰危机的相继发生，引发了中东欧国家尤其是其中 11 个欧盟成员国对本国安全的极大关切和焦虑。这不仅是因为该地区的一些国家与乌克兰接壤以及能源和农产品的供应受到危机的影响，更重要的是，这些苏联的加盟共和国对俄罗斯怀有深刻的历史记忆，并害怕再次受到俄罗斯的影响。因此，克里米亚和乌克兰的危机对欧洲，特别是对中东欧有巨大的影响，危机改变了中东欧国家对区域安全形势和俄罗斯地缘政治意图的判断。而中国在乌克兰危机的态度行动招致部分中东欧国家的不满，如波兰公开指出，中国在

---

① 截至 2023 年，中东欧 16 国中除了阿尔巴尼亚、波黑、北马其顿、黑山、塞尔维亚五国外，都已先后加入欧盟，而且这五国都与欧盟签署了《稳定与联系协议》。黑山与塞尔维亚已经开启了入盟谈判，北马其顿与阿尔巴尼亚已成为正式候选国，波黑为潜在欧盟成员候选国。

乌克兰危机上可以做更多，中国应该重视波兰的安全利益。由于中国和俄罗斯是全面战略合作伙伴关系，这被许多西方媒体视为某种"盟友"①。可以说，乌克兰危机的发生，改变了中东欧国家对本国利益的关注重点，维护本国安全，共同应对俄罗斯所造成的地缘政治恐慌成为这些国家突出的关注点。欧盟出台的 2016 年新安全战略，以构建周边地区的复原力为核心，注重采取应对冲突和危机的综合性办法，突出构建欧盟应对安全挑战的"硬实力"，强调欧盟成员国应加强在防务和安全领域的合作，以解决面临的共同外部安全问题。这表明，欧盟将会对因乌克兰危机引起的对本国安全形势巨大担忧的中东欧国家提供必要的安全援助与支持，这也在一定程度上填补了当前中东欧国家在保护本国安全上的"短板"，进一步加大中东欧国家对欧盟的相互依存程度，使得中国所提出的一些建设项目因欧盟强调安全而流产，对中国—中东欧国家合作机制产生负面影响。

其次，西方学者用"机会之窗"② 来分析在中国与中东欧国家合作机制，该观点认为中东欧与中国的合作只是当前国际和国内经济形势的暂时结果。经过二十多年的社会改革后，大多数中东欧国家积极拥护欧洲一体化，寻求早日加入欧盟，并强烈依赖于欧盟西方经济。对于中东欧国家而言，欧盟已成为其投资、跨境贷款和进口的主要来源和其重要的出口市场。然而，随着国际金融危机和欧洲债务危机的爆发，欧元区的经济萧条对中东欧国家的经济造成了严重打击，这使得寻找新的可持续增长来源成为中东欧国家当前的迫切任务。在这种情况下，中国成为了重要的合作伙伴。然而，根据这一观点，"欧洲化"仍然是这些国家的战略优先事项。因此，一旦欧盟从债务危机中恢复，进口需求扩大，中东欧国家将会寻求进一步加强与欧盟的合作，随之而来的则是"机

---

① Jaime A. Flor Cruz, Paul Armstrong, "Russia May Find Ally in China—Albeit a Passive One for Now", http：//edition. cnn. com/2014/03/05/world/asia/china-russia-ukraine-analysis/.

② Long Jing, "Cooperation between China and CEE Countries：Features, Significance and Prospect", April 19, 2015.

会之窗"将会关闭。① 此次欧盟新安全战略的核心在于建立一个更强大的欧洲，并在经济领域采取许多措施以重整欧洲经济。同时，欧盟以成员国共同面临的安全问题为抓手，重塑欧盟的凝聚力也是该战略的重要内容。因此，随着该战略的实行，"机会之窗"效应也将会逐步减退，这将直接影响中国—中东欧国家合作机制的深入推进。

最后，欧盟把与中国在经贸领域的双边分歧，扩展到了多边层面。强调将气候变化、可持续性金融、鼓励私营部门投资和设置劳工标准融入到第三国的投资；通过在国际论坛上与中国合作升级规则，在双边谈判中取得决定性进展，或利用一系列贸易防御工具等工具。例如，为了在财政上支持欧盟的目标并促进私营部门的投资，欧盟将与其他国家在下一个多年期金融框架的外部行动工具达成快速协议，包括加入前的文书②及其与欧洲可持续发展基金援助的邻里、发展和国际合作文书等③。再如，欧盟连接欧洲和亚洲的战略使欧盟能够与包括中国在内的第三国在运输、能源和数字互联互通方面进行合作，有利于促进基于跨欧洲运输网络政策④原则的可持续运输。欧盟参与互联互通的关键原则是金融、环境和社会可持续性、透明度、公开采购和公平竞争环境。

### 三　中国作为欧盟的"经济竞争对手"视角下的中欧合作

在高新技术领域、外层空间、网络空间等领域，欧盟视中国为其追求技术领先地位上的经济竞争对手（economic competitor），与中国展开无硝烟的战略竞争。

---

① Shehu Hassan, "Is China-CEEC Cooperation Truly a Role Model?", https：//punchng. com/is-china-ceec-cooperation-truly-a-role-model/.

② Proposal for a Regulation of the European Parliament and of the Council establishing the Instrument for Pre-accession Assistance（IPA III）, COM（2018）465 final, 14. 06. 2018.

③ Proposal for a Regulation of the European Parliament and of the Council establishing the Neighbourhood, Development and International Cooperation Instrument, COM（2018）460 final, 14. 06. 2018.

④ Joint Communication to the European Parliament, the Council, the European Economic and Social Committee, the Committee of the Regions and the European Investment bank on Connecting Europe and Asia-Building blocks for an EU Strategy, JOIN（2018）31, 19. 09. 2018.

（一）高新技术领域

包括人工智能、量子计算、大数据、5G、6G 和生物技术在内的新兴技术正在越来越多的国家为国防和社会现代化铺平道路，尤其是在美国、俄罗斯、中国等国。以 6G 为例，6G 提供了更高的数据速率、带宽，以及更低的延迟，有利于促进向智能城市、智能交通、智能健康、全息服务和普及 XR（交叉现实）、工业自动化、应急响应、军事行动（如传感器融合）和医疗保健（如远程手术）等领域更全面地发展。

控制新技术（包括硬件和相关软件及算法）的竞争，以及利用这些技术获得优于其他国家的地位变得日益重要。近年来，美国加大了对中国技术出口的限制，从科技上围堵中国。① 而欧洲在高科技领域的竞争优势却开始下滑，欧洲的数字脆弱性（特别是在国防领域）正成为地缘政治的一个重要因素，影响欧洲与美国及与韩国等其他先进 5G/6G 国家的合作，影响欧盟的国际影响力和政治自主权。② 欧洲的数字和人工智能技术发展差距和日益加深的跨大西洋数字鸿沟③也可能会波及国防部门，④ 削弱军事"互操作性"和威慑力，甚至使欧洲转变为"数字殖民地"，从而危及欧盟新安全战略所提出的目标。

在这一背景下，欧盟委员会发表声明，强调欧盟必须在国防、航天、移动网络（5G 和 6G）以及量子计算等具有重要战略意义的领域确立"技术主权"。⑤ 欧盟认为数字化是一个转型过程，可能会改变欧洲

①　Council of the European Union，"EU Action to Strengthen Rules-based Multilateralism"，https：//data. consilium. europa. eu/doc/document/ST-10341-2019-INIT/en/pdf.

②　Daniel Fiott，"Uncharted Territory? Towards a Common Threat Analysis and a Strategic Compass for EU Security and Defense"，https：//www. iss. europa. eu/sites/default/files/EUISSFiles/Brief%2016%20Strategic%20Compass_ 0. pdf，pp. 2-4.

③　S. Simona R. Soare，"Digital Divide? Transatlantic Defense Cooperation on Artificial Intelligence"，https：//www. iss. europa. eu/sites/default/files/EUISSFiles/Brief% 203% 20AI _ 0. pdf，pp. 7-8.

④　Simona R. Soare，"Digital Divide? Transatlantic Defense Cooperation on Artificial Intelligence"，https：//www. iss. europa. eu/sites/default/files/EUISSFiles/Brief% 203% 20AI _ 0. pdf，p. 2.

⑤　Gustav Lindstrom，"What If. . . European Delays in 5G Shortchange the Parth towards 6G?"，in Florence Gaub，ed. ，What If. . . Not? The Cost of Inaction，https：//www. iss. europa. eu/sites/default/files/EUISSFiles/CP_ 163. pdf，pp. 10-12.

人的生活方式以及他们如何规划未来的战争和冲突。① 外国在战略部门的投资、在欧盟收购关键资产、技术和基础设施、参与欧盟标准制定和关键设备的供应，都可能给欧盟的安全带来风险。这对于关键的基础设施尤其重要，比如对欧盟未来至关重要、需要完全安全的 5G 网络。5G 网络将为社会和经济提供未来的支柱，连接数十亿个物体和系统，包括关键部门的敏感信息和通信技术系统。5G 网络中的任何漏洞都可能被利用，从而危害这些系统和数字基础设施，可能造成非常严重的损害。因此欧盟出台一系列加强应对网络攻击，使欧盟能够在保护其经济和社会方面采取集体行动的法律和政策文件，包括《网络和信息安全指令》②《网络安全法案》③ 和《欧洲电子通信法典》④ 等。欧盟委员会也根据欧盟理事会的建议，在协调欧盟的风险评估和风险管理措施、有效合作和信息交流框架以及涵盖关键通信网络的联合态势感知的基础上，出台欧盟共同应对 5G 网络安全风险的法律和政策。此外，2019 年 3 月 8 日，欧盟委员会和高级代表提议建立横向制裁制度，使欧盟能够对威胁欧盟、欧盟成员国及其公民的完整性和安全的"重大影响"的网络攻击迅速反应。该制度覆盖全球，不论网络攻击是在何处发起，也不论这些攻击是由国家还是非国家行为体发起，欧盟可以灵活反应而实施制裁。欧盟通过支持多边努力，特别是在 G20 框架内，在对个人数据进行强有力的隐私保护的基础上，促进自由和安全的数据流动。

---

① Daniel Fiott, Digitalizing Defense, Protecting Europe in the age of quantum computing and the cloud, https：//www. iss. europa. eu/sites/default/files/EUISSFiles/Brief%204%20Defence. pdf, pp. 2–6.

② Directive (EU) 2016/1148 of the European Parliament and of the Council of 6 July 2016 concerning measures for a high common level of security of network and information systems across the Union, OJ L 194, 19. 7. 2016, p. 1.

③ Proposal for a Regulation of the European Parliament and of the Council on ENISA, the "EU Cybersecurity Agency", and repealing Regulation (EU) 526/2013, and on Information and Communication Technology cybersecurity certification ("Cybersecurity Act"), COM (2017) 0477 final, 13. 09. 2017.

④ Directive (EU) 2018/1972 of the European Parliament and of the Council of 11 December 2018 establishing the European Electronic Communications Code, OJ L 321, 17. 12. 2018, p. 36.

随着科技竞争的加剧，全球信息与安全技术生态系统出现潜在分歧的可能性也在增加，一方面是与美国结盟的所谓的自由民主国家，另一方面是依赖中国信息与通信技术的国家。[①] 中国正在整合技术和服务加快推动数字丝绸之路的建设。而欧洲在寻求科技自主的同时，也同美国一同对中国进行科技封堵。欧洲对华科技政策已经开始出现美国化迹象，比如限制与中国的高科技合作；阻止中国资本在欧盟国家的并购；排斥华为 5G；对一定程度、一定范围内的脱钩接受度上升，打造所谓"闭环"产业链，鼓励企业回迁；对中欧之间的学术往来疑虑上升，也开始设置障碍；等等。欧美之间在数字科技、绿色经济等关键领域虽然也有分歧，但在阻止中国科技进步方面有共同诉求，预计未来欧美在相关领域的规则、标准制定等方面的合作会更加密切，而中欧在科技领域的务实合作将会面临更多障碍。

（二）外层空间

任何应对地缘政治竞争、军事威胁、危机管理、气候变化、失败国家、全球化和关键供应和通信的措施都需要强大的空间成像、监视、跟踪、通信、定位和导航能力。外层空间日益成为各国展开激烈较量的战略空间。欧盟是外层空间的重要行为体和空间战略的重要推动者。欧盟理事会 2020 年 11 月 11 日出台决议《欧洲在制定全球空间经济关键原则方面的贡献》，强调促进欧洲空间自主、[②] 安全和恢复能力；加强欧洲空间合作，包括绿色和数字过渡可持续性；建立具有全球竞争力和强大的欧洲空间经济，并支持欧盟从新冠疫情危机中复苏。[③]

未来 5—10 年，随着印度、俄罗斯和美国等传统和新兴的航天大国

---

[①] Meia Nouwens, "China's Digital Silk Road: Integration into National IT Infrastructure and Wider Implications for Western Defense Industries", https://admin.govexec.com/media/china_digital_silk_road_-_iiss_research_paper.pdf, pp.4-7.

[②] Daniel Fiott, "Securing the Heavens How can space support the EU's Strategic Compass?", https://www.iss.europa.eu/sites/default/files/EUISSFiles/Brief_9_2021_0.pdf, pp.7-8.

[③] Council conclusions "Orientations on the European Contribution in Establishing Key Principles for the Global Space Economy", https://www.consilium.europa.eu/en/press/press-releases/2020/11/11/key-principles-for-the-global-space-economy-eu-council-adopts-conclusions/pdf.

将越来越多地利用太空来巩固其军事实力，外层空间也有军事化的风险。① 基于此，欧盟也出台了有关欧盟空间防务的《战略指南针》，提高欧盟对空间安全与防务的可见性和重要性。②

中欧未来在外太空和平利用与外太空防务等领域将存在合作机遇与挑战。

（三）网络空间

网络空间也应是中欧未来合作的重点，鉴于网络信息技术在促进经济、政治和社会活动方面日益增加的利益，③ 加强中欧双方在反对利用网络从事经济间谍活动和国家网络法等问题上的合作是必要的。此外，中欧还将共同努力促进在联合国框架内制定和执行国际公认的网络空间负责任国家行为准则，打击网络空间恶意活动，以及知识产权保护方面的合作。

但是中欧在网络空间也存在分歧。例如，在网络空间治理模式上，中国认为网络空间受国家主权管辖，各国应彼此尊重网络空间主权。而欧盟认为无国界、多层次的互联网已经成为在没有政府监督和监管的情况下推动全球进步的有力工具之一。中国主张和平利用网络空间，而欧盟强调在网络军事化方面提早布局，在网络空间武器化上，网络冲突的复杂性使设计有效、有针对性的冲突预防工具变得困难。④ 欧盟希望通过将传统的冲突预防工具与欧盟网络外交工具箱相结合，在防止冲突升级或爆发方面起带头作用。⑤ 在欧盟领导的共同安全与防卫政策行动

---

① Azcúrate Ortega, A., "Placement of Weapons in Outer Space: The Dichotomy between Word and Deed", Lawfare, https://www.lawfareblog.com/placement-weapons-outer-space-dichotomy-between-word-and-deed.

② Daniel Fiott, "Securing the Heavens How can space support the EU's Strategic Compass?", https://www.iss.europa.eu/sites/default/files/EUISSFiles/Brief_9_2021_0.pdf, pp. 1-3.

③ European Strategy and Policy Analysis System, "Global trends to 2030, challenges and choices for Europe", https://espas.secure.europarl.europa.eu/orbis/sites/default/files/generated/document/en/ESPAS_Report2019.pdf, p. 42.

④ Council of the European Union, "Narrative Paper on an Open, Free, Stable and Secure Cyberspace in the Context of International Security", https://data.consilium.europa.eu/doc/document/ST-9916-2017-INIT/en/pdf.

⑤ Patryk Pawlak, Eneken Tikk, and Mika Kerttunen, "Cyber Conflict Uncoded The EU and Conflict Prevention in Cyberspace", https://www.iss.europa.eu/sites/default/files/EUISSFiles/Brief%207_Cyber.pdf, p. 3.

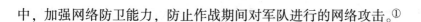

中，加强网络防卫能力，防止作战期间对军队进行的网络攻击。①

### 四　中国作为欧盟的"系统性竞争对手"视角下的中欧合作

在制度领域，欧盟视中国为提倡另一套治理模式的系统性竞争对手（systemic rival）。

促进和保护人权仍然是欧盟对外行动的基石和优先事项。② 2020 年 11 月 17 日，欧盟理事会通过了《2020—2024 年欧盟人权与民主行动计划》，其中规定了欧盟在与所有第三国关系中在人权方面的关注和优先事项。③ 此外，欧盟还通过决议建立全球人权制裁制度。针对世界范围内严重侵犯人权和虐待的行为，对负责、参与或与之相关的个人、实体和机构包括国家和非国家行为者实施制裁。这种限制性措施将采取对个人实行旅行禁令、冻结适用于个人和实体的资金、禁止欧盟的个人和实体直接或间接向所列人员提供资金等限制。

近两年来，中欧在人权领域的分歧日益突出。2019 年欧盟发布的人权与民主年度全球报告指出，2019 年中国虽然在经济和社会权利方面取得了进展，但公民权利和政治权利仍然受到严峻挑战。中国认为世界上没有发展人权的普遍道路。人权事业作为各国经济社会发展的重要内容，必须根据本国国情和人民的需要来推动，不能以单一的权威来界定。④ 而欧盟认为人权是普遍适用的法律规范，⑤ 指责中国的做法和人权观违背了人权的普遍性和不可分割性原则。在具体行

---

①　Daniel Fiott, "The Cyberization of EU Defense", https：//www. iss. europa. eu/sites/default/files/EUISSFiles/Alert%2024%20Cybridisation%20of%20defence. pdf.

②　Alice Ekman, "What if … We Avoid Wordplay with China", in Florence Gaub, ed. , *What If…? 14 Futures for 2024*, https：//www. iss. europa. eu/sites/default/files/EUISSFiles/CP_157. pdf, pp. 14−18.

③　"EU Adopts a Global Human Rights Sanctions Regime", https：//www. consilium. europa. eu/en/press/press-releases/2020/12/07/eu-adopts-a-global-human-rights-sanctions-regime/.

④　China's National report for the Universal Periodic Review to the UN Human Rights Council, November 2018.

⑤　Council of the EU, EU Strategic Framework and Action Plan on Human Rights and Democracy, June 2012.

动上，欧盟通过联合国人权理事会、联合国大会等多边机构非常局限和主观地批评中国的人权状况。欧盟还要求中国遵守其国际义务，批准《公民权利和政治权利国际公约》，尊重宗教或信仰自由和言论自由，以及少数民族的权利。针对 2020 年 6 月 30 日，十三届全国人民代表大会常务委员会第二十次会议表决通过的《国家安全法》，欧盟理事会采取的主要行动包括暂停六个欧盟成员国①的引渡协议；欧盟成员国主管部门对香港最终出口产品的严格审查；欧盟和成员国驻香港外交代表协调出席观察民主积极分子的听证会；加强与民间社会组织的联系;② 以及保护线上与线下言论自由的权利;③ 等等。总之，2020 年以来，欧盟以中国国内的人权状况为理由，单方面对中国的某些个人和机构进行制裁，粗暴干涉了中国内政，迫使中国不得不采取反制裁措施，双方关系进而跌入低谷。欧盟近年来通过人权问题捆绑贸易问题以平衡中国利益和对中国施压的趋势越来越明显，中欧关系未来将在人权领域出现更大分歧。

此外，中欧在科学研究与创新、数字经济领域合作、推动以知识为基础的创新驱动型经济模式等高科技领域以及促进中欧人文交流繁荣发展、创新文化产业和旅游业等方面也有新的合作机遇。

## 第三节　欧盟新安全战略下中欧合作展望

欧盟新安全战略最突出的特点是强调实用主义，这意味着欧盟对中国的政策也将更加务实。在后疫情时代，欧盟近期出台的一系列政策和

---

① 中止与香港的引渡条约的国家有德国、法国、爱尔兰、荷兰、芬兰和意大利。

② The European Commission, "Joint Report to the European Parliament and The Council Hong Kong Special Administrative Region: Annual Report for 2020", https://eeas.europa.eu/sites/default/files/join_ 2021_ 6_ f1_ report_ from_ commission_ en_ v5_ p1_ 1158577. pdf, pp. 2-6.

③ Delegation of the European Union to China, "China: Statement by the Spokesperson on the BBC Ban", https://eeas.europa.eu/delegations/china/93092/node/93092_ en.

战略，为新安全战略下中欧未来的合作提供了指引，也从侧面揭示了未来中欧合作的空间、机遇和挑战。

## 一　中欧合作与分歧的领域将拓宽

在新冠疫苗的分配与疫后复苏方面，欧盟推出疫后绿色恢复计划，① 涉及公共卫生、交通基础设施和能源/脱碳领域，② 提倡新冠疫苗、治疗方法及药物成分可以自由跨境；鼓励生产者扩大生产，确保向最需要疫苗的中低收入国家提供他们负担得起的疫苗；促成在世界贸易组织现有的《与贸易有关的知识产权协议》内使用强制许可。③

在气候韧性治理上，欧盟发布《欧盟适应气候变化战略》，承诺欧盟及其成员国将在提高适应能力、增强韧性和减少对气候变化的脆弱性方面不断取得进展，把重心从规划转为实施，加强适应规划和气候风险评估，加速更智慧、更迅速和更系统的适应行动，建设气候韧性社会。④ 中国近年来在节能减排上取得了显著的成就。未来，欧盟将着眼于对中国向外的基础设施投资施加限制，要求中国"从煤炭着手，停止在第三方国家为基于化石资源的能源供应提供融资"⑤。

在生物多样性保护上，生物多样性是生命的支柱，对于保护健康、确保经济可持续发展和应对气候变化至关重要。2020 年 5 月 20 日，欧

---

① European External Service Action, "UN Security Council: Speech by the High Representative/Vice-President Josep Borrell on Cooperation with Regional Organizations", https://eeas. europa. eu/headquarters/headquarters-homepage/99887/un-security-council-speech-high-representative vice-president-josep-borrell-cooperation_ en.

② Julia Gruebler, "Reshaping Trade Ties with China in the Aftermath of COVID-19", https://wiiw. ac. at/reshaping-trade-ties-with-china-in-the-aftermath-of-covid-19-dlp-5606. pdf, pp. 21-26.

③ Delegation of the European Union to China, "EU Proposes a Strong Multilateral Trade Response to the COVID-19 Pandemic", https://eeas. europa. eu/delegations/china/99768/node/99768_ en.

④ European Commission, "Forging a climate-resilient Europe-the new EU Strategy on Adaptation to Climate Change", https://ec. europa. eu/clima/sites/clima/files/adaptation/what/docs/eu_ strategy _ 2021. pdf.

⑤ Delegation of the European Union to China, "China carbon neutrality in 2060: a possible game changer for climate", https://eeas. europa. eu/delegations/china/87431/node/87431_ en.

盟委员会通过了一项关于 2030 年欧盟生物多样性战略的提案,① 明确生物多样性是欧盟对外行动的优先事项,欧盟将通过"绿色协议外交"在双边和多边交往中将生物多样性纳入主流,加强与合作伙伴的合作,增加支持和资金投入,并逐步取消对生物多样性有害的补贴,确保其合作伙伴从有利于生物多样性的贸易中获益。此外,欧盟还将打击环境犯罪,解决生物多样性丧失的驱动因素。② 未来,中国的对外投资和贸易也需要考虑和评估纳入生物多样性因素的影响。

在海上安全与海洋环境保护上,欧盟 90% 的对外贸易和 40% 的内部贸易是通过海运进行的。安全可靠的海洋对自由贸易、欧盟经济和生活水平至关重要。欧盟新安全战略提出海上多边合作制度化,③ 发挥欧盟作为全球海上安全提供者的作用,加强欧盟的海上存在,促进国际合作和海上法治。④ 目前,欧盟已采取两个海上行动,一个是执行联合国安理会对利比亚实施的武器禁运并阻止该国非法出口石油,协助破坏人口走私和贩运网络的地中海"伊里尼行动";另一个是打击索马里海盗和在非洲之角附近实施海上武装抢劫的西印度洋亚特兰大欧盟海军行动,⑤ 此外,欧盟还将继续与伙伴国家和区域组织合作,采取措施保护和可持续利用敏感的海洋生态系统和物种,继续支持小岛屿发展中国家和其他相关伙伴国参加区域和全球组织机构的会议,打击过度捕捞行为,资助研究深海采矿活动的影响和环保技术。欧盟在海上安全与海洋保护上的立场,有些与中国存在共同利益,有些则可能产生分歧,特别是欧盟的印太战略和在南海地区加强军事安全行动,将对中国产生较大

① "Biodiversity: How the EU Protects Nature", https://www.consilium.europa.eu/en/policies/biodiversity/.

② EU biodiversity strategy for 2030 Bringing Nature back into out lives, COM (2020) 380final, 2020. 5. 20.

③ Samir Saran, Eva Pejsova, Gareth Price, Kanchi Gupta, John-Joseph Wilkins, "Prospects for EU-India Security Cooperation", pp. 27-35.

④ "Maritime Security: EU Revises Its Action Plan", https://www.consilium.europa.eu/en/press/press-releases/2018/06/26/maritime-security-eu-revises-its-action-plan/.

⑤ "Why the EU needs to be a global maritime security provider", https://eeas.europa.eu/headquarters/headquarters-homepage/92123/why-eu-needs-be-global-maritime-security-provider_ en.

的影响。

## 二　中欧之间的规制性竞争可能会加剧

规则是欧盟新安全战略中的高频词汇，涉及经贸、海洋、网络空间、能源、知识产权、气候、环境、高科技以及全球治理等多个方面。在中国提出要积极参与网络、深海、极地、空天等新领域国际规则制定的背景下，中国与欧盟在规则上虽然可开展合作，但是也将面对不可避免的摩擦。长期以来，为了实现更加平衡和互惠的经济关系，欧盟试图推动其规则体系成为国际规则的基础，包括改革世界贸易组织，特别是在补贴和强制技术转让方面，意图加强在规则领域对中国的"规制"，以确保欧盟的竞争优势。在欧盟新安全战略强调务实和重整欧盟经济的背景下，经贸、技术合作、人权、环境保护等可能再次成为双方关系中的重要因素，中欧双方的摩擦和规制性压力也将集中在上述领域。

由于中国巨大的市场潜力以及日益增强的经济实力，加上中国崛起对欧盟造成的竞争压力，欧盟强调的规则制定在很大程度上都间接指向中国。中欧在经贸和技术合作领域内的规制性压力和摩擦将集中在贸易赤字、市场准入、知识产权保护和人民币汇率等问题上。中欧经贸领域的贸易赤字问题，在多数情况下，将会成为欧盟推动中国市场进一步开放的工具。此外，在中国深化改革和进行产业优化升级的过程中，知识产权保护问题将会进一步凸显。同时，在欧盟新安全战略强调欧盟本身利益的背景下，短期内，欧盟层面追求的市场开放和成员国的保护主义倾向将会给中欧经贸关系带来双重压力。再者，欧盟也将在各种正式和非正式场合积极推动与其利益攸关的规则制定与完善，如气候、海洋和全球治理领域，这也是此次欧盟新安全战略强调的重点领域，同时也意味着欧盟将在这些领域施加对中国的影响。此外，加强与全球伙伴关系国的合作也是欧盟新安全战略的重要内容，这也就意味着欧盟将在双边谈判或缔结各种规定时，通过强调其规则的普遍适用性而对中国施加规制性影响。最后，此次欧盟新安全战略既是欧盟应对内外挑战的对策，也是欧盟针对当前国际局势发出的"欧盟声音",并且提出了许多可行的举措,这可能会对中国产生话语上的软规制作用。

### 三　中国发展利益将受到影响

欧盟新安全战略是欧盟以全球、全局、全面视角来规划其本身的对外政策,从文本来看,深化与中国的合作是主要内容之一。但如果从全球布局来看,其打压中国的意图则十分明显。首先,加强与美国的合作,维护西方价值观仍然是欧盟对外政策的核心内容,在中国加速崛起和欧美实力相对衰弱的情况下,此举背后折射的含义是欧美将再度携手,重整双方实力,捍卫第二次世界大战后由其主导建立的国际规则体系,以应对新兴市场国家(如中国)对其构成的挑战,虽然欧盟在新安全战略中希望对现有的国际规则进行调整,但这种调整仍然是在欧美主导下的局部调整,其本质是限制新兴市场国家在国际规则领域谋求合理利益,这将会在全球领域对中国构成巨大的压力,也不利于中国与双方关系的深化与发展。

其次,长期以来,欧盟一直视中国为现存国际体系的受益者,中国经济的快速发展就是有力的证明。欧盟在遭受多重危机的情况下,也希望与中国加强经贸合作,以缓解欧盟所面临的经济压力,如欧盟成员国积极响应中国的"一带一路"倡议,积极探索共建"一带一路"与欧洲投资计划的对接等。在双方加强经贸合作的同时,欧盟也促使中国承担更多国际责任,此次欧盟新安全战略提出要促使欧盟的全球伙伴国分担责任,中国作为欧盟的重要伙伴国,也是欧盟工作的重点对象。但是,欧盟、美国等一方面要求中国在国际社会中承担更多的责任,另一方面则不愿意放弃其在国际体系中所掌握的权力,这导致的结果则是中国无法谋求与其预期的国际地位相适应的权力,同时中国的合理诉求也无法得到有效满足,这将不利于中国推动共建"一带一路"高质量发展以及在国际社会中发挥更大的作用,反过来又会对中国与欧盟、美国的关系产生负面影响。

　　再次，欧盟新安全战略在亚洲的布局耐人寻味，总体而言可以把这种布局概括为"满地开花"，欧盟既强调建立更加紧密的美欧关系、与中国深化合作，又强调与日本、印度缔结自由贸易协定，还强调要探索签订东盟与欧盟的贸易协定。同时在欧盟积极谋求与亚洲除中国以外主要国家或地区达成自由贸易协定，这也意味着欧盟力图通过发展与亚洲其他国家的经贸关系来谋求欧盟在亚洲地区的存在，增强其对亚洲事务的话语权，以应对中国在该地区日益增强的影响力。此外，建立覆盖亚洲国家和地区的区域全面经济伙伴关系是中国一直致力于推进该地区经济发展的重要举措，而欧盟在亚洲"满地开花"式的经济布局，也将对区域全面经济伙伴关系造成一定的负面影响，从而在一定程度上损害中国在该地区的经济利益。

　　又次，欧盟新安全战略提出，在东亚和东南亚，欧盟将维护所谓航行自由，尊重国际法，鼓励和平解决海洋争端，帮助建立并支持由东盟主导的区域安全架构。① 这将直接涉及中国的南海问题，欧盟的此番主张，虽然强调要运用国际法来和平解决南海争端，但是其着力点仍然是支持东盟主导构建地区安全框架，也就是说，在南海问题的解决上，欧盟将支持东盟发挥重要作用，这也从侧面反映出在南海问题上，欧盟实质上是支持东盟成员国的利益诉求而不是支持中国的合理利益主张。此外，从南海争端发生以来欧盟的一系列主张与措施来看，其对国际法、尤其是联合国海洋法公约的理解存有明显的偏向和选择性，并非站在公平公正的立场上正确使用海洋争端解决机制，其实质仍然是从西方的价值观和利益出发，这将对中国捍卫国家主权和领土完整以及实现海洋利益造成危害。

　　最后，欧盟在中东、非洲和印太地区具有广泛的利益，中国的"一带一路"倡议或双边与多边的经贸合作也覆盖到了上述地区，和未

---

　　① European External Action Service, "Shared Vision, Common Action: A Stronger Europe, A Global Strategy for the European Union's Foreign And Security Policy", June 2016, https://eeas. europa. eu/archives/docs/top_ stories/pdf/eugs_ review_ web. pdf, p. 37.

来中欧在上述地区的经贸活动也将存在一定的差异和分歧。中国在上述地区的商业和投资活动，包括在西巴尔干半岛、欧盟周边地区和非洲的商业和投资活动已经非常普遍。中国的投资促进了许多沿线国家经济的增长。但是欧盟常常通过强调价值观和规则标准，无端指责这些投资忽视当地社会经济和财务的可持续性，可能导致高负债、战略资产和资源控制权的转移，损害了当地的良好社会经济治理、法治和人权的努力。然而，欧盟成员国的债务警戒线，并不适用于新兴经济体和经济高速增长的发展中国家，以此衡量，有失公允。

### 四　中欧合作总体趋势仍将不变

1975 年，中国与欧洲经济共同体正式建交，至今已经 46 年。当时的欧洲经济共同体仅由九个成员国组成，中国也才刚刚开始对外开放，当时双边贸易量微乎其微。

过去几年来，中欧关系变得越来越微妙、复杂，欧洲部分民众对华抱怨、不满增多，防华甚至排华情绪上升。但中欧务实合作仍然持续深化发展，中欧之间每天的贸易额达到 18 亿欧元。① 双方的合作领域大幅增加，涵盖政治、经济、金融、科学、教育和文化等各方面。2020 年，中国超过美国成为欧盟第一大贸易伙伴。② 在新冠疫情期间，中欧联手击退新冠病毒，在共同抗疫上的合作富有成效，并将联手推动全球经济绿色复苏。③ 此外，《中欧全面投资协定》也于 2020 年 12 月 30 日完成谈判，《中欧地理标志保护与合作协定》于 2021 年 3 月正式生效，是确保地理标志在对方市场上相互承认的关键。中欧双边航空安全协议的签署从而促进了飞机及相关产品的贸易，确保了最高水平的航空安

---

① "Joint Statement of the 21st EU-China Summit", https://eeas.europa.eu/sites/default/files/euchina-joint-statement-9april2019_ 1. pdf, last accessed on April 22, 2020.

② 宋新宁：《如何看待和理解欧盟的对华政策》，https://mp.weixin.qq.com/s/irQrv69i8OmSeUEdBDHAQg。

③ Delegation of the European Union to China, "Marking 45 years of EU-China diplomatic relations in a time of global crisis", https://eeas.europa.eu/delegations/china/78510/node/78510_ en.

全。上述进展表明，中欧之间有广泛的共同利益，一是中欧双方在经济上相互依存，离不开彼此的市场和投资，中国市场对欧洲来说尤为重要；二是双方都反对单边主义和强权政治，对维持一个稳定、可预期的国际秩序有共同利益；三是中欧在和平解决全球冲突、缓解气候变化、可持续发展、粮食和能源安全、核不扩散和社会正义等方面有明显的共同利益。广泛的共同利益将推动中欧的务实合作。随着欧洲和亚洲之间互联互通的增强，在未来数年中，中欧之间仍将保持一种总体良性的竞合关系，① 中欧合作仍将有助于提升双边关系结出更多硕果。欧盟新安全战略指出，未来欧盟将会继续深化与中国在经贸领域、气候变化问题和全球治理领域的合作。结合欧盟发布的针对中国的战略文件，可以看出，深化与中国的合作将是未来欧盟发展与中国关系的主要侧重点。

但同时，欧盟在承认双方存在合作空间的同时，也开始强调双边关系中具有竞争性的一面。在 5G、人工智能等高科技领域，欧盟对华的警惕程度不断提升。欧盟认为中国积极主动，国家主导的产业和经济政策，如"中国制造 2025"旨在发展国内领先企业，帮助它们成为战略性高科技领域的全球领导者。部分成员国对华为公司及其 5G 领域的技术领先持谨慎保留态度，欧盟自身也在人工智能方面的战略文件中透露出对自身技术发展现状的担忧。新冠疫情暴发以来，中国的产业集群与供应商、基础设施质量、劳动力受教育水平、产业对需求反应的灵活性都表现出无可匹敌的优势，这也进一步加深了欧盟对其过于依赖中国产业链的忧虑。② 在此大背景下，欧盟强调战略自主可能意味着其会更加关注如何应对中国的快速发展所带来的地缘政治与经济后果。此外，由于实现战略自主需要欧盟各成员国保持高度协调一致，而欧盟方面一直有声音指责中国对其采取"分而治之"的政策，甚至宣称会威胁欧盟内部团结。因此，欧盟强调战略自主，并以此为指导审视欧中关系，很

① 张健：《大变局下欧洲战略取向及其影响》，《现代国际关系》2021 年第 1 期。

② Janka Oertel, "The New China Consensus: How Europe is Growing Wary of Beijing", https://ecfr.eu/wp-content/uploads/the_ new_ china_ consensus_ how_ europe_ is_ growing_ wary_ of_ beijing. pdf, pp. 7-10.

可能会更加突出中欧双边关系中的竞争性与对抗性因素。这是今后在审视欧盟对华政策时需高度重视的新态势。

中欧双方在政治虽然有分歧，但是中欧在国际政治方面依然彼此需要、相互借重。[①] 中欧在人权方面一直存在重大分歧乃至冲突，但双方伙伴关系已足够成熟，中欧在人权领域一直保持较为畅通的对话机制，能够就这些问题进行坦率的讨论和妥善解决。从中欧双边关系的视角看，中欧之间有合作，也有分歧，但是中欧合作的总体趋势仍将保持不变。

当今的世界是相互依存的，国与国之间产生复杂的相互依赖关系。我们看待中欧关系，不能仅从中欧双边关系的视角看，要把中欧关系放进国际格局大势中去看，只有这样才能对新安全战略下的中欧关系有更全面的认识和把握。

---

① Turcsányi R. Q., et al., "European Public Opinion on China in the Age of COVID-19 Differences and Common Ground across the Continent", https://ceias.eu/survey-europeans-views-of-china-in-the-age-of-covid-19/.

# 第八章

# 后疫情时代的百年大变局与中欧大棋局

在内外部环境发生巨变，处于内外交困的背景下，欧盟于 2016 年 6 月底发布了《统一目标、共同行动：为了更强大的欧洲——欧盟共同外交与安全政策的全面战略》(*Shared Vision*, *Common Action*: *A Stronger Europe—A Global Strategy for the European Union's Foreign And Security Policy*, EUGS)。该战略是继 2003 年欧盟安全战略报告和 2008 年执行报告后，欧盟在外交与安全政策领域出台的又一份战略报告，因此也被称为欧盟新安全战略。本书前面的章节主要以欧盟的新安全战略为研究对象，在回顾欧盟外交与安全政策的演进以及旧安全战略的内容的基础上，分析新安全战略出台的背景、新安全战略的主要内容（对外行动的宗旨和原则、对外行动的主要任务与具体要求）、新安全战略的执行情况及效果分析，总结新安全战略的特点，并对新安全战略下的中欧关系做出分析和预测。

如果仅仅以欧盟新安全战略和新安全战略下的中欧关系为研究对象，本书似乎写到第七章为止就可以提交结项了，但是，2016 年 6 月至今 7 年来，特朗普上台又下台，奉行单边主义路线，对华挑起经贸摩擦，不仅对中美关系产生了影响，也对欧美关系甚至世界局势产生了影响。我们当时曾认为特朗普是一位非常难对付的美国总统。

但事实上，更难对付的还在后面……2020 年以来，新冠病毒在全球蔓延对世界格局产生了深远影响。2021年拜登就任美国总统，大力实施经济复苏政策，在国际上一改特朗普政府时期的单边主义路线，转而拉拢盟友通过双边和多边途径联合遏制中国。2022年，俄乌冲突爆发并在本书成稿之时仍在持续。多重危机叠加起来，进一步加剧了全球粮食危机、能源危机、供应链危机等诸多危机。2021年至今，拜登上任以来的一系列政策，不仅对中美关系、欧美关系和中欧关系乃至多边主义世界秩序都产生了影响。我们发现，老练的拜登比率性的特朗普更难对付，他善于综合运用贸易、产业、法律等各种手段，采取单边、双边和多边路径，拉拢盟友和甚至拉拢宿敌（俄罗斯），企图联合遏制中国。

　　抛开美国不谈，此时此刻的世界也与2016年的世界不同。一方面，气候变化、生物多样性、环境保护等全球治理问题仍然没有缓解，仍急需世界各国团结起来共同应对挑战；另一方面，新科技革命所带来的人工智能、5G或6G的广泛影响、数字经济不仅极大地方便了人们的生活，也日益对国际关系产生影响。世界百年未有之大变局仍然在进行更深层次的调整，一系列新问题和新挑战急需应对和解决。当今的世界格局对世界上任何一个国家来说，都是一个巨大的挑战，也是一个难得的机遇。抓住机遇的国家将在世界格局的重组中崛起成为"强国"，错失机遇的国家将被边缘化。为应对挑战、抓住机遇，欧盟有应对全球格局的"全面战略"，即本书的研究对象欧盟的新安全战略，美国有应对中国崛起的"大战略"（Grand Strategy），中国也应有一个应对欧美乃至多边主义秩序和全球秩序调整的"全面战略"。

## 第一节　从双边和多边视角理解中欧关系

　　面对此时此刻的世界，我们看待中欧关系，不能仅从中欧双边关系的视角着手，而是应该从更广泛的双边关系的视角来理解。即立足于欧美关系、中美关系和欧俄关系、美俄关系、中俄关系甚至其他双边关系的视角。本节仅以欧美关系和中美关系为例进行分析。

## 一　从欧美关系动向理解中欧关系

虽然欧盟新安全战略强调战略自主，认为欧盟应该有独立于美国的安全防务、经济、贸易甚至是网络空间、外层空间、科技、数字经济等战略，应该在国际上以更强的声音采取更统一的行动，但欧盟的战略自主并不意味着完全与美国脱钩。欧美之间毕竟有共同的价值观和浓厚的合作历史，双方展开密切合作的基础一定是比中欧和中美关系要好的。在欧美双方的眼中，欧盟和美国共有 7.8 亿人，在意识形态和价值观上有共同之处，还有世界上最大的经济关系，双方曾共同致力于发展经济、保障安全、抗击气候变化、捍卫民主和人权。第二次世界大战后，双方以开放、公平竞争、透明和问责制为基础，为世界经济和以规则为基础的国际秩序奠定了基础。在当今的时代下，为了保护健康、气候和地球，保护双方曾经建立的以规则为基础的世界秩序，欧美联合起来继续合作保护它们曾经创造的世界秩序是顺理成章的。[1]

基于这一思考，拜登在 2021 年 6 月 11—12 日赴英国参加完 G7 领导人峰会之后，又参加了欧美峰会，6 月 15 日，美国和欧盟都公布了《欧美峰会联合声明》。整篇声明主要包括四个部分：结束新冠大流行，为未来全球卫生挑战做好准备，推动全球经济可持续复苏；保护地球，促进绿色增长；加强贸易、投资和技术合作；建设更加民主、和平、安全的世界。从联合声明的内容看，直接关于中国的只有一段，即声明的第 26 段关于"建立一个民主和平安全的世界"的部分，[2] 强调欧美对

---

[1]　European Council, "EU-US Summit Statement towards a Renewed Transatlantic Partnership", https：//www. consilium. europa. eu/media/50443/eu-us-summit-joint-statement－15－june-final-final. pdf.

[2]　European Council, "EU-US Summit Statement towards a Renewed Transatlantic Partnership", https：//www. consilium. europa. eu/media/50443/eu-us-summit-joint-statement－15－june-final-final. pdf, para. 26, p. 5.

中国的关切主要在新疆和西藏、香港问题、经济压制、造谣、缓和南海局势、台海和平稳定以及地区安全、气候变化和防扩散等问题上。采取的具体手段是欧美在对中国采取合作、竞争和系统性竞争等多方面措施时要就各种问题进行密切磋商与合作。这一段足以见得欧美将联合起来对中国采取协调一致的措施。

俄乌冲突爆发以来，美欧之间的互动更为频繁，不仅针对俄罗斯形成了统一的阵营，其在贸易、科技、气候变化、民主法治等领域的深入合作，也对中国产生影响。具体而言，主要包括以下三个方面。

（一）贸易、投资与技术领域

欧美致力于发展贸易和投资关系，维护和改革以规则为基础的多边贸易体制。具体包括八个方面：一是利用贸易来帮助应对气候变化、保护环境、促进工人权利、扩大有复原力和可持续的供应链，继续在新兴技术领域进行合作，并创造体面的就业机会；二是共同推动数字转型，以刺激贸易和投资；三是设立高级别欧美贸易和技术理事会以发展双边贸易和投资关系，避免新的不必要的技术性贸易壁垒，加强在技术、数字和供应链方面的全球合作，合作制定兼容的国际标准，促进监管政策和执法合作，促进美国和欧洲公司的创新和领导能力等；四是建立一个欧美联合技术竞争政策对话，重点讨论竞争政策和执法方法，以及加强技术部门的合作，深化在网络安全信息共享、态势感知、产品和软件网络安全认证等方面的合作；五是确保安全可靠的跨境数据流，保护消费者，加强隐私保护，同时实现跨大西洋贸易；六是就大型民用飞机合作框架达成谅解，在2023年底前解决有关钢铁和铝措施的现有分歧，解决美国对来自欧盟的进口产品征收关税引起的紧张局势，决心建立一个公平、可持续、现代化的国际税收体系，通过 G20/OECD 包容性框架合作，就跨国公司税收问题达成全球共识，并在2023年7月的 G20 财长和央行行长会议上达成协议；七是合作实现世界贸易组织改革，促进世贸组织谈判职能和争端解决机制的正常运作，更新世贸组织规则手册，对工业补贴、国有企业的不公平行为以及其他扭曲贸易和市场的做法采取更有效的纪律，并在世贸组织成员的广泛支持下就渔业补贴达成协定；八是在伽利略全球定位系统协议的基础上加强在太空领域的合作。

（二）民主、和平与安全领域

欧美决心共同解决人道主义需要，维护国际人道主义法，扩大人道主义行动的资源基础，加强在利用制裁实现共同外交政策和安全目标方面的合作。具体包括六个方面：捍卫媒体自由，推进互联网自由开放，在金融体系、政治和经济领域坚持透明，打击腐败，保护公民社会和公民空间，保护所有人的人权；建立一个关于俄罗斯的欧美高级别对话，对俄罗斯采取一致的原则立场；继续支持欧盟东部伙伴的主权、独立和领土完整，支持乌克兰、格鲁吉亚和摩尔多瓦共和国的改革道路；进一步加强欧美在西巴尔干的共同参与等；致力于非洲的和平与可持续发展；建立一个自由和开放的印度—太平洋，促进缅甸迅速恢复民主。[1]

（三）气候变化与绿色增长

气候变化、环境退化和生物多样性的丧失是相互交织的，对人类发展构成特殊威胁。欧美将加强合作以应对气候变化、环境退化和生物多样性丧失，促进绿色增长，保护海洋。具体包括四个方面：一是致力于加强《巴黎协定》的有效执行，建立欧美高级别气候行动小组，最迟在2050年实现温室气体净零排放（GHG），并实施各自的增强型2030年目标/国家确定贡献（NDC），与在《联合国气候变化框架公约》第二十六次缔约方大会（COP26）达成的"尽一切努力使全球温度升高保持在1.5摄氏度范围内"一致；二是在向气候中立、资源节约型和循环经济过渡方面加强合作，建立一个跨大西洋的绿色技术联盟，促进在开发和部署绿色技术方面的合作，并促进市场扩大这类技术的规模；三是加大努力到2025年实现每年1000亿美元的气候筹资目标，并继续增加为气候适应

---

① European Council, "EU-US Summit Statement towards a Renewed Transatlantic Partnership", https：//www. consilium. europa. eu/media/50443/eu-us-summit-joint-statement － 15 － june-final-final. pdf, para. 26, p. 5.

行动做出贡献的资金；四是在 2030 年前制止和扭转生物多样性的丧失，到 2030 年至少保护 30%的全球土地和 30%的全球海洋，在森林砍伐和野生动物贩运方面加强合作，共同努力解决塑料污染。①

新冠疫情以来，G7 峰会和欧美峰会的多份声明表明美欧的合作呈现如下特征。

第一，美欧双方达成共识：欧盟离不开美国，美国也需要与欧盟加强合作，跨大西洋关系在新冠疫情后特别是俄乌冲突后得到进一步巩固。② 全球力量竞争加剧对欧盟的复原力、安全和跨大西洋合作产生了显著的影响，欧美都将中国视为未来十年的重大战略挑战。对欧洲来说，中国因地理位置靠近俄罗斯而构成了一个特殊的挑战，如果没有与美国的密切合作，就无法成功应对；俄罗斯和中国在北极地区日益活跃，美欧之间急需开展合作以共同应对中俄在北极贸易、旅游、基础设施和气候变化等领域造成的威胁；在网络治理方面，新冠大流行揭示了社会对支持其网络活动的关键基础设施的依赖性和脆弱性，特别是第三方供应商作为供应链的一部分可以获得敏感信息但却不受政府的监管。欧美将在该领域采取更严格的行动；在 5G 领域，欧美认为中国在全球扩展 5G 基础设施，是对大西洋关系的一个重大挑战。关键的基础设施、网络安全和新兴技术将成为美欧关系的核心；③ 在应对气候变化的复原力方面，世界各国都遭受气候变化的严重影响，日益严重和频繁的火灾、飓风和

---

① European Council, "EU-US Summit Statement towards a Renewed Transatlantic Partnership", https://www.consilium.europa.eu/media/50443/eu-us-summit-joint-statement - 15 - june-final-final.pdf, para. 26, p. 5.

② Anna Wieslander, ed., "A Transatlantic Agenda for Homeland Security and Resilience Beyond COVID-19", https://cn.bing.com/search? q = A + Transatlantic + Agenda + + for + Homeland + Security+ and + + Resilience + Beyond + COVID - 19 & qs = n&form = QBLHCN&sp = - 1&pq = a + transatlantic+agenda+for+homeland + security + and + resilience + beyond + covid - 19&sc = 0 - 75&sk = &cvid = 64045EBA664A4B3297C0070575E6673B, pp. 6-10.

③ Anna Wieslander, ed., "A Transatlantic Agenda for Homeland Security and Resilience Beyond COVID-19", https://cn.bing.com/search? q = A + Transatlantic + Agenda + + for + Homeland + Security+ and + + Resilience + Beyond + COVID - 19 & qs = n&form = QBLHCN&sp = - 1&pq = a + transatlantic+agenda+for+homeland + security + and + resilience + beyond + covid - 19&sc = 0 - 75&sk = &cvid = 64045EBA664A4B3297C0070575E6673B, pp. 6-10.

其他灾害直接影响着人们的生活。欧美将在复苏、绿色项目和绿色就业等方面加大投资。可见，欧美正在联合起来，表面上是单边立法，实则背后是多边联盟，企图通过在绿色变化、可持续发展、技术规则等领域制定和发展新规则，给中国造成全面的压力。

第二，美欧实际上正在制定一份很长的负面清单，将中美、中欧经贸关系中很大一部分都放进了禁止开展经贸合作的负面清单，试图以供应链安全为由，将这部分行业、产品从中美、中欧原有的供应链条中排除出去。此外，北约可能会依托"四国同盟"，推行"印太版北约"，欧盟也会向西巴尔干地区东扩，以及通过欧盟"印太"战略，向"印太"地区东扩。此次美欧"双东扩"，涉及地域更广，对中国形成了很大的地缘政治和地缘经济压力。

第三，拜登政府为了拉拢欧洲盟友联合制华，展示其重返多边主义的决心和美国的影响力，不是简单地要求欧盟追随美国，而是听取欧盟的意见，在欧美关系分歧非常严重的领域做出了很大的让步，共同协商对华政策立场，尽最大努力照顾到了欧洲盟友的利益和面子。这也在某种程度上说明美国接受了欧盟多维度对华政策的定位，是欧盟反向影响和塑造美国对华政策的表现。这也从一个侧面反映出美国的实力在下降。欧洲团结起来以一个声音说话的影响力在提高。同时也告诉我们，美国与欧洲不是铁板一块，欧盟与美国内部的矛盾和分歧仍然存在，在某种程度上，这种矛盾和分歧为中国带来战略机遇。

## 二　从中美关系动向理解中欧关系

拜登政府上任以来，采取一系列措施恢复国内经济，这些措施对中国和中美关系都产生了一定影响。这里仅以拜登政府的宏观经济复苏新政和数字化转型战略为例进行介绍。

（一）拜登政府宏观经济复苏新政及其对中国及中欧关系的影响

1. 拜登政府宏观经济复苏新政的主要内容

自 2021 年 1 月 20 日拜登就任总统以来，其政府推出了一系列宏观经济复苏计划,这些计划至少包含三个"游戏规则":其一,加大政府行政干预力度,利用财政政策与货币政策,为疫情影响下的美国经济注入新的活力;其二,拉拢盟友构筑新的价值观联盟体系,垄断全球高新技术产业,将中国排除在美国所主导的规则体系之外;其三,实施"绿色新政",将应对气候变化作为重建美国全球领导力的重要抓手。

第一,加大政府财政对基础设施投入力度,提供新的优质就业岗位,壮大美国中产阶级群体。2021年初,拜登政府宣布高达1.9万亿美元的新冠纾困救助法案,作为美国经济复兴的救济方案,3月11日这一法案获准国会通过。① 继1.9万亿美元纾困救助法案通过后不久,拜登政府又将救济目标转向美国基础设施投资,3月31日,白宫网站宣布实施一项庞大的基建计划,涵盖高速公路、机场、桥梁、港口、过境系统等内容。该计划明确指出,将通过政府财政投资创造数百万个就业岗位,重建美国基础设施,振兴美国制造业,保证供应链安全,使美国在与中国的竞争中脱颖而出。拜登政府不仅希望通过这些财政刺激手段推动美国经济复兴,而且直接将靶子对准中国,希望通过该计划能够在经济上击败中国。② 目前来看,拜登政府财政救市计划的规模可能远不止于此,2021年6月,拜登政府又决定投资10亿美元用于宽带建设。③ 实际上,无论是特朗普还是拜登,都希望通过基础设施投资提供中国"一带一路"倡议的替代方案,特朗普任内美国就曾出台一项"蓝点网络"(Blue Dot Network)计划,实现所谓"促进印度太平洋地区和世界各地市场驱动的、透明的、财政可持续的基础设施发展"的目标。上台4个多月后,拜登政府公布了任期内首份预算案,该预算方案计划支出6万亿美元,将在2022财年大幅提高政府在基础设施、公

---

① CNN, "The $1.9 trillion Covid-19 relief bill is here", March 10, 2021, https://www.cnn.com/2021/03/10/world/coronavirus-newsletter-03-10-21-int/index.html.

② The White House, "FACT SHEET: The American Jobs Plan", March 31, 2021, https://www.whitehouse.gov/briefing-room/statements-releases/2021/03/31/fact-sheet-the-american-jobs-plan/.

③ U.S. Department of Commerce, "FACT SHEET: Biden Administration Offers Nearly $1 Billion in Grants to Help Connect Tribal Lands", June 3, 2021, https://www.commerce.gov/news/fact-sheets/2021/06/fact-sheet-biden-administration-offers-nearly-1-billion-grants-help.

共卫生和教育等领域的支出。①

与此同时，拜登捕捉到美国中产阶级在从特朗普上台到落选中所发挥的作用，也了解到美国中产阶级的利益诉求。拜登认为，强大的中产阶级是美国经济的支柱，也是美国经济复兴的主要力量，释放国内中产阶级的消费潜力是美国经济复兴的重要推动力。拜登政府最近主推的《美国家庭计划》（*The American Families Plan*）就是对发展中产阶级并向所有美国人扩大经济增长收益的承诺，该计划预计投入超过 2 万亿美元财政资金，惠及更多中产阶级群体。为了刺激经济复苏，美国还将致力于国内旅游业等产业的恢复工作，通过打开新的消费市场为美国经济注入新的活力。② 拜登希望通过更加宽松的财政政策创造更多优质就业岗位，提高政府"购买美国商品"（Buy American）的政策力度，夯实美国制造业基础，促进制造业尤其是在华制造业回流美国本土，让更多产品在美国生产、制造（Made in All of America）。同时使用财政补贴、联邦配套激励措施，增加美国产品的市场竞争力，③ 以此实现刺激消费、促进经济复苏的目标。2021 年 4 月 7 日，国际货币基金组织发布新一期经济形势预测数据，将 2021 年的全球经济增长率从 1 月的 5.5% 提高到了 6%，国际货币基金组织对全球经济形势乐观估计的一个重要原因就在于拜登上台后的几次金融救市计划。④

第二，重视联盟体系对重塑美国经济领导地位的作用，联合盟友垄断全球高新技术。无论是特朗普的"美国优先"（American First）、"让

① The Washington Post，"White House to propose ＄6 trillion budget plan，as administration seeks to reshape economy，safety net"，May 28，2021，https：//www. washingtonpost. com/us-policy/2021/05/27/white-house-budget-plan/.

② U. S. Department of Commerce，"Celebrate the Power of Travel during National Travel and Tourism Week 2021"，May 3，2021，https：//www. commerce. gov/news/blog/2021/05/celebrate-power-travel-during-national-travel-and-tourism-week-2021.

③ Investopedia，"Joe Biden's Economic Plan"，Updated April 27，2021，https：//www. investopedia. com/joe-biden-s-economic-plan-save-the-middle-class-4769869.

④ Fortune，"G20 finance chiefs agree to ＄650 billion aid boost for world's poorest nations"，April 8，2021，https：//fortune. com/2021/04/08/g20-finance-chiefs-agre-650-billion-aid-boost-worlds-poorest-nations/.

美国再次伟大"（Make America Great Again），还是拜登的"美国必须再次领导世界"（American Must Lead Again），重振美国经济、维护美国经济全球领导地位始终是白宫领导人的首要考虑因素。但拜登与特朗普的不同之处在于，拜登不是要"退群"，而是要"加群""建群"，由美国主导国际规则体系，并用这些规则来规制中国。拜登的目标是恢复受疫情冲击的美国经济，他不像特朗普一样"四面开战"，只管经济建设不管疫情防控，拜登上台伊始便一手抓防疫一手抓经济复兴，同时构建新的联盟体系重塑美国经济领导地位，主导国际规则体系。拜登呼吁欧洲、日本、加拿大等盟友封锁中国华为、人工智能、5G技术等高科技产业，试图垄断美国在全球高新技术产业中的领导地位。在2023年2月召开的第59届慕尼黑安全会议上，拜登曾号召欧洲国家构建与中国长期战略竞争的价值联盟；同时，拜登还积极联合日本、澳大利亚、印度推出了将中国排除在外的"印太战略"。毫无疑义的是，在拜登政府宏观经济复苏计划中，中国已被美国视为主要竞争对手，正如他2021年5月6日在路易斯安那州所称的：中国正通过大量投资抢走美国人饭碗，必须"同中国竞争"。

对美国盟友的重视是拜登政府区别于特朗普政府的最大特点。在2021年4月中旬日本首相菅义伟访美期间，美国同日本达成了"新时代全球伙伴关系"共识，拜登希望与日本强化"全球数字连接伙伴关系"（Global Digital Connectivity Partnership），并同其他盟友合作，深化在生命科学与生物技术、人工智能、量子信息科学等高新科技领域的合作，促进美日数字经济发展，实现美国经济繁荣的目标。[1] 拜登的目的在于通过构筑新的联盟体系主导美国在全球高科技技术领域中的主导优势，既能发挥高科技技术对美国经济复苏的促进作用，又能实现封锁、"围堵"中国的目标。日本、澳大利亚、印度和欧洲多数国家都是拜登

---

[1]　The White House, "U. S. - Japan Joint Leaders' Statement: 'U. S. - JAPAN GLOBAL PARTNERSHIP FOR A NEW ERA'", April 16, 2021, https://www.whitehouse.gov/briefing-room/statements-releases/2021/04/16/u-s-japan-joint-leaders-statement-u-s-japan-global-partnership-for-a-new-era/.

积极拉拢的对象，这些国家同时又是二十国集团的主要成员，而二十国集团成员约占世界人口的 2/3，是当今世界主要的经济力量，占世界经济总量的 85%。① 5 月 3—5 日举行的 G7 成员国外长会议以及 6 月 11—13 日的 G7 峰会上，美英再次重申价值观的重要性，并协调其他成员国共同应对来自俄罗斯与中国的"挑战"。② 不仅如此，拜登此前已多次号召盟友重建联盟体系，不排除拜登会继续拉拢二十国集团其他成员加入美国主导的联盟体系中，垄断高科技技术产业，实施其宏观经济复苏计划，并形成对中国的"围堵"之势。

第三，把握全球气候变化与经济复兴之间的关系，加大对气候领域的投资力度，利用好应对气候变化对实现经济复兴的机遇。拜登重视气候问题，这不仅是由于气候问题关涉美国与全球经济未来的可持续发展，更在于他看到了应对全球气候变化对提振美国经济、实现美国经济复兴所带来的重要历史机遇，所以拜登执政后第一时间内便启动了为期 30 天的重新签约程序，并于 2021 年 2 月 19 日重新加入《巴黎协定》。拜登政府计划为应对当前全球气候变化投入数万亿美元财政资金，这些资金将覆盖与气候问题相关的基础设施建设、科技研发投入、税收支持以及产业发展等领域，通过扩增美国基础设施投入力度打造规模市场、创造新的就业岗位，加速美国经济复兴步伐。与政府财政投资基础设施一样，对气候领域基础设施的投资同样有助于创造更多优质就业岗位，提高美国中产阶级收入水平，释放国内消费潜力。拜登的"气候经济学"本质上仍然是一系列金融救市方案，旨在通过投资气候领域的基础设施项目，解决美国制造业萎缩、工人失业等社会问题，通过基础设施投资带动制造业发展与国内就业，实现美国经济复苏目标。

美国白宫 2021 年 4 月 23 日曾发布消息称，随着美国从新冠疫情、经济危机和种族挑战的泥潭中恢复过来，总统拜登呼吁通过解决气候危机

---

① The Balance, "The G‑20 and What It Does", Updated January 27, 2021, https://www.thebalance.com/what-is-the-g20-3306114.

② U. S. Department of State, "G7 Foreign and Development Ministers'Meeting", May 2, 2021, https://www.state.gov/g7-foreign-and-development-ministers-meeting/.

和建立可持续的基础设施项目为美国工人创造更多优质就业机会，以此推动美国经济增长。[①] 能源部随即宣布提供 1. 095 亿美元用于支持能源工作，加强绿色能源基础设施建设。该计划特别重视通过减少污染和环境修复创造就业机会，这可能与拜登重视气候问题，上台伊始便重返《巴黎协定》有关。[②] 此外，拜登政府计划投入 4000 亿美元资金用于为期 10 年的清洁能源研究和创新项目，他还支持"绿色新政"构想，希望确保到 2035 年美国拥有无碳污染的电力部门，并最迟在 2050 年达到净零排放，他还希望在司法部内建立一个新的负责环境与气候的部门，监督政府为气候问题、环保领域制定的政策落到实处。为了建立 100% 的清洁能源经济并创造数百万个"良好的工作岗位"，拜登政府计划在新基础设施、公共交通、清洁电力、电动汽车行业、建筑和住房以及农业方面进行投资。[③] 与此同时，拜登政府在气候问题上也积极寻求对华合作。2021 年 4 月，美国总统气候问题特使访问中国、习近平主席出席拜登总统发起的气候峰会，这些都是美国在气候问题上寻求对华合作的表现。

2. 拜登政府宏观经济复苏新政对中欧关系的影响

（1）联合欧盟中 G7 国家改革全球贸易规则体系，消除中国利用的"灰色地带"

拜登政府超大规模的财政救市计划包含多处针对中国的内容，其目的在于促进美国制造业发展，让更多产品"在美国制造"，让政府"购买更多美国产品"，挤压中国企业在美国的生存空间。拜登的上台并没有改变特朗普时期美国对中国的高压态势，拜登认为，中国的经济行为伤害了美国工人的利益，威胁到美国的技术优势地位，削弱了美国本土

①　The White House, "FACT SHEET: The American Jobs Plan Empowers and Protects Workers", April 23, 2021, https: //www. whitehouse. gov/briefing-room/statements-releases/2021/04/23/fact-sheet-the-american-jobs-plan-empowers-and-protects-workers/.

②　The White House, "FACT SHEET: Biden Administration Outlines Key Resources to Invest in Coal and Power Plant Community Economic Revitalization", April 23, 2021, https: //www. whitehouse. gov/briefing-room/statements-releases/2021/04/23/fact-sheet-biden-administration-outlines-key-resources-to-invest-in-coal-and-power-plant-community-economic-revitalization/.

③　Investopedia, "Joe Biden's Economic Plan", Updated on April 27, 2021, https: //www. investopedia. com/joe-biden-s-economic-plan-save-the-middle-class-4769869.

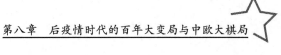

供应链弹性，造成美国国家利益受损。为此，拜登政府扬言对全球贸易规则进行改造，以消除被中国利用的"灰色地带"，并结束中国企业伤害美国工人和环境的"低价倾销"问题。拜登在改革所谓的"不合理的"国际贸易规则体系时，将中国渲染为现有国际规则体系的最大受益者，认为中国利用国际规则体系的"灰色地带"向美国等发达国家"低价倾销"商品以获取收益。但实际上，现有的国际贸易体系是在以美国为首的西方资本主义国家主导下建立的，当前国际贸易规则对美国等发达国家更有利。拜登的聪明之处在于他抓住了中国商品价格方面的比较优势，并借题发挥，制造舆论声势，从而在 G20 国家与美国盟友中制造与中国的矛盾。

受历史因素影响，以美国为首的西方发达国家占据了国际产业链的上游，利用处于产业链中高端水平的优势在全球范围内攫取经济收益，而中国在技术领域并不具有比较优势，中国利用自身劳动力与原材料优势，逐渐在国际产业链中下游形成了"中国制造"品牌效应，价格优势也就成为中国产品在国际市场上竞争力的主要优势之一。在激烈的国际竞争中，价格优势是中国商品占领美国和欧洲市场的关键，不排除某些中小企业为了抢占海外市场而竞相压低价格的情况发生。过去几年，美国和欧盟曾多次以"倾销"为名对中国发起贸易调查，对中国企业"走出去"造成了极大困扰。中国已成功超越美国成为欧盟的第一大贸易伙伴，而德、法等国家均是欧盟重要成员国，其他 G20 成员如英国、意大利、日本、韩国等国家均是中国重要的贸易伙伴，中国制造的产品在这些 G20 成员中占据相当大的市场份额。为了促成国际贸易规则朝着有利于美国等发达国家的方向发展，未来拜登政府有可能以中国企业"竞相压价""低价倾销"为由拉拢 G20 成员向中国施压，如果拜登此举获得 G20 成员响应，那对中国经济将会构成相当严峻的挑战。

（2）以"领导力"弥合与欧盟有关国家的分歧，共同打击中国高科技产业

高新技术是美国确保其全球领导地位的核心优势，也是美国维护其

霸权地位的三大工具（科技、美元、军事力量）之一；2020年，帮助美国政府制定前沿创新政策的科技智库——信息技术与创新基金会发布了《与中国竞争：战略框架》，详细罗列了对华高科技战略演变的主要原因：第一，中国占据了过多的科技市场；第二，中国高科技发展态势对美国供应链安全构成"威胁"；第三，中国企业严重挤压美国企业市场生存空间；第四，中国在军事领域的投资严重"威胁"到美国地缘政治安全。自上台至今，拜登对中国高科技的遏制较特朗普有过之而无不及，拜登更加重视美国在5G技术、人工智能、生物技术等新一代高科技领域的优势地位，他的重点是保持美国全球科技领先地位、防止"知识产权和技术泄露"。2021年6月，拜登政府以"应对中国军工企业威胁"为由签署行政命令，将华为公司、中芯国际、中国航天科技集团等59家企业列入投资"黑名单"，禁止美国与上述中国公司进行交易。更为关键的是，拜登尤其重视将高科技优势作为与盟友对接的议题，以"领导力"为由弥合与盟友之间的分歧，共同对付中国。

对霸权国家兴衰演替的历史进行分析，不难发现，无论是殖民时期的"日不落帝国"——英国，还是第二次世界大战后崛起的美国，其霸权得以维持的关键在于掌握了全球高科技技术优势。G20成员中以德国、法国和英国为代表的欧洲国家尽管不像美国一样具有全球霸主地位，但经济总量处于世界前列，在国际格局中仍然具有相当大的话语权与影响力，其中一个重要原因就在于它们在全球高科技领域中占有一席之地，继续保持在高科技领域的优势地位也是除美国外的其他发达国家的首要考虑因素。拜登把打压中国高科技产业发展看作是美国同其盟友的共同目标，但他并没有像特朗普一样推动中美高科技领域完全"脱钩"，根据拜登上台以来的一系列做法，可以推测未来拜登政府可能会利用G20成员中德、法、英等国家希望强化其全球政治影响力、保持国际领先优势地位的目标弥合同G20盟友国家的利益分歧，联合盟友尤其是德国、法国和英国等发达资本主义国家构建新的全球产权规则体系和供应链安全联盟，利用盟友力量和国际规则挤压中国高科技企业生存空间。

（3）寻求与欧盟在气候议题上的共同关切，要求中国承担更多国际责任

在刚决定重回《巴黎协定》后不久，拜登政府便透露了其关于应对气候问题的政策方案，其中一个重要内容是敦促中国强化减排目标，并对中国做出的碳减排承诺大加指责。美国总统气候问题特使克里曾公开评论中国的减排目标，指责中国的减排计划"还不够好"。G20 是当今国际舞台上最重要的多边对话平台之一，致力于构建创新、活力、联动、包容的世界经济，气候问题一直以来都是 G20 成员重点关注的议题之一，G20 成员非常重视在应对气候变化问题上发挥重要领导作用。拜登自上台以来便十分重视重塑盟友关系，G20 中的多数成员都是拜登意在拉拢的对象。在 G20 成员中，发达国家不在少数，以德、法、英为代表的发达国家更是全球气候变化问题的利益攸关者，工业化初期忽视生态环境问题带来的历史教训仍然记忆犹新，"先污染后治理"的发展模式被证明是不可持续的。因此进入后工业时代的德、法、英等发达资本主义国家十分重视采取措施应对气候问题，利用气候问题约束后发国家发展工业是美、德、法、英等西方国家惯用的手段。

中国工业化仍处于重要阶段，但中国在工业化进程中仍积极支持全球绿色发展，中国政府为全世界节能减排做出了重要承诺："二氧化碳排放力争于 2030 年前达到峰值，努力争取 2060 年前实现碳中和。"不过，中国自身需要发展，节能减排仍有很长的路要走，拜登政府却多次在多边舞台上强调气候领域的义务"对等"，要求中国承担更多实际减排责任。在"绿色新政"计划下，拜登极有可能利用在全球气候变化问题上的共同目标拉拢以德国、法国和英国为代表的 G20 成员向中国施压，以碳排放污染为由质疑"一带一路"建设给沿途国家造成的碳排放污染。此外，拜登政府还宣布为了落实"绿色经济"方案，将加大对绿色基础设施投资，逐步将联邦政府用车更换为美国生产的电动车，在政府购买车辆中严格使用美国制造的零部件，这将进一步冲击中

国新能源汽车产业的海外市场份额。未来，拜登还极有可能联合德、法、英等 G20 成员在气候环境问题领域主推形成硬性执行机制，并配合贸易手段牵制中国，在碳出口补贴问题上向中国施压，以化石燃料"过度使用"为由压制中国"一带一路"倡议相关具体项目规划。

（4）人民币升值压力上升，对外出口形势严峻

为了支持拜登政府一轮又一轮的财政刺激计划，美联储在全球率先开启印钞机"疯狂印钞"，依靠美元周期律在世界范围内以"剪羊毛"的方式缓解自身债务负担。不可否认的是，拜登政府的财政刺激方案确实能够起到促进美国经济发展的作用，但大量印钞带来的直接后果是美元大幅度贬值、国际大宗商品价格持续走高、全球货币持续性通胀风险增加。对中国而言，在其他情况保持不变的条件下，美元大幅贬值意味着人民币升值压力上升。如果美联储持续印钞，中国经济继续保持向好态势的大环境不变，除非政府采取有效措施，否则人民币对美元的汇率还将进一步上升。对中国而言，人民币汇率上升意味着中国商品出口到美国市场的价格将会因为汇率问题而价格上涨，中国产品在美国市场上的竞争力将会下降，越来越多的美国消费者将会选择美国产品或其他国家的产品作为替代品，这对中国的出口形势是十分不利的。

不仅如此，在拜登政府的联盟战略下，中欧关系也面临严峻挑战。一方面，欧洲议会在 2021 年 5 月 20 日讨论通过了冻结中欧投资协定的计划，给中欧经贸关系蒙上了一层阴影；另一方面，受新冠疫情影响，欧洲经济增长态势疲软，总体经济形势不容乐观，即使拜登政府大规模财政刺激方案导致美元不断贬值，但欧元对美元的汇率却并未因此上升，反而出现一定程度的下跌，这意味着以美元作为中间货币，人民币兑欧元汇率是间接上升的，即人民币兑美元升值、美元兑欧元升值、人民币兑欧元升值。[1] 欧盟与美国同为中国最重要的贸易伙伴之一，在人民币兑美元、欧元双向升值的大环境下，中国外贸出口企业"走出去"

---

[1]　雪球：《警惕！拜登大举救市，或冲击中国经济》，2021 年 1 月 18 日，https://xueqiu.com/1240483182/169029875。

面临的压力空前加剧，尤其是对美国、欧盟市场的出口压力明显上升。受人民币兑美元、欧元汇率上升的影响，中国商品出口到美国与欧洲市场的价格将会上涨，中国商品的比较优势将会减弱。如果因为汇率原因冲击中国出口，那么"出口"作为拉动中国经济增长"三驾马车"的效应将会进一步下降，中国经济复苏面临的难度将会更大。

（5）产业链面临重组危机，供应链安全挑战增加

根据拜登政府的目标，其宏观经济复兴计划主要致力于提高政府"购买美国商品"的政策力度，"夺回美国人的饭碗"，推动美国制造业回归，提升美国经济活力，从而提振国民信心。为了推动其经济复兴计划落地、争取国会与民众支持，拜登在对外演讲中曾多次提到，基础设施投资能够促进美国制造业发展，提供更多优质就业岗位，降低美国失业率。为了实现这一目标，拜登政府以"维护国家安全"为由，禁止所谓的"具有军方背景的中国企业"在美投资，与此同时，积极推动在华美资企业重回美国，将在华美资企业创造的就业机会留给美国工人，为美国中产阶级创造更多优质就业岗位。拜登政府希望通过挤压中国企业在美生存空间与引导美国制造业企业回流的方式改变美国工业集中在供应链中上游，而初级制造业流失、制造业面临风险增加的现状，通过打造将中国排除在美国之外的"游戏规则"，重塑美国上下游产业链体系。

（6）经济下行风险增加，外部发展环境恶化

当前，受全球疫情、俄乌冲突等危机影响，全球经济面临的下行压力进一步增加，造成全球产业链出现严重波动，全球主要经济体经济增长乏力，经济出现负增长，失业、公共卫生危机等问题严重困扰着各国政府。与此同时，疫情还导致全球范围内民粹主义沉渣泛起，各国贸易保护主义势力抬头，全球经济发展面临的外部环境更加复杂。拜登政府的经济复兴计划主要是通过一轮又一轮的财政刺激手段，通过对基础设施、绿色产业等领域的投资创造更多就业岗位，提高美国工人收入，壮大美国中产阶级队伍，利用美元霸权向世界转嫁危机。同时，拉拢盟友

建立所谓的"民主国家联盟",构筑将中国排除在美国之外的制度藩篱,在提振美国宏观经济活力的同时不忘为中国经济发展设置更多障碍。拜登政府的目标是为中国企业设置更高的进入门槛,主导国际社会规则体系,不允许中国参与规则制定,逼迫中国要么遵守美国制定的规则体系,按照美国的规则行动,要么退出美国构筑的规则体系之外。

（二）拜登政府的数字化转型策略及对中国和中欧关系的影响

1. 拜登政府数字化转型的主要策略

（1）明确界定数字优先事项

第一,确保安全、隐私、自主和公民拥有的数据资产。数据是数字时代的新资产类别。首先,美国应当成为第一个公民拥有数据资产的国家,使用它来规划自己的生活、将其货币化、保护他们的隐私和数据安全,并出于社会原因（例如大流行性疾病时期的健康数据）适当地公开这些数据。例如,当个人从新冠疫情中恢复并产生可验证的免疫力时,他们可以获得健康证明以附加到他们的数字身份,以证明他们再次在公共场所工作是安全的。其次,政府必须承认公民对自己数据的权利,如果在线网站想要使用这些数据,必须透明地使用——不得解密、复制、存储数据或将数据与用户身份相关联——以换取明确的用户利益。

第二,推动数字经济,拥抱数字美元。数字经济是竞争力、增长和生活质量的关键驱动力。拜登政府在坚持开放互联网原则的基础上,将积极推动扩大数字经济的覆盖面,聚焦于数字技术创新、数字贸易、数字政府建设、数字基础设施修复等领域,推动数字经济发展。与此同时,在数字经济领域的监管也将更强而有力,个人数据的保护越来越受到重视并将其推上了法制化路径。此外,政府需要对创建美国数字美元有紧迫感。随着中国等国竞相推出自己的央行数字货币,其外国贸易伙伴已经开始将人民币作为储备货币,美国不能将新兴的数字经济拱手让给中国。

第三,升级国内数字服务水平。首先,政府应该制订一种国内的数字马歇尔计划，将协调所有联邦、州和市政首席信息官员以及计算机类公务员中的变革者，加强跨机构之间的合作，为创新项目提供足够的资金，产生与供应商无关、可互操作且可在全国范围内推广的开放标准和共享服务。其次，作为重要的信息技术基础设施项目，强大的宽带网络有利于经济发展和生活质量的改善。拜登政府试图推动对宽带的更多监管，包括网络中立性法规及支持由市政提供宽带补贴，同时也支持增加投资，优先考虑低成本服务和设备以及高速宽带，以刺激农村宽带部署，缩小数字鸿沟，解决经济中的系统性不平等。

第四，重建公民与政府间的信任。特朗普政府时期对于媒体的滥用大大加剧了公民对政府的疑虑，拜登政府将使用这些相同的工具来恢复公民的信心并改变公民与政府之间的关系。

第五，重新启动美国的创新经济，对数字化企业提供支持。首先，为创新企业和小企业创建提供支持，增加对落后贫困社区的投资，缩小公司在获得资本方面的差距，并创建致力于为有色人种企业家服务的网络。其次，简化和协调联邦机构以及州和地方司法管辖区的新业务流程。再次，美国要在创新驱动的全球经济中取得成功，需要来自国内外的源源不断的人才补给，特别是在科学和工程等领域。拜登政府努力在技能、培训方面进行大量投资，特别是侧重于妇女和经济弱势的少数民族，同时支持更开放的移民政策，鼓励高技术人才的流入。从教育开始重燃美国的创业之火，拓宽高中和技术学院的创业途径，并弥合大学课程所授内容与企业的要求之间的差距。

（2）确定科技是美中战略核心

拜登政府正着手将半导体、人工智能和新一代网络技术置于美国对亚洲战略的核心，试图团结官员们所谓的"技术民主国家"，以对抗中国和其他"技术独裁国家"。美国国务院发言人内德·普莱斯（Ned Price）在2021年2月22日的新闻发布会上表示："我们必须共同应对这一挑战——中国的滥用、中国的掠夺行为、中国出口用于推进其技术威权主义品牌的工具。"该战略将寻求召集一个争取半导体制造和量子计算优势的国家联盟，颠覆传统的竞争领域，如导弹储备和部队人数。此外，拜登政府还计划与其他国家更密切地合作，加强很少被利用的现有伙伴关系，其中最主要的是澳大利亚、印度、韩国、南非四国，并对印度的态度抱有极大的信心。国会相继提出了一些旨在支持美国技术的法案。[①]

2021 年 6 月 3 日，拜登政府公布了 59 家中国企业的投资禁令名单，其中包括中国移动、中国电信、中国联通和华为公司等知名电信企业。6 月 10 日，拜登取消了特朗普禁止下载 TikTok 和微信的行政命令。很快，拜登又发起了一项新的行政命令审查，给予美国情报和国土安全机构 60 天时间评估美国数据被外国对手控制的脆弱性和威胁。

（3）发布一系列与美中战略有关的法案

A.《2021 年战略竞争法》

2021 年 4 月 21 日，美国参议院外交关系委员会以 21：1 的压倒性优势，通过《2021 年战略竞争法》（*Strategic Competition Act of 2021*），运用美国国会在拨款方面的权限，实施一项至少在形式和程序上非常宏大的战略投资计划，通过对五个领域，即前沿科技、联盟和伙伴、美西方价值观、经济治国方略（Economic Statecraft）以及战略安全领域的"投资"或资金投入，来形成一个比较全面和完整的框架，以有效应对与中国的"战略竞争"。法案涵盖了从政治、经济、科技到文化多方面，目的就是要在每个维度上抗衡中国。

B.《无尽前沿法案》

美国部分参众两院议员提出了一项《无尽前沿法案》（*Endless Frontier Act*），法案认为，中国已经"接近成为科技领导者"。针对"中国制造 2025"计划，要求政府在五年内拨出 1000 亿美元的科技领域研究经费，以及 100 亿美元用于在全国创建新的科技中心，在核心科技领

---

① Jain, Create a Democratic Technology Alliance. Jain and Kroenig, Present at the Re-Creation. Report of the Commission on the Geopolitical Impacts of New Technologies and Data, Atlantic Council 2021, p. 8, https://www.atlanticcouncil.org/content-series/geotech-commission/exec-summary/. Honorary Co-Chairs of the Commission include Senators Mark Warner and Rob Portman, and Representatives Suzan Delbene and Michael McCaul.

域上阻止中国获得领先地位。具体做法包括让美国减少对中国供应链的依赖，加强美国半导体实力等。该法案重点布局以下十大关键技术：人工智能和机器学习；高性能计算、半导体和先进的计算机硬件；量子计算和信息系统；机器人技术、自动化和先进制造；自然或人为的灾害预防；先进的通信技术；生物技术、基因研究和合成生物学；网络安全、数据存储和数据管理技术；先进能源技术；材料科学、工程学和勘探等其他关键技术。

C. 《美国芯片法案》

《美国芯片法案》（*CHIPS for America Act*）包括一系列联邦投资，以推进美国半导体制造业，包括 100 亿美元用于一项新的联邦拨款计划，该计划将激励新的国内半导体制造设施。该法案还包括为购买新的半导体制造设备和其他设施投资可退还的投资税收抵免。该法案还将建立一个国家半导体技术中心，对先进芯片进行研究，并建立一个先进的半导体包装中心。2021 年《国防授权法案》收入国会议员提出的《美国芯片法案》条款。

D. 《美国创新和竞争法》

5 月 18 日，美国参议院民主党领袖 Chuck Schumer 又推出了"2021美国创新和竞争法"（*U. S. Innovation and Competition Act 2021*）作为《无尽前沿法案》的修正案。在该修正案的 520 亿美元拨款当中，包括了为2021 年《国防授权法案》（*National Defense Authorization Act*）中包含的芯片条款（即传闻中的"美国芯片法案"）提供的 495 亿美元的紧急补充拨款。在这 495 亿美元当中，有 390 亿美元将被用于半导体制造和研发的激励措施；105 亿美元将被用于实施包括美国国家半导体技术中心，美国国家先进封装制造计划和其他研发计划在内的计划。另外，还有 15 亿美元的紧急资金，将被用于帮助替代中国通信设备提供商华为和中兴通讯的设备，加速推动由美国厂商主导的 Open RAN 架构的开发。

E. 《2021 财年国防授权法》

《2021 财年国防授权法》关于先进技术的条款如下：

微电子学

《美国芯片法案》授权政府进行一系列工作，以促进美国的半导体创新和制造，并降低在全球供应链中的风险。在当前全球芯片短缺的推动下，民主、共和两党支持对该计划拨款，这可能会为美国公司、国际合作伙伴和学术研究人员提供数十亿美元的资金。《2021 财年国防授权法》的一项条款更新了国会先前指示国防部准备的受信任的微电子战略的必要内容。现在，该战略必须评估建立专门针对微电子研发的"国家实验室"的优点，并考虑执行该战略的公私合作模式，包括建立"半导体制造公司"的选项。

人工智能

《国家人工智能倡议法案》指示由国家科学基金会领导的联邦机构资助建立 AI 研发机构，并支持其他研究。美国国家科学基金会和农业部 2020 年已开始授予研究所款项，国会已指定国家科学基金会在 2021 财年可在人工智能方面支出 8.68 亿美元。《2021 财年国防授权法》条款修改了国防部联合人工智能中心的政策，包括对其进行级别提升以使其向国防部副部长汇报，并为此建立了一个顾问委员会。另一项规定要求国防部评估其能力，以确保其获得的人工智能技术"符合道德和负责任地发展"。

社会、管理和信息科学

国防部受到指示建立一个"社会科学、管理科学和信息科学"的研发计划，该计划的重点是"优化国家安全数据集的分析""开发与国防相关的创新管理活动"和"增进对影响美国战略利益的基本社会、文化和行为能力的理解"。

频谱管理

美国国家电信和信息管理局被要求准备一份对无线电频谱管理进行现代化和自动化的联邦计划。要求国防部根据 2020 年秋天公布的国会授权的频谱战略，将与频谱相关的运营责任合并为一个实体，并将 5G 网络的责任分配给国防部首席信息官。

电信

《2021 财年国防授权法》设立了公共无线供应链创新基金，以促进 5G 技术的开发、部署和安全；还设立了多边电信安全基金，以帮助美国与其他受信任的国家一起为研发提供资金，并加强安全电信技术的供应链。这些资金将需要单独拨款，并将分别由国家电信和信息管理局和国务院管理。

量子计算

《2021 财年国防授权法》指示国防部为其量子计算研发计划设置技术优先级，并授权与提供量子计算功能的企业签订协议。单独的规定指示国防部评估量子计算带来的国家安全风险。

新兴技术

《未来产业法案》指示白宫科学技术政策办公室定义"未来产业"这一术语，并提出，到 2025 年将这些行业的非国防研发资金增加到每年 100 亿美元。在特朗普政府时期，该术语指人工智能、量子信息科学（QIS）、5G 电信、生物技术和先进制造。该法案还要求 OSTP 提出一条到 2022 财年在基准水平上将非国防量子信息科学资金增加一倍的途径。此外，还指示总统建立未来协调委员会的跨部门产业。一项单独规定指示国防部建立一个指导委员会，评估与一系列先进技术有关的威胁，并提出应对这些威胁的策略。

（4）大力推动人工智能技术

2021 年 3 月，美国国家安全人工智能委员会发布了关于美国人工智能发展现状以及中国快速发展的人工智能能力构成的威胁的最后报告。报告认为，中国一直将人工智能技术作为压制和监视别国的工具，并随着人工智能技术的快速发展越来越多地将其应用到国际社会。[1]

---

①　Jain, Create a Democratic Technology Alliance. Jain and Kroenig, Present at the Re-Creation. Report of the Commission on the Geopolitical Impacts of New Technologies and Data, Atlantic Council 2021, p. 8, https：//www. atlanticcouncil. org/content-series/geotech-commission/exec-summary/. Honorary Co-Chairs of the Commission include Senators Mark Warner and Rob Portman, and Representatives Suzan Delbene and Michael McCaul.

为应对未来十年内中国在人工智能领域对美国可能产生的威胁，报告确定了美国未来在人工智能领域的两个主要目标。第一，到 2025 年为人工智能的广泛融合奠定基础，这包括建立共同的数字基础设施，培养具有数字素养的高素质劳动力，以及制定更灵活的预算和监督流程，并战略性地将资金从军事系统中撤出投资于人才培养。第二，到 2025 年实现军事人工智能战备状态，推动组织改革，设计创新的作战概念，建立人工智能和数字战备性能目标，并定义联合作战网络架构，国防部还必须扩大和集中其人工智能研发组合，同时提高与盟友及合作伙伴的人工智能技术互动。

此外，为降低人工智能技术发展可能带来的风险，报告还建议美国政府应该：明确公开确认美国现行政策，即只有人类才能授权使用核武器，并呼吁俄罗斯和中国做出类似承诺；设立商讨人工智能技术危险性及应对策略的国际平台；为人工智能和自主武器系统的开发、测试和使用制定国际实践标准。

2021 年 6 月 10 日拜登政府宣布成立国家人工智能研究资源特别工作组（国会通过 2020 年《国家人工智能倡议法》授权），汇集来自学术界、工业界和政府界的顶尖专家，以推动人工智能创新和全国经济繁荣，确保美国在所有科学和工程领域以及经济所有部门的长期竞争力。同期，美国参议院还批准了 2500 亿美元的投资，用于人工智能和量子通信等科学事业的发展。

（5）维护网络安全

2021 年 5 月 12 日，拜登发布了《关于加强国家网络安全的行政命令》。这项行政命令是政府加强美国国家网络防御和应对网络安全威胁和攻击的最新行动，其规模、影响和频率持续增长。它旨在保护联邦、公共和私营部门的网络，加强国家在网络攻击发生时应对网络攻击的能力，以及改善美国政府与私营部门之间的信息共享。

2021 年 6 月 2 日，拜登政府建议投入 580 亿美元，斥巨资进行现代化改造，以改善联邦网络安全和服务预算，还设立了一个网络响应和恢复基金，拨款 2000 万美元，以"改善国家关键基础设施网络安全应对"。该基金由网络空间太阳能委员会提议，以更好地协助基础设施应对网络事件。除了为网络安全和基础设施安全局增加 1.1 亿美元之外，拜登预算还提议为受最近网络攻击影响的机构增加 7.5 亿美元。预算还拨款 1500 万美元，支持《国防授权法案》设立的国家网络主任办公室。

2. 拜登政府数字化转型的意图

首先，重返国际舞台，巩固美国的国家地位。过去几年，回潮的单边主义、保护主义和民粹主义不断侵蚀多边主义。新冠疫情期间，美国政客的一些明哲保身、各自为战，甚至是卸责"甩锅"的做法雪上加霜，致使传统多边体系遭遇重创，国际合作信心严重受挫，人类和平发展问题面临着极大不确定性。与特朗普政府时期的不断"退群"不同，重返国际舞台是拜登政府的重要事项。从重建联盟关系到重申美国在多边机构中的领导地位，美国积极利用各种国际性论坛与各地区国家增加接触，期望恢复美国的国际影响力，稳定 G7、美日印澳战略领区等的联盟关系，并由此实现对中国的联合抵制。

其次，建立一个广泛的抵制中国的技术联盟，加固围堵中国的国际防线，以实现全方位打压中国发展的目的。

在高新技术领域，美国一直在试图与欧盟一起建立一个抵制中国的联盟。早在 2014 年，美国大西洋理事会组织成立了"D10 战略论坛"作为美国及其盟友就国际秩序面临的重大挑战进行评估和战略协调的平台。2020 年 5 月，英国约翰逊当局正式发起倡议，试图在现有七国集团的基础上，联合澳大利亚、韩国和印度构建一个减少对华为 5G 技术依赖的"民主国家技术同盟"。根据欧盟—美国峰会声明草案，欧盟和美国将于 2021 年 6 月 15 日在布鲁塞尔峰会上宣布成立关于技术开发等的新联合委员会，以建立广泛伙伴关系，限制中国不断增长的技术影响力，反制中国并推动所谓"民主价值观"。

再次，除去建立新联盟的尝试以外，美国也没有放弃现有的 G7 集团。2021 年 3 月，拜登在与英国首相约翰逊通电话时就宣称，美国和其盟友应该建立一个由"民主国家"牵头的基础设施建设计划，以与中国的"一带一路"倡议相抗衡。6 月 12 日，G7 领导人宣布启动一项帮助较贫困国家建设基础设施的计划（"重返更好世界倡议 B3W"），提供所谓"价值驱动、高标准、透明"的伙伴关系，对抗中国的"一带一路"倡议。

除去这项"基础设施计划"以外，此次峰会联合声明针对中国的内容还有涉及新冠疫情溯源的第二次调查、人权保护、香港的选举制度、公平贸易、网络安全、知识产权、南海等问题。尽管美国一直坚持各国已经就中国的非市场经济做法和侵犯人权的行为达成一致意见，但是欧洲国家特别是法国和德国显然更想在对华关系上保持相对独立的态度，不愿意成为美国的附庸。

3. 拜登政府数字化转型对中国及中欧关系的影响

首先，阻碍中国科技进步，打击中国经济建设，威胁中国安全发展。面对美国可能发动的对中国技术的联合抵制行动，中国的技术创新和技术产业链首当其冲受到波及，[①] 例如美国断供华为芯片的行为，对华为的技术研发产生了不小的冲击。当然，尽管短期来看，所谓的联合部署可能会在一定程度上不利于国内企业的技术进步和国际化发展的进程，但长远来看，这种国际霸凌行径最终只会进一步激发中国国家自主创新的动力，并由此逐渐降低国外势力对华科技压制的影响。此外，美国战略的攻击对象远不仅技术这一点，建立反技术依赖联盟只是英美等国的第一步，利用国际规则和贸易壁垒妨碍中国经济增长，并最终威胁中国和平统一的发展进程才是其根本目的。近年来，G7 集团就屡屡干涉中国内部事务，中方已多次表明立场，强烈谴责，这次 G7 峰会很难

---

① Jain, Create a Democratic Technology Alliance. Jain and Kroenig, Present at the Re-Creation. Report of the Commission on the Geopolitical Impacts of New Technologies and Data, Atlantic Council 2021, p. 8, https：//www. atlanticcouncil. org/content-series/geotech-commission/exec-summary/. Honorary Co-Chairs of the Commission include Senators Mark Warner and Rob Portman, and Representatives Suzan Delbene and Michael McCaul.

说不是美国为 G20 峰会时排挤中国所做的预热。涉疆、涉藏、涉港问题都是中国的内部事务，以此为借口对中国的干涉和打压既可能导致全球主要国家之间的分歧，在国际社会制造矛盾，也不利于世界经济复苏进程。而对中国单方面的技术制裁和围堵，在一定程度上也会斩断全球高科技产业链的延续性，对于世界科技与经济的发展也必将是重创。

其次，造成"新冷战"思维的全球蔓延，影响全球局势稳定。一方面，美国在挤压中国企业技术创新发展空间的同时，也将削弱世界各国在高新技术产业领域的互利合作空间，不利于全球范围内的科技进步与产业升级；而涉及人工智能等决定性技术研发与使用的国际规范尚未制定完善，美国的对华技术遏制或将导致科技领域的全球治理受到削弱，使得与科技创新有关的国际法之修订陷入迟滞，对全球可持续发展及战略稳定产生负面影响。另一方面，美国试图建立新联盟防线，其目的还是如冷战时期对付苏联一般，试图通过集体努力孤立、排除和破坏中国。如果构想成为现实，这种"新冷战"的思维模式将在世界范围内更为广泛地流传开来，造成国与国之间的对立，不利于全球局势的稳定。

### 三 从多边视角理解中欧关系

在当今这个高度相互依存的世界里，国与国之间的关系除了取决于彼此的相互依存，也取决于彼此与其他行为体的相互依存。因此，理解中美关系，我们除了要把握欧美关系、中美关系外，还要从更宏大的历史与现实出发，从七国集团、二十国集团、D10 联盟、世界贸易组织、联合国等多边机制中的互动来分析中欧关系面临的机遇与挑战。

此外，随着大国竞争的回归，以规则为基础的国际秩序日益受到挑战，跨大西洋合作的实践需要扩大其地理范围，更好地融入多边框架，吸引来自印度—太平洋、非洲和拉丁美洲的其他志同道合的伙伴。[1] 拜

---

[1] Walter Russell Mead, "NATO Isn't Dead, but It's Ailing", https：//www.wsj.com/articles/nato-isnt-dead-but-its-ailing-11573516002.

登上台后，西方国家归队意识强烈，欧美在价值观问题上重新找到共同语言，并欲以意识形态划线。在欧美看来，这些努力相比于维护以规则为基础的国际秩序，共同应对中国的崛起、俄罗斯在世界舞台上的复兴以及 21 世纪 20 年代可能面临的任何其他挑战都重要。①

在上述背景下，2021 年 6 月 11—13 日，英国作为 G7 轮值主席国，邀请澳大利亚、印度、韩国和南非国家领导人参会，将 G7 转变为 D10（即所谓 10 个民主国家）的意图明显。预计未来美国、欧盟、英国、澳大利亚、加拿大等国对外政策将更为协调，并试图拉拢日本、印度、南非以及其他所谓民主国家，形成一个更为广泛的民主同盟，在二十国集团、世界贸易组织、世界卫生组织以及联合国等多边机制内将加码拉帮结派，炒作涉华议题，诋毁中国国际形象，共同向中国施压。② 此外，美国重返亚太战略和欧洲在亚太日益增长的经济利益，都会增加中国处理周边问题的难度，中国的周边事态将更为复杂，不确定性大大上升。这将不利于世界和平稳定，也不利于恐怖主义、气候变化、数据安全、生物安全等全球性问题的解决，也必将拖累包括西方国家在内全球经济的疫后复苏与重建。

当然，多边机制也会成为中欧展开对话的重要平台，例如，欧盟在中国担任二十国集团轮值主席国的基础上，与中方在落实二十国集团增长战略、确保全球金融市场强劲、可持续、平衡增长和弹性增长、推进国际税收政策协调、互联基础设施投资等方面共同努力，应对气候变化、金融、难民和移民、卫生和全球反腐败承诺。欧盟鼓励中国在世界贸易组织以及双边和多边贸易和投资倡议中发挥更大的参与和积极作用，根据开放贸易体系带来的好处承担责任，并加强这些倡议的雄心。③

---

① Simona R. Soare, ed., *Turning the Tide How to Rescue Transatlantic Relations*?, https://www.iss.europa.eu/sites/default/files/EUISSFiles/Transatlantic%20relations%20book.pdf, pp. 44-49.

② 李刚：《欧盟安全战略的新动向、原因与展望》，硕士学位论文，中共中央党校，2018 年。

③ Delegation of the European Union to China, "The EU approach to the Indo-Pacific: Speech by High Representative/Vice-President Josep Borrell at the Centre for Strategic and International Studies (CSIS)", https://eeas.europa.eu/delegations/china/99545/node/99545_ zh-hans.

## 第二节　从全球与全局视角理解中欧关系

欧盟的新安全战略是一个着眼于全球的全面战略，故称之为"Global Strategy"。因此，我们理解新安全战略下的中欧关系，不能脱离欧美在全球和全局层面的布局与行动。

### 一　从全球层面理解中欧关系

美国对中国的竞争和冲突不断加深和扩大，从利用关税的经贸摩擦，到高科技产品的出口和投资管制，再到争夺战略优势和影响力的地缘政治斗争。在拜登重返多边主义，拉拢盟友导致中美双边分歧上升为中国与所谓"民族国家同盟"之间的多边分歧的背景下，其他国家越来越被迫选边站队，尽管其中许多国家不愿这样做。

我们理解中欧关系应该从全球视角出发，分析不同类型的国家或国家集团如何看待中美或中欧关系。从全球层面看，发达国家和发展中国家两大阵营内部的不同区域，对中美和中欧关系的看法不同，发达国家和发展中国家之间似乎已经划出了一条分界线。这种分歧表现在诸多方面，比如2020年10月6日的联合国大会第三委员会一般性辩论期间，会议上，德国代表39个发达国家发表声明，在所谓"人权"问题特别是新疆和香港问题上攻击中国；巴基斯坦代表55个发展中国家发表声明，反对干涉中国在香港的内政。① 此外，古巴代表45个发展中国家发表声明，支持中国"在新疆采取措施，打击恐怖主义和极端主义的威胁"。中国得到发展中国家支持的另一个表现是联合国附属国际组织（15个）的负责人，有4人是中国公民。2020年10月13日，中国以

---

① Hung Tran, "One World, Two Systems", Takes Shape During the Pandemic, Atlantic Council, https://atlanticcouncil.org/in-depth-research-reports/issue-brief/one-world-two-systems-takes-shape-during-the-pandemic/.

139 张高票顺利当选为联合国人权理事会成员。①

（一）发达国家

面对中美分歧，根据《纽约时报》的采访②及相关报道③，拜登认为中国是一个战略竞争对手，而不是敌人。这一观点也得到了参议院和共和党的认可，④以及欧盟的赞同。⑤但许多发达国家公众对中国和美国的信心都急剧下降，这表明与其中任何一个国家结盟在很大程度上取决于问题本身并受国家政治和经济利益的驱动，而不是意识形态问题。⑥

未来的中美互动包括合作、竞争、分歧和冲突等多种元素。在这种背景下，许多发达国家，特别是欧盟，在经济和治理模式上都将中国视为战略竞争对手，倾向于站在美国一边，在人权和民主权利问题上批评中国。⑦欧盟依赖从中国进口电子、化学品、医药和医疗产品以及金属、矿产等，中国依赖欧盟作为其最大的外国投资和创造就业来源、重要的出口市场，以及关键技术和专门知识来源，双方原则上达成中欧全

---

① Mary Hui, "China's Election to the UN Human Rights Council Revealed Its Shaky Global Status", Quartz, https://qz.com/1917295/china-elected-to-un-rights-council-but-with-lowest-support-ever/.

② Thomas L. Friedman, "Biden Made Sure 'Trump is Not Going to Be President for Four More Years'", New York Times, https://www.nytimes.com/2020/12/02/opinion/biden-interview-mcc onnell-china-iran.html? refer-ringSource = articleShare.

③ Ryan Hass, Ryan McElveen, and Robert D. Williams, The Future of US Policy toward China: Recommendations for the Biden Administration, https://www.brookings.edu/wp-content/uploads/2020/11/FP_ 20201210_ us_ china_ monograph.pdf.

④ "The United States And Europe: A Concrete Agenda for Transatlantic Cooperation On China", US Senate Committee on Foreign Relations, https://www.foreign.senate.gov/imo/media/doc/SFRC%20Majority%20China-Europe%20Report%20FINAL%20 (P & G) .pdf.

⑤ "Joint Communication: A new EU-US agenda for global change", European Commission and High Representative of the Union for Foreign Affairs and Security Policy, https://ec.europa.eu/commission/presscorner/detail/en/ip_ 20_ 2279.

⑥ Janell Fetterolf, Mara Mordecai, and Richard Wike, "US Image Plummets Internationally as Most Say Country Has Handled Coronavirus Badly", Pew Research Center, https://www.pewresearch.org/global/2020/09/15/us-image-plummets-internationally-as-most-say-country-has-handled-coronavirus-badly/.

⑦ Max Zenglein, "Mapping and Recalibrating Europe's Economic Interdependence with China", Mercator Institute for China Studies, https://merics.org/en/report/mapping-and-recalibrating-europes-economic-interdependence-china.

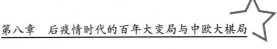

面投资协定。

## （二）发展中国家

相比之下，发展中国家往往从如何为本国经济增长和发展获得更好的贸易和投资机会的角度来看待中美竞争。这些国家不想偏袒任何一方，也不想与任何一方对立。大多数发展中国家会优先争取与包括美国、欧盟和中国在内的主要国家（地区）进行贸易和投资合作的机会。特别是，这些国家的统治精英更喜欢中国"不干涉内政"的融资方式，与西方双边官方债权人或国际金融机构相比，中国与一些发展中国家签署贷款合同时不会提出人权、透明度或腐败等附加问题。具体说来，发展中国家内部不同地区有不同的表现。

### 1. 印太地区

从全球层面看，欧盟及其成员国长期以来与其在印度—太平洋地区的伙伴保持着广泛而全面的关系，该地区从非洲东海岸一直延伸到太平洋岛国。后疫情时代，该地区地缘战略的不确定性不断增加，地缘政治竞争加剧了贸易和供应链以及技术、政治和安全领域的紧张局势。人权也受到挑战。这些事态发展日益威胁到该地区乃至世界的稳定与安全，直接影响到欧盟的利益。欧盟表示将在海洋治理、卫生、研究与技术、安全与防务、互联互通等诸多领域与印太伙伴进一步加强合作。[①] 中国是欧盟新安全战略及亚太政策转向的重要目标，也是与欧盟联系日益紧密的经济、贸易及政治伙伴，更是欧盟转变其亚太区域战略并构建多重架构的原因所在。因此，中国需要紧密追踪欧盟亚太政策转向的进展，评估其全球及亚太布局对中国对外政策的相应影响。一方面，中国应该加强与欧盟及其主要成员国的经贸关系，利用自身经贸优势在中欧伙伴关系建构中占得先机，坚持以经促政的方针，致力于解决中欧之间的市场经济地位、贸易摩擦以及相关政治议题冲突等。另一方面，中国应该充分利用欧盟内部的利益冲突和美欧利益目标错位，适时寻求中美欧三

---

① "EU Strategy for Cooperation in the Indo-Pacific", https：//eeas. europa. eu/headquarters/headquarters-homepage/96741/eu-strategy-cooperation-indo-pacific_ en.

角关系中的有利地位，降低欧盟亚太转向及美国新亚太政策的不利影响，寻找机会介入到欧盟结构调整与跨大西洋关系重构过程中来。① 此外，欧盟新安全战略特别强调深化欧盟与日本、韩国、印度、东盟等的伙伴关系，并积极支持以东盟为领导的地区安全架构。② 当然，欧盟经营多重战略网络的主要目的是维持东亚地区的实力均衡，从而最大化地攫取自身利益；而中国崛起给欧盟带来的挑战以及与中国相关的区域紧张议题更是欧盟所关注的焦点；特别是，欧盟担心中国对其实行"分而治之"的战略。③ 同时，欧盟新安全战略及亚太转向也面临着若干内部与外部制约因素，如欧盟内部的裂变、美国的亚太政策调整与欧盟地区利益目标的异同制约着欧盟亚太政策的施展程度、欧盟内部多行为体的协调难度，这些因素最终影响欧盟亚太政策的实际影响力，增加了欧盟安全战略的复杂性。以欧盟 2015 年战略审议报告与 2016 年新安全战略报告为代表，欧盟的亚太政策展现出战略性、规则性、网络性、实用性及日益深入的地缘政治色彩。作为一个特殊的国际行为体，欧盟的行为能力与利益聚合等都对其战略转向形成制约，并且它面对的是一个包含多重主体与繁杂议题的区域，其内部牵制、美国影响及亚洲诸国的战略回应等都影响着欧盟的亚太政策。欧盟政策处于一系列国家的对外策略网络之中，包括美国的再平衡、日本的主动参与、印度的"东向政策"、东盟国家的转型、韩国与澳大利亚的中等强国角色、俄罗斯的亚洲政策以及中国的"一带一路"倡议等。④

2. 非洲发展中国家

在过去 20 多年里，许多受西方启发的多边发展机构放慢了对发展

---

① 毛维准、金宇桦：《"新战略"背景下欧盟的亚太安全政策》，《理论视野》2017 年第 4 期。

② Federiga Bindi, ed., *Europe and America：The End of the Transatlantic Relationship?*, Brookings Institution Press, 2019, pp. 20-39.

③ Jolyon Howorth, "EU Global Strategy in a Changing World：Brussels's Approach to the Emerging Powers", https：//www. researchgate. net/publication/309001050_ EU_ Global_ Strategy_ in_ a_ changing_ world_ Brussels'_ approach_ to_ the_ emerging_ powers, pp. 391-393.

④ 毛维准、金宇桦：《"新战略"背景下欧盟的亚太安全政策》，《理论视野》2017 年第 4 期。

中国家的贷款速度，很多项目陷入了对环境、劳动力市场和社会影响的冗长评估。官方双边债权人，如西方国家的进出口信贷机构，由于财政、透明度和反腐败条件的限制，也减少了对发展中国家的贷款。在非洲，欧盟长期以来一直将非洲视为其次区域和大陆机构的区域一体化模式，这就是欧洲软实力的体现，但却缺少经济、贸易、贷款、投资等方面的合作。①

与西方选择权相对匮乏形成鲜明对比的是，中国显著增加了与非洲国家的贸易关系，成为大多数发展中国家的最大贸易伙伴。中国还从21 世纪初的低基数开始，加大了对发展中国家的贷款和投资。2000—2018 年，中国向撒哈拉地区提供的官方双边贷款达 800 亿美元，而巴黎俱乐部（Club de Paris）所有官方双边债权人提供的贷款仅为 170 亿美元，世界银行的贷款为 660 亿美元（以及来自其他多边开发银行的440 亿美元）。② 就外国直接投资（FDI）而言，非洲仅获得了全球流入发展中国家的 FDI 的 6%左右，2017—2019 年平均每年 6940 亿美元。③其中，中国占 12%以上，自 2014 年以来以越来越大的幅度超过了美国。事实上，自 2015 年以来，美国一直在从非洲撤资，减少其在非洲的外国直接投资存量。而中国的"一带一路"倡议于 2013 年启动，用于非洲、亚洲、拉丁美洲、中欧和南欧 138 个国家的基础设施和能源项目，④ 这些项目有可能满足受援国的一些基础设施需求，极大地促进了沿线国家的经济发展和区域一体化进程。

---

① Elizabeth Sidiropoulos，"The EU Global Strategy：More Modest，Equally Challenging"，*The International Spectator*，Vol. 51，2016，pp. 37–39.

② Kevin Acker，Deborah Brautigam，and Yufan Huang，"Risky Business：New Data on Chinese Loans and Africa's Debt Problem"，Johns Hopkins University School of Advanced International Studies， https：//sais. jhu. edu/news-press/event-recap/risky-business-new-data-chinese-loans-and-africa%E2%80%99s-debt-problem.

③ "World Investment Report 2020"，United Nations Conference on Trade and Development，https：//unctad. org/webflyer/world-investment-report-2020.

④ Erik Churchill，et al.，"Belt and Road Economics：Opportunities and Risks of Transport Corridors"，World Bank，https：//www. worldbank. org/en/topic/regional-integration/publication/belt-and-road-economics-opportunities-and-risks-of-transport-corridors.

此外，中国与非洲的交往是多方面的，有着悠久而深厚的历史渊源，中国积极支持非洲各国反殖民主义争取民族独立和解放的斗争。[①]中国还与 20 个非洲国家在太空计划方面进行了合作，[②] 帮助这些国家发射了 40 多颗天气预报和农作物监测卫星，大多数非洲国家长期以来一直与中国合作，特别是与华为合作，[③] 建设基础设施，部署 3G、4G和现在的 5G 电信服务。所有这些关系都有助于巩固中国与非洲的联系。

3. 拉丁美洲和加勒比海地区、中东和北非地区的发展中国家

中国的贸易、投资和"不干涉"方案在其他几个地区也取得了很好的效果。中国与拉丁美洲和加勒比国家的贸易额已从 2000 年的 120亿美元跃升至 2019 年的 3150 亿美元，中国成为这一区域内多个国家的第一大贸易伙伴。[④] 自 2005 年以来，中国对拉丁美洲和加勒比国家的贷款已超过 1400 亿美元，超过世界银行和美洲开发银行的贷款总额。中国与中东、北非地区的贸易额从 2019 年的 1800 亿美元增长到 2021年的 2590 亿美元，已与 15 个中东国家签署了伙伴关系协定。[⑤] 基本上，中国与该地区几乎所有国家，都有着日益增长的贸易和投资关系，包括阿拉伯联合酋长国（阿联酋）、卡塔尔、科威特、伊朗、伊拉克和以色列，以及土耳其。在中东欧和南欧，中国通过中国—中东欧国家合作机

---

① China Power Team, "How Dominant is China in the Global Arms Trade?", Center for Strategic and International Studies, https: //chinapower. csis. org/china-global-arms-trade/.

② Jevans Nyabiage, "China boosts its soft power in Africa while launching African space ambitions", South China Morning Post, https: //www. scmp. com/news/china/diplomacy/article/3104 900/china-boosts-its-soft-power-africa-while-launching-african.

③ Momoko Kidera, "Huawei's deep roots put Africa beyond reach of US crackdown", Nikkei Asia, https: //asia. nikkei. com/Spotlight/Huawei-crackdown/Huawei-s-deep-roots-put-Africa-beyond-reach-of-US-crackdown.

④ Ted Piccone, "China and Latin America: A Pragmatic Embrace", Brookings Institution, https: //www. brookings. edu/research/china-and-latin-america-a-pragmatic-embrace/.

⑤ Alam Saleh and Zakiyeh Yazdanshenas, "Iran's Pact with China is Bad News for the West", Foreign Policy, https: //foreignpolicy. com/2020/08/09/irans-pact-with-china-is-bad-news-for-the-west/; Nasar Al-Tamimi, et al., "China's Great Game in the Middle East", European Council on Foreign Relations, https: //ecfr. eu/publication/china_ great_ game_ middle_ east/.

制与这些国家打交道，为中欧关系发展提供了更为多样的合作渠道和交流平台。

在亚洲，中国与一些国家存在主权冲突和海洋划界冲突，相关亚洲国家欢迎美国在该地区的参与和积极的海军存在，以提供抗衡。但是，由于亚洲国家与中国的经济关系日益密切，特别是 2023 年 6 月全面生效的《区域全面经济伙伴关系协定》（RCEP）[①] 进一步促进了亚洲内部贸易，已经占到其对外贸易的 50% 以上，因此一些亚洲国家试图通过外交和政治手段保护自己的国家利益，对中美竞争保持中立。[②] 例如，印度从俄罗斯购买了先进的 S-400 导弹、米格-29 和苏霍伊战斗机，并在 2019 年下了 145 亿美元的军事订单。[③]

在上述经济关系的基础上，中国还发起成立一系列国际活动和多边机构、组织，并在这些平台中发挥重要作用。例如"一带一路"国际合作高峰论坛、亚洲基础设施投资银行（AIIB）、与中欧和东南欧国家（其中许多是欧盟成员国）的中国—中东欧国家合作机制、中非合作论坛、上海合作组织，以及许多双边伙伴关系协定和一些战略伙伴关系协定，等等。[④]

## 二　从全局层面理解中欧关系

### （一）新兴技术的影响

新技术和数据能力的发展速度、规模和复杂程度是前所未有的。新

---

[①]　Hung Tran, "New Asian Free Trade Agreement Secures Economic Space for China", New Atlanticist, https：//www. atlanticcouncil. org/blogs/new-atlanticist/new-asian-free-trade-agreement-secures-economic-space-for-china/.

[②]　Nalin Kumar Mohapatra, "View：Providing a New Impetus to the India-Russia Strategic Partnership", Economic Times, https：//economictimes. indiatimes. com/news/defence/view-providing-a-new-impetus-to-the-india-russia-strategic-partnership/articleshow/78317032. cms.

[③]　Nikita Simonov, "India's Russian Arms Purchases Hit 'Breakthrough' 14. 4Bln, Official Says", Moscow Times, https：//www. themoscowtimes. com/2019/09/05/indias-russian-arms-purchases-hit-breakthrough-145bln-official-says-a67153.

[④]　Temur Umarov, "China Looms Large in Central Asia", Carnegie Moscow Center, https：//carnegie. ru/commentary/81402, last accessed on November 11, 2020.

兴技术使日益脆弱的全球社会更有弹性。然而，与数字时代相适应的治理结构却相对落后和不稳定。数据能力和新技术日益加剧社会不平等，并影响地缘政治、全球竞争和全球合作机会。

具体而言，新兴技术主要包括六个方面：一是实现数字经济的技术，包括通信和网络建设、数据科学和云计算，共同为公共和私营部门的数据安全传输建立基础，并提供强大的思想、资源和人才经济；二是智能系统技术，包括人工智能、边缘计算和物联网等；三是促进全球健康的技术，包括生物技术、精确医学和基因组技术等；四是扩大人民、企业和政府活动范围的技术，包括空间技术、海底技术等；五是提高人类工作效率的技术，包括自主系统、机器人和分散的能源方法等；六是基础科学研究与技术，包括量子信息科学、纳米技术、极端环境新材料和先进微电子学等。

数据和新技术的能力和可用性不断提高，改变了各国保持竞争力和安全的方式，对地缘政治、全球竞争和全球合作机会产生影响。①

（二）数字货币领域的激烈竞争

1944 年 7 月召开的布雷顿森林会议确立了美元霸权。直至今日，美元仍然是全球储备货币，作为记账单位、价值储存和交换媒介。超过60%的外汇储备和超过一半的跨境贸易以美元计价，由美国银行清算。此外，全球银行间金融电信协会（SWIFT）作为全球最大的金融电信网络，是银行进行交易所必需的跨境信息系统，而美国对此有重要的控制权。如果不与美元挂钩，全球交易很难进行。总的来说，目前的全球支付体系是以美国的价值观为基础的。许多付款是通过美联储和私人金融机构（商业银行、投资银行和代理银行）的美国银行系统进行的。因此，美国监管金融机构运作的法律和政策对在国外进行的交易具有深远影响。近几十年来，美国利用美元霸权，将美元武器化，以此作为更频繁实施制裁的手段，美国限制使用美元或强制 SWIFT 阻止受制裁方进

---

① Geotech Center, "Report of the Commission on the Geopolitical Impacts of New Technologies and Data", www. atlanticcouncil. org/content-series/geotech-commission/exec-summary/, pp. 85–88.

行跨国银行间交易。①

最近几年，一个独立于美元的新支付生态系统正在形成，那就是由中国人民银行发行的央行数字货币（Central Bank Digital Currency，CB-DC）。央行数字货币为各国提供了在美元主导的体系之外运作的能力，它是建立独立支付机制的一种手段，将各国金融机构直接联系在一起，而不需要代理银行和SWIFT，从而使发行数字货币的国家可以建立自己独立的货币体系价值观、不必受制裁的约束、在个人层面收集交易数据（"数字排气"）。② 例如，欧盟可以与伊朗建立数字货币支付联系，规避美国的制裁。发达经济体也可以从受制裁的国家购买数字货币。例如，委内瑞拉发行了石油币，这样投资者就可以"绕过特朗普政府对其国家实施的制裁"。③

随着公众对比特币（Bitcoin）等加密货币的认识不断提高，一批大型数字平台公司和支付服务提供商于2019年6月启动了Libra（现更名为Diem）项目④以引入数字稳定币，改善支付交易，促进金融包容。这一私营部门的举措进一步推动了许多国家的中央银行加快努力，研究发行中央银行数字货币的可取性，因为它们担心无法跟上金融创新和支付机制中用户偏好的变化。事实上，据国际清算银行报告，全球有60多家中央银行⑤正在研究发行央行数字货币。⑥

---

① Nikhil Raghuveera and David Bray, "Design choices of Central Bank Digital Currencies will transform digital payments and geopolitics", https：//www. brookings. edu/blog/up-front/2020/07/23/design-choices-for-central-bank-digital-currency/.

② Nikhil Raghuveera and David Bray, "Design choices of Central Bank Digital Currencies will transform digital payments and geopolitics", https：//www. brookings. edu/blog/up-front/2020/07/23/design-choices-for-central-bank-digital-currency/.

③ Nikhil Raghuveera and David Bray, "Design choices of Central Bank Digital Currencies will transform digital payments and geopolitics", https：//www. brookings. edu/blog/up-front/2020/07/23/design-choices-for-central-bank-digital-currency/.

④ "White Paper, 2. 0", Diem Association, April 2020, https：//www. diem. com/en-us/white-paper/.

⑤ "Ready, Steady, Go?, - Results of the Third BIS Survey on Central Bank Digital Currency", BIS Papers, January 2021, https：//www. bis. org/publ/bppdf/bispap114. htm.

⑥ "Central Bank Digital Currencies： Foundational Principles and Core Features", Governors of Federal Reserve, January 2020, https：//www. bis. org/publ/othp33_ summary. pdf.

2021 年 6 月 8 日，中国人民银行发行数字货币，成为世界上首个将数字货币从理念转变为行动的国家，是货币史上的一个重要里程碑，对经济以及其他领域产生变革性影响，并可能导致全球为跨境贸易和国内经济采用新的支付基础设施。[①] 除中国外，瑞典、法国、德国和欧洲央行也加入了这场数字货币竞赛。美国联邦储备委员会也正在研究和制定数字美元政策。[②]

一国央行发行数字货币有许多潜在的好处。对国家而言，数字货币可以提供一个国家或地区经济活动的实时图像，并为 GDP 估计提供比现在更准确和及时的经济数据；可以有效地追踪交易从而打击腐败和洗钱犯罪。对个人而言，即时结算可以减少成本，提高交易效率和交易率；有利于促进金融包容性，使没有银行存款的人可以更容易、更安全地通过手机获得资金。[③] 但就现阶段而言，数字货币还需要解决如下问题：一是如何避免引发商业银行挤兑[④]和保障数据安全；[⑤] 二是，数字货币可能导致个人隐私的泄露，[⑥] 因此还涉及如何确保数据隐私和对消

① The PWC Global Crypto Team, "The Rise of Central Bank Digital Currencies（CBDCs）What You Need to Know", https://www.pwc.com/gx/en/financial-services/pdf/the-rise-of-central-bank-digital-currencies.pdf#: ~: text = The% 20Rise% 20of% 20Central% 20Bank% 20Digital% 20Currencies% 20% 28CBDCs% 29, may% 20be% 20rapid% 20changes% 20to% 20the% 20regulatory% 20landscape.

② Jess Cheng, Angela Lawson, and Paul Wong, "Preconditions for a General-Purpose Central Bank Digital Currency", Board of Governors of the Federal Reserve, February 24, 2021, https://www.federalreserve.gov/econres/notes/feds-notes/preconditions-for-a-general-purpose-central-bank-digital-currency - 20210224.htm; Nikhil Raghuveera and David Bray, "Design choices of Central Bank Digital Currencies will transform digital payments and geopolitics", https://www.brookings.edu/blog/up-front/2020/07/23/design-choices-for-central-bank-digital-currency/.

③ Bank for International Settlements 2020, "Central Bank Digital Currencies: Foundational Principles and Core Features", https://www.bis.org/publ/othp33.pdf.

④ Teunis Brosens, "Why banks need to pay attention to where a digital euro is heading", https://think.ing.com/articles/where-next-with-the-digital-euro/.

⑤ The PWC Global Crypto Team, "The Rise of Central Bank Digital Currencies（CBDCs）What You Need to Know", https://www.pwc.com/gx/en/financial-services/pdf/the-rise-of-central-bank-digital-currencies.pdf#: ~: text = The% 20Rise% 20of% 20Central% 20Bank% 20Digital% 20Currencies% 20% 28CBDCs% 29, may% 20be% 20rapid% 20changes% 20to% 20the% 20regulatory% 20landscape.

⑥ Hung Tran, Barbara C. Matthews, "China's Digital Currency Electronic Payment Project reveals the good and the bad of central bank digital currencies", https://www.atlanticcouncil.org/blogs/new-atlanticist/chinas-digital-currency-electronic-payment-project-reveals-the-good-and-the-bad-of-central-bank-digital-currencies/.

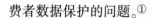

费者数据保护的问题。①

从地缘政治的影响而言，数字货币的发行有利于保护国家的"货币主权"，抵消全球对美元的国际支付依赖，② 削弱美国制裁和经济政策的域外效力。③

（三）对外太空和网络空间等新疆域的抢夺

外层空间一天比一天拥挤，俄罗斯国家航天公司表示，到2030年，俄罗斯应将其在轨卫星的数量从目前的约200颗增加到至少1000颗。在全球范围内，世界各国对太空日益增长的地缘政治和经济意义非常感兴趣。然而，在这个关键领域基本上没有有效的空间治理。随着越来越多的国家和非国家行为体进入太空，国际社会迫切需要对太空进行治理以确保空间安全和可持续。现有的太空治理体系主要建立于20世纪六七十年代。联合国和平利用外层空间委员会制定了四项管理外层空间的多边条约。在这四项协定中，《外层空间条约》是外空法中总揽全局的宪章性文件。但是经过半个多世纪的发展，旧的治理框架无法解决空间碎片、空间行动赔偿、太空环境保护、④ 国际空间站等一些新问题。⑤

---

① Nikhil Raghuveera and David Bray, "Design choices of Central Bank Digital Currencies will transform digital payments and geopolitics", https：//www. brookings. edu/blog/up-front/2020/07/23/design-choices-for-central-bank-digital-currency/; Jess Cheng, Angela N Lawson, and Paul Wong, "Preconditions for a general-purpose central bank digital currency", https：//www. federalre serve. gov/econres/notes/feds-notes/preconditions-for-a-general-purpose-central-bank-digital-currency-accessible-20210224. htm#: ~: text=Preconditions%20for%20a%20general-purpose%20central%20bank%20digital%20currency%2C, pursuing%20research%20and%20experimentation%2C%20%20284%29%20unclear%20motivations%20.

② GeoEconomics Center, "The Rise of Central Bank Digital Currencies", https：//www. atlanticcouncil. org/blogs/econographics/the-rise-of-central-bank-digital-currencies/.

③ James T. Areddy, "China Creates Its Own Digital Currency, a First for Major Economy", https：//empirics. asia/chinas-digital-currency-is-about-to-disrupt-money/? _ ga=2. 20362744. 1530553759. 1623905827-17217613. 1623905827.

④ Clinton Britt, Andrea Clabough, and David Goldwyn, "Four Things to Know About Environmental Justice", https：//www. ourenergypolicy. org/resources/four-things-to-know-about-environmental-justice/.

⑤ Inkoo Kang, "The future of global space governance for the new commercial era", https：//www. atlanticcouncil. org/blogs/geotech-cues/global-space-governance-in-the-commercial-era/.

随着商业航天业在未来十年持续升温，对现行措施的重新评估和分析将成为各国的优先事项。①

2021年6月美国燃油、燃气管道运营商 Colonial 公司输油管道遭到网络攻击而瘫痪，对汽油、柴油、喷气燃料和其他成品油价格产生影响，也暴露了美国石油、电力、水资源和其他国家关键能源基础设施的软肋。②

（四）展开法律战

在特朗普任期的最后一年里，美国对中国的制裁急剧扩大。2021年7月，美国宣布对新疆生产建设兵团及两名官员实施制裁。随后，美国商务部也宣布禁止与 TikTok 和微信相关的交易，将包括华为公司在内的数十家中国企业列入"实体名单"，禁止它们接受美国商品和技术。③ 除美国国内的法律战，美国还通过外交手段，迫使其盟国的政策与美国的政策保持一致，向60个国家施加压力，阻止资本自由流入各自的私营部门，以试图孤立中国，增加中国对外投资和贸易的成本。加入美国法律战阵营的国家和组织有欧盟、德国、法国、英国、日本、韩国、印度等。2019年3月，欧盟发布条例建立了欧盟成员国基于国家安全理由审查外国投资的框架，为成员国实施规定了最低门槛，并建立了一个促进所有成员国在任何一个成员国进行的审查中分享信息和提供投入的程序。2020年11月，英国对其外国直接投资筛选程序进行了改革，与美国的制度类似，实行"混合"审查模式。2021年，德国对国防和加密行业的投资设置了严格的审查，任何获得这些公司10%或以

---

① Inkoo Kang, "The future of global space governance for the new commercial era", https://www.atlanticcouncil.org/blogs/geotech-cues/global-space-governance-in-the-commercial-era/.

② Cynthia Quarterman, "Colonial Pipeline attack demonstrates that a more coherent cybersecurity strategy is necessary", https://www.atlanticcouncil.org/blogs/energysource/colonial-pipeline-attack-demonstrates-that-a-more-coherent-cyber-security-strategy-is-necessary/.

③ David Mortlock, "The 'Blocking statute': China's New Attempt to Subvert US Sanctions", https://www.atlanticcouncil.org/blogs/new-atlanticist/the-blocking-statute-chinas-new-attempt-to-subvert-us-sanctions/.

上投票权的非德国投资者必须在交割前获得德国联邦经济和能源部的批准。① 日本于 2019 年 5 月更新了外国直接投资筛选政策。2020 年 4 月，印度宣布要求所有外国投资必须获得政府批准。

可见，美国将中国描述为既定全球秩序的竞争对手和威胁，联合盟友和其所拉拢国家对中国展开法律战，利用涉疆、涉藏、涉港、涉台、涉海、涉疫等各种议题和借口，依据本国法律对中国个人、企业甚至国家实施"制裁"，粗暴干涉中国内政，对中国内外政策和有关立法修法议程进行指责、造谣、污蔑和攻击，为中国的对外投资和"一带一路"基础设施项目设置法律屏障，对中国发展进行遏制和打压。上述做法严重侵犯了中国主权、领土安全和国家利益，是以美国为首的西方霸权主义国家滥用"长臂管辖"的直接体现。

从国内实践上看，中国已通过《中华人民共和国出口管制法》《不可靠实体清单规定》《阻断外国法律与措施不当域外适用办法》予以反击。2021 年 6 月 10 日，十三届全国人大常委会第二十九次会议表决通过了《中华人民共和国反外国制裁法》。该法的通过和实施为中国对西方国家的一系列歧视性措施予以精准打击提供有力的法治支撑，为世界各国反对霸权主义和强权政治提供了中国智慧和中国方案，丰富了中国反制裁、反制"长臂管辖"的法律工具箱，提高了中国防范和化解涉外风险的能力。

## 第三节　中国的应对思路与建议初探

### 一　应对思路

面对复杂的外部环境，中国的应对策略初步包括如下几个方面：一是从欧美双边关系和中美双边关系视角来分析中国的应对策略，并充分

---

① John Kabealo, "The Growing Global Alignment in Regulating Chinese Trade and Investment", https：//www.atlanticcouncil.org/region/indo-pacific/.

利用美欧内部的矛盾为中国所用。二是从 G20、D10 等多边机制视角来分析中国的应对策略，中国应在各种多边机制平台发挥作用，提高中国的话语权，不能陷入被动应对的局面。三是从议题间的联系视角来分析中国的应对策略。从欧美联合起来对中国进行法律战的实践来看，欧美国家善于利用产业政策、贸易政策、法律机制以及科技、军事、外交等诸多手段，联合遏华制华。中国也应制定应对欧美的"全面战略"（Global Strategy），阐明中国的核心利益，确定中国对外行动的目标和任务，利用欧美西方国家的内部矛盾，综合运用军事、政治、经济、法律、外交、教育等多种手段应对遏制中国的混合威胁。四是从公共外交的视角来分析中国的应对策略。智库、非政府组织、民间团体等是中国对外宣传中国的政策立场、消除误解、树立中国形象的手段渠道，中国应发挥公共外交的优势，对外国政府官员及其公众开展公共外交。

## 二 应对建议

### （一）针对欧美联合利用多边机制（如 G20）打压中国

进一步挖掘 G20 集团内部各国与美国的分歧，为中国寻找可能的合作空间，充分利用 G20 平台为中国发声和正名、进行大国协调。

1. 利用美国与欧盟之间的矛盾

欧美之间的分歧主要体现在气候领域主导地位的争夺、疫苗专利豁免问题、"北溪 2 号"项目推进、数据协议、对华态度等方面。

尽管美国和欧盟维系了多年的盟友关系，但随着利益纽带的逐渐松弛，欧美之间的友谊大厦也在摇摇欲坠。因利益而黏合的联系，也最容易因为利益断开。虽然拜登上台以来，一直声称要修复大西洋伙伴关系，而其实际上的举动则让美欧关系雪上加霜。一方面，美国为了重新加入多边舞台，主动开启新的气候峰会，不仅仅是要抹去美国之前在气候问题的"污点"，甚至还企图夺取欧盟多年来在气候问题上苦心经营出来的主导地位；另一方面，对于德国主导的"北溪 2 号"项目的进展，美国也是多方阻挠，企图破坏本就脆弱的俄欧关系。就在欧盟

"誓死捍卫"疫苗的知识产权时，美国看似慷慨地号召疫苗专利豁免，导致欧盟陷于不利舆论之中，背地里却宣布禁止疫苗及其原材料出口。此外，欧美双方就数据协议问题也一直无法达成共识，斯诺登事件给欧洲人内心留下了深刻的阴影，2020 年欧盟最高法院驳回了"隐私保护"的计划，认为消费者数据的转移使欧洲人面临美国政府的监视，相关框架的商讨也再次搁置。而在对待与中国关系的一系列问题上，欧盟也经常被美国当作"武器"，美国站在"人权"道德高地，号召欧盟一同就新疆议题对中国进行"制裁"，但欧盟迎来的是中国的反击，除了遭到中国对 10 名欧洲官员的反制裁之外，还波及"中欧贸易协定"的前景。由于欧盟的经济及战略重点均与美国不同，欧盟与美国在对华态度上分歧颇多，而中国的不断"反击"，无疑让欧盟更加顾虑重重。

基于此，中国应推动建立有利于全球高科技产业发展的良好贸易体制与贸易环境。在高新技术领域，美国占据全球半导体市场的半壁江山并强势打压包括中国、欧盟在内的其他国家。半导体行业是一个严重依赖先进技术的全球性行业，其制造设备、设计、生产、测试封装，以及最终产品中的嵌入和验证的各个过程需要大量的研发投入，半导体行业在研发方面的支出占收入的比例是所有行业最高的，故而在很大程度上依赖一个透明的全球贸易和公平的竞争环境。

而考虑到美国在技术领域始终追求一家独大的企图，并不太可能为维护全球公平的贸易环境提供支持，甚至有可能成为暗中搞破坏的幕后黑手。因此，这或许为中国与欧盟弥合关系提供了一个契机。同样作为美国打压的受害者，不只是中国半导体产业被卡，欧洲各国也因身处牵一发而动的全球半导体产业链中而感受到了重重危机。在中国加快技术自主创新步伐的同时，欧盟于 2020 年底发布了《欧洲处理器和半导体科技计划联合声明》，宣布未来两三年内将投入 1450 亿欧元用于半导体产业，减少欧盟对海外（美国）制造的芯片的依赖。除技术发展以外，良好的全球贸易环境和稳定的贸易链条也将成为中国与欧盟的共同诉求，为此而推动相关贸易规定和准则在多边论坛的提出和双边（中国与欧盟、中国与欧洲国家）贸易协定的制定是中国可以在 G20 框架内寻求利益伙伴，冲出美国包围圈的契机。

2. 利用美国与土耳其的分歧

土耳其和美国都是北约成员，土耳其是美国在亚洲的一个战略支点，然而近年来土耳其和美国之间的盟友关系却出现了裂痕。土耳其近年来开始彰显自己的野心，不仅派军队进入叙利亚作战，而且还与希腊争夺海洋资源，甚至不惜以武力相威胁。这些举动招致美国反对，并且试图找借口控制土耳其。土耳其一直有意愿购买俄罗斯的 S-400 防空导弹系统，美国却担心如果土耳其一旦购买了俄罗斯的 S-400 防空系统，土俄双方的军事合作会加强，会影响美国出售给土耳其的 F-35 战机的安全性。为了制止土耳其进一步展开行动，美国冻结了对土耳其的所有武器销售，以向土耳其施加压力，迫使其放弃俄罗斯制造的 S-400 防空导弹系统。在将土耳其踢出 F-35 合作研发的团队之后，美国又宣布对土实施第二轮制裁，针对土耳其官员以及和俄罗斯有军事合作的国家机构，土耳其在美国的资产被冻结，土耳其被制裁的官员将不能进入美国境内，也不能同美国进行交易，土耳其的 1000 万美元贷款也将无法拿到。

不过土耳其的态度也并没有因为美国的施压而缓和，事实上，自从埃尔多安执掌土耳其政权之后，土耳其对美国不再是百依百顺，尤其是在获得了俄罗斯的军事援助之后，土耳其更无后顾之忧。2020 年土耳其就已经完成了 S-400 防空导弹系统的试射工作，从目前情况来看，土耳其购买俄罗斯防空系统的态度十分坚定，不会因为美国施压就会改变，美土之间的关系局势不明。

此外，尽管土耳其外交部多次发出警告，拜登政府依然决定承认第一次世界大战期间奥斯曼帝国对 150 万亚美尼亚人的屠杀为"种族灭绝"。美国长期以来将土耳其视为重要的北约盟国，一直避免将亚美尼亚大屠杀称为种族灭绝，大多以"大规模暴行"等词汇代替。而土耳其总统埃尔多安的威权主义领导方式，以及针对美国支持的叙利亚库尔德人、从俄罗斯购买S-400导弹防御系统等举措，导致美土两国关系紧张。拜登就职后承诺他的外交政策将以人权为中心，在考虑亚美尼亚问题时也不例外，美国与土耳其之间的紧张关系再度加剧。

美土之间的分歧为中国创造的契机是与土耳其进行经济合作，以促进中土关系发展。中国与土耳其一直以来的矛盾在于"东突"问题和新疆反恐。就目前的形势来看，土耳其的总统与外交部部长都曾多次表示不许任何人破坏中国主权和领土完整，针对中国的涉新疆极端言论主要来自土耳其反对党的几名官员，并未对双边关系造成根本性的破坏。2018年以来，里拉大幅度贬值，土耳其国内经济越发困难，还面临着以美国为首的北约和来自俄罗斯的双重压力，土耳其非常需要与其他国家展开经贸合作，而中国无疑是其目前的极佳选择。特别是新冠疫情暴发以后，在土耳其的疫情形势十分严峻的情况下，来自中国的疫苗帮助土耳其在边境地区有效构筑"免疫屏障"，中土关系也在不断升温。中土之间在经贸方面还有很大的合作空间，中国是土耳其第三大贸易伙伴和第一大进口国，"一带一路"倡议的提出，更是恰逢其时地给土耳其政府带来了经济复苏的希望。早在2015年土耳其主办G20峰会时，就十分期待中国能够在大型基础设施项目、亚投行项目融资、自由贸易区建设领域同土耳其展开合作。中国也有必要利用这个契机和新一届G20峰会，把双方的合作扩大到一个新的高度，两国都有智慧处理好新疆问题，避免让以美国为首的西方反华势力得逞。

（二）针对"D10"联盟

英国是"D10"联盟的发起者和推动者，其内容不仅涉及对5G技术联合抵制，还涉及香港、台湾、南海、中印领土争端、"一带一路"和新冠疫情的追责等诸多问题。建立技术联盟只是英美等国联合遏制中国的第一步，利用国际规则和贸易壁垒妨碍中国经济增长，最终遏制中国发展是其根本目的。

因此，中国要对以美英为首的西方国家组建"D10"联盟提早准备，针对其可能对中国发起的抹黑和抵制开展全面、充分、多元、有效应对。同时也要看到，由于西方国家内部分歧严重，受自身实力、利益分歧、对中国的产品和技术的依赖程度等多种因素制约，"D10" 联盟至今还只是一个政治倡议。从长期看，美国的盟友和伙伴更希望与中国建立稳定的关系，避免永久对抗，并在共同关心的议题上（如全球经济复苏、公共卫生、军控、防扩散、气候变化和发展援助等）开展合作。

### 1. 保持战略克制，寻求可能合作

拜登政府新设的印太事务协调员坎贝尔认为，"中国不断增长的力量确实破坏了印太地区的微妙平衡，并鼓舞了北京的领土冒险主义"，美国应该与盟友一起向北京传达中国目前的道路存在风险的信息，这是近期美国最具挑战性的任务。不过，坎贝尔并不希望中美关系恶化，主动提出 "双方暂停针锋相对，各自后退一步，再各自前进一步" 的设想，建议从签证、记者、领事等方面的改善做起。实际上，医疗卫生、环境保护、清洁能源也是中美两国可以合作的领域，双方应该积极主动寻求和解和可行合作，减少冲突、增强互信。

对英国来说，由于约翰逊并没有明说 "D10" 联盟的目标是对抗中国，而且其能否建立尚未确定，中国此时不宜提出正式的外交回应或者抗议，但要原则性重申中国在外交问题和国际关系上的一贯立场。像 2021 年 1 月 19 日外交部发言人华春莹主持例行记者会提到的那样："无论是什么国际组织或国际会议都应有利于增进各国互信与合作、有利于维护多边主义、有利于促进世界和平与稳定。我们反对以多边主义为幌子搞集团政治，反对将多边主义意识形态化针对特定国家，反对以多边主义为借口将极少数国家制定的规则强加给国际社会。希望有关国家能够在相互尊重、平等互利的基础上同其他国家发展友好合作关系。希望大家一起努力，让这个世界变得更好而不是更坏，更加和平而不是更加动荡，更加团结而不是更加分裂。"①

---

① 《外交部：中俄战略合作没有止境 没有禁区》，2021 年 1 月 19 日，人民网（world.people.com/n1/2021/0119/c1002-32005209. html。）

2. 针对不同国家采取特定外交政策，阻止"D10"联盟发挥对抗中国的作用

"D10"联盟内部诉求不一，有利于中国利用其内部分歧，阻止其发挥对抗中国的作用。例如，与中国有紧密经济联系的德国和意大利已经表达担忧，不希望"D10"联盟被视为印太地区新的反华联盟的基础。欧盟也不希望跟随美国，更愿意执行自己的中国政策，欧盟三国担心"D10"联盟成为英美主导的阵营，从而降低欧盟在国际政治中的地位，并被用来服务退出欧盟的"全球英国"利益。据彭博社2021年1月28日报道，英国欲邀请韩国、印度和澳大利亚三个亚洲国家参加七国集团峰会，日本表示"强烈反对"，主张峰会的目的应该是重建七国集团而不是与被邀请的"客人"建立"制度化"关系。印度虽然是世界上最大的"民主国家"，但印度政府因对待少数民族的歧视性政策而备受批评。印度长期以来一直避免加入西方阵营，担心沦为西方集团的工具。因此，印度也是"D10"联盟的不确定因素。澳大利亚是"D10"联盟的积极参与者。2020年5月美国作为G7峰会东道国，澳大利亚就积极游说美国。当时的美国总统特朗普想把G7峰会扩大为"G7+澳大利亚、韩国、印度和俄罗斯"的峰会。德国等欧洲国家抵制俄罗斯参加、日本不希望韩国参加。加上美国国内肆虐的新冠疫情，G7峰会不得不取消。澳大利亚总理斯科特·莫里森在2020年11月23日参加英国智库政策交流（Policy Exchange）网络会议时说："我们赞同他（指英国首相）对'七国集团'的雄心并感谢他邀请澳大利亚参加明年的会议。我期待参加英国主办的2021年G7峰会。"他重申澳大利亚希望与最大的贸易伙伴中国建立开放、透明和互利关系，但强调"澳大利亚坚决致力于与美国的持久同盟，这种同盟关系根植于我们共同的世界观、自由民主价值和市场为基础的经济模式。在任何时候，我们都必须忠于我们的价值、保护我们的主权。这是我们澳大利亚的国家利益"。

针对上述情况，中国可采取如下不同对策。

第一，加强与日本、韩国之间的对话，借 RCEP 东风，在已有 16 轮谈判的基础上推进中日韩自由贸易协定早日落地，巩固三方之间的关系。

第二，借中欧全面投资协定签署之机，加强与欧盟国家之间的经贸合作，削弱"D10"联盟对欧盟国家的吸引力。

第三，印度最终在"D10"联盟会扮演什么角色尚不明确，加上中印边境爆发数次冲突，中国对印度的政策需要更加谨慎、综合考量。如果印度将来成为"D10"联盟一员，中国可重点针对印度这个"失败的民主国家"，引导国际舆论质疑"D10"联盟目的的正当性。

第四，由于 RCEP 包含日本、韩国、澳大利亚三个"D10"成员，中欧全面投资协定将使中国与欧盟的经贸关系更为紧密，中国要着力促进中欧全面投资协定生效并切实履行，帮助中国在面对可能的国际政治阻碍时不至于陷入过于被动的境地，最大程度抵消"D10"联盟带来的不利影响。

第五，由于全面进步与跨太平洋伙伴关系协定（CPTPP）中有日本、加拿大、澳大利亚三个"D10"国家，英国表示将很快递交加入 CPTPP 的申请，韩国表示考虑加入 CPTPP，拜登政府尚未将重返 CPTPP 提上日程。中国可以尝试以 RCEP 为桥梁，通过 CPTPP 与其中的"D10"国家建立更直接、紧密的经贸联系，削弱"D10"联盟的封锁效应。

3. 大力推进高质量共建"一带一路"，密切同其他国家的经济联系，防止"D10"联盟不断扩大

布林肯以中国"一带一路"建设的成就来激发组建"D10"联盟的愿景，客观上反映了"一带一路"建设成果丰硕。中国要继续推进"一带一路"建设，通过"一带一路"巩固、发展同沿线国家的伙伴关系。

"D10"联盟忽视了绝大多数的发展中区域，如拉美、非洲、东南亚。这些发展中地区的国家缺乏先进技术和政治影响力，但人口众多，市场

潜力大。由于现阶段西方发达国家对中国的戒备态度，无论"D10"联盟成功与否，中国企业在欧美市场面临的限制和收紧政策，短期内不会改变。中国要更加重视发展中国家市场，用"农村包围城市"的战略，通过发展中国家扩大国际市场的规模，同时增加中国在发展中国家的软实力。

对新西兰等目前对华友好、经贸联系紧密但被排除在"D10"之外的西方国家，要积极互动，增进彼此对社会制度和治理体系的理解，适当从侧面发声。

充分利用中国庞大的经济体量和市场需求，吸引更多外部市场主体参与到国内大市场中，加快推进中欧全面投资协定、中日韩自由贸易协定、中国—海湾阿拉伯国家合作委员会自由贸易区等贸易投资协定谈判，扩大同"一带一路"沿线国家的经贸合作。

4. 稳住科技投入节奏，提高自主创新能力

高新技术是催生"D10"联盟的一大因素，面对挑战，中国要继续加大科技投入，坚持顶层设计，为科学技术研发提供充分的政治保障、经济支撑、法律支持。"十四五"规划，不仅要考虑国内发展的节奏，更要考量中美关系变化的节奏，其中的科技创新部分尤其需要强化执行，《中国制造2025》也宜在调整中实施。考虑到未来可能的"D10"联盟技术"孤立"，中国更应加大在自主技术研发方面的投入，促进产学研的快速循环，以商业化激励科研创新，以科技化推动企业发展，降低对外国技术的依赖，避免因自主创新能力不足陷入困境。

5. 改进对外宣传，揭露"D10"联盟的伪多边本质，更好阐述中国民主建设和人权保障成就

"D10"联盟集中在人权问题、以华为5G技术为代表的高新技术、区域霸权主义等方面，部分原因是历史文化和制度差异，误解的成分也很大，而消除误解的最佳方法就是沟通、对话。

如果"D10"联盟没有明确表示针对中国，中国不需要扮演"D10"联盟受害者角色。但在"D10"联盟行动的关键节点，中国可

通过多种途径适时揭批"D10"联盟的"伪多边主义"本质。2021年1月25日习近平主席在世界经济论坛达沃斯议程对话会上指出，在国际上搞"小圈子""新冷战"，只能把世界推向分裂甚至对抗。一个分裂的世界无法应对人类面临的共同挑战，对抗将把人类引入死胡同。[①]德国总理默克尔第二天就表示赞成，反对在中美之间站队，取得了很好的效果。

长期以来，西方国家通过操控自由权规则话语权，任意评判他国民主实现程度和人权保障状况。当前，国际关系中的意识形态和价值观因素正在上升，西方国家抹黑中国政治制度和发展道路的做法不断升级。中国要改进对外宣传报道工作，把中国在民主和法治建设、人权保障等方面取得的历史性成就讲好；同时主动"以攻为守"，改变以前回避运用自由权规则的消极防御状态，通过批准有关人权的国际公约，积极参与公约机制建设与运行；通过推荐中国籍专家进入联合国人权事务委员会，提升规则创设、解释和运用话语权，反对西方国家在人权问题上搞"双重标准"，推动国际人权规则朝着更加公正合理的方向发展。

6. 深化智库交流，不断丰富应对的策略选择

英美智库对"D10"联盟的看法并不一致。如英国皇家事务研究所、美国"防务一号"等智库，并非完全赞同"D10"联盟。中国要深化国内外智库交流，鼓励中国学术界对民主概念进行创造性基础研究，改变西方对民主问题的垄断式论述；鼓励学术界和智库与西方国家非官方的接触和交流，向世界讲述民主的中国模式和中国道路，增强中国在民主议题上的软实力。对于外国智库提出的主张和建议，可以在智库层面予以积极应对、批驳，讲出外交部门和官方不方便讲、不适合讲的话，扩大中国应对策略选择度。

（三）针对外国民众对中国的误解

利用好G20峰会等相关配套活动，积极参与G20系列论坛，从民

---

① 习近平：《让多边主义的火炬照亮人类前行之路——在世界经济论坛"达沃斯议程"对话会上的特别致辞》，人民出版社2021年版，第5页。

间渠道全面阐述有关国际贸易规则公平化改革、数字治理规则制定等方面的中国主张，打造更加丰满、立体的中国国际形象与影响力。后文以二十国集团青年峰会（YOUTH 20，亦称Y20）和二十国集团科学论坛（SCIENCE 20，亦称S20）为例介绍。

1. 二十国集团青年峰会

二十国集团青年峰会是公认最具影响力的青年领袖国际外交论坛，自2010年创建以来，一直是唯一一个官方认可的供来自G20国家的年轻一代讨论全球问题、寻找解决方案，向G20国家元首和政府首脑表达他们的愿景和想法的平台，峰会后会将一系列与G20议程相关的商定建议汇编成一份联合公报，代表国际青年对G20优先事项的看法。2021年7月，二十国集团青年峰会由意大利青年大使协会主办，主要关注创新、数字化和未来工作，可持续性发展、气候变化和清洁能源以及包容性和平等机会等方面的议题。

与欧盟成员国的青年代表相比，中国青年代表参与论坛的次数屈指可数，除2016年中国作为主办方由复旦大学承办的一次论坛之外，仅有2013年哈尔滨工程大学的5名学生参与过当年在俄罗斯举办的论坛（作关于"冷屋顶"环保材料的报告）。尽管二十国集团青年峰会的官方网站提供了提交提案参与线上讨论的方式，但是在中国国内特别是高校群体中对此峰会的关注度和参与度远远不够。如何促进高校引导、教师带头下的青年学子国际事务参与度，让世界各国的专家听到来自"中国的年轻声音"是十分值得思考的问题。一方面，从主办方来看，中国青年目前参与过的论坛无外乎由中国自己主办或由与中国关系相对亲近的国家主办，自2019年后疫情援助与贸易合作以来，中国与意大利的关系一直平稳向好，这为中国青年参与意方主办的论坛奠定了良好基础。另一方面，从参与者来看，中国青年的中坚力量来自各个高校，应在高校内就论坛举办与参与的事宜进行更广泛的宣传，吸引教师带队、优秀学生参与，并在全国高校范围内形成一定的选拔机制，持续向二十国集团青年峰会输送稳定的中国"话筒"。

2. 二十国集团科学论坛

二十国集团科学论坛首办于 2017 年，汇集了二十国集团内的科学家和相关学会，他们定期作为"G20 参与小组"举行会议，独立于政府工作。他们在每次首脑会议之前向二十国集团轮值主席国提出正式建议，丰富了 G20 的决策过程。

2021 年的论坛由意大利纳齐奥纳莱·戴·林西学会 9 月在罗马举办，此次论坛的主题是"为大流行疾病做好准备"，并从更广泛的包容和参与的角度讨论科学界对人类流行病灾难的研究方案以及各国政府可能采取的政策选择。同时，论坛还把注意力转向危机的概念，从经济、社会、法律、文化等角度分析危机对各国社会的广泛影响。

二十国集团科学论坛的存在时间并不算太长，但对于新冠疫情暴发以来的世界显然十分重要。考虑到全球范围内新冠病毒毒株变异仍时有发生，中国在抗击疫情、疫苗研发和经济全面复苏方面的经验将成为中国参与论坛并积极发声的实力与底气。未来推广中国的数字人民币、数字经济模式，以及在人工智能、量子力学等领域影响规则制定和突出中国话语权，也离不开中国科学家在二十国集团科学论坛中发声。

# 参考文献

## （一）外文文献

官方文件：

Antonio Missiroli，"Towards an EU Global Strategy：Background，Process，References"，European Union Institute for Security Studies，2015.

Commission & High Representative of the Union for Foreign Affairs and Security Policy，"A New Response to a Changing Neighbourhood"，Brussel，25/05/2011，COM（2011）303.

Commission of the European Communities，Europe and the Mediterranean，Background Report ISEC/B21，December 1994.

Communication from the Commission，"The Establishment of a Comprehensive Partnership with China"，Brussels，25. 03. 1998 COM（1998）181 final.

EEAS，"The Sinatra Doctrine，How the EU Should Deal with the US-China Competition"，Brussels，27 August 2020，https：//eeas. europa. eu/regions/asia/84484/sinatra-doctrine-how-eu-should-deal-us% E2% 80% 93china-competition_ en.

Emmanuel Macron，"Ambassadors'Conference-Speech by M. Emmanuel Macron，President of the Republic"，27 August 2019，https：//lv. ambafrance. org/Ambassadors-conference-Speech-by-M-Emmanuel-Macron-President-of-the-Republic.

EU Commission Press, "EU charts new ground in global connectivity-looks to boost strategic ties with Asia", Posted on 26 September 2019.

Europa Connectivity Forum, https：//ec. europa. eu/epsc/events/eu-asia-connectivity_ en.

European Commission & High Representative of the Union for Foreign Affairs and Security Policy, "A Partnership for Democracy and Shared Prosperity with the Southern Mediterranean", Brussels, 8. 3. 2011, COM (2011) 200 final.

European Commission and EEAS, "Eastern Partnership policy beyond 2020. Reinforcing resilience-an Eastern Partnership that delivers for all", Brussels, 18. 3. 2020 JOIN (2020) 7 final.

European Commission and EEAS, "Review of the European Neighbourhood Policy", JOIN/2015/50, 18 November 2015.

European Commission and HR/VP contribution to the European Council, "EU-China-A strategic outlook", Strasbourg, 12. 3. 2019 JOIN (2019) 5 final.

European Commission, "A Long Term Policy for China-Europe Relations", Brussels, 05. 07. 1995 COM (1995) 279 final.

European Commission, "Closer Partners, Growing Responsibilities A policy paper on EU-China trade and investment: Competition and Partnership", Brussels, 24. 10. 2006 COM (2006) 632 final.

European Commission, "Coronavirus: EU global response to fight thepandemic", Brussels, 8 April 2020, https：//ec. europa. eu/commission/presscorner/detail/en/ip_ 20_ 604.

European Commission, "Eastern Partnership", Brussels, COM (2008) 323 final, 3 December 2008.

European Commission, "Elements for a New EU Strategy on China", Part II, Joint Communication to the European Parliament and the Council,

Brussels, 22. 6. 2016, JOIN (2016) 30 final.

European Commission, "Establishing a Euro-Mediterranean Partnership", the Barcelona Conference 27－28 November, http: //europa. eu. int/en/agenda/euromed. html.

European Commission, "EU Energy in figures", Statistical Pocketbook 2017, https: //ec. europa. eu/energy/sites/ener/files/documents/pocket book energy 2017 web. pdf.

European Commission, "EU-US: A new transatlantic agenda for global change", Brussels, 2 December 2020.

European Commission, "Hong Kong Special Administrative Region: Annual Report for 2019", Brussels, 22. 7. 2020 JOIN (2020) 13 final.

European Commission, "Joint staff working document: towards a new European neighbourhood policy", SWD (2015) 500 final.

European Commission, "Proposal for a decision of the European Parliament and of theCouncil on establishing an information exchange mechanism with regard to intergovernmental agreements and non-binding instruments between Member States and third countries inthe field of energy and repealing Decision No 994/2012/EU", Brussels, 16 February 2016.

European Commission, "Questions and Answers on the Commission proposal to amend the Gas Directive (2009/73/EC)", 8 November 2017, http: //eurooa. eu/rapid/press-release MEMO－17-4422_ en. htm.

European Commission, "Shared Vision, Common Action: A Stronger Europe—A Global Strategy for the European Union's Foreign and Security Policy", https: //eeas. europa. eu/sites/eeas/files/eugs _ review _ web _ 0. pdf.

European Commission, "Statement by President von der Leyen at the joint press conference with President Michael, following the EU-China Summit videoconference", 22 June 2020,

European Commission, "The EU and its neighbours: Tackling Security Challenges Together", THE EU AND ITS NEIGHBOURS, Tackling Security Challenges Together, November 2020, https://ec. europa. eu/neighbourhood-enlargement/sites/default/files/security _ dimensions _ factsheet. pdf.

European Commission, "Trade for All: Towards a more responsible trade and investment policy", https://trade. ec. europa. eu/doclib/docs/2015/october/tradoc_ 153846. pdf.

European Commission, "Trade in Goods with Western Balkans 6: Directorate-General for Trade", Units A4/G2, 16 April 2006, http://trade. ec. europa. eu/doclib/docs/2006/September/tradoc_ 111477. pdf

European Commission, "Western Balkans Summit in Sofia: Important steps taken to advance regional cooperation to boost socio-economic recovery and convergence with the EU", Economic and Investment Plan for the Western Balkans, November 2020.

European Council conclusions on Ukraine, Foreign Affairs Council meeting, Brussels, 3 March 2014, http://www. consilium. europa. eu/en/workarea/downloadAsset. aspx? id = 15517.

European Council of the European Union, "Russia: The EU prolongs economic sanctions for another six months", 17 December 2020, https://www. consilium. europa. eu/en/press/press-releases/2020/12/17/russia-the-eu-prolongs-economic-sanctions-for-another-six-months/.

European Council, "Declaration by the High Representative on behalf of the EU on the Award Rendered in the Arbitration between the Philippines and China", 15 June 2016.

European Council, "Enropean Security Strategy: A Secure Europe in a Better World", December 2003, https://www. consilium. europa. eu/media/30823/qc7809568enc. pdf, last accessed on April 10, 2018.

European Council, "EU-China summit via video conference", 22 June 2020, https://www. consilium. europa. eu/en/meetmgs/intemational-summit/2020/ 06/22/.

European Council, "Report on the Implementation of the Enropean Security Strategy", December 2003, https://www. consilium. europa. eu/media/ 30823/qc7809568enc. pdf, last accessed on March17, 2018.

European External Action Service, "The European Union in a Changing Global Government", March 2016, https://eeas. europa. eu/archives/ docs/docs/strategic_ review/eu-strategic-review_ executive_ summary_ en. pdf, last accessed on April10, 2018.

European Parliament, "European Parliament Resolution of 16 December 2015 on EU-China Relations".

European Parliament, "The EU's Russia policy Five guiding principles", Briefing February 2018 EPRS, https://www. Europarl. europa. eu/Reg Data/etudes/BRIE/2018/614698/EPRS _ BRI ( 2018 ) 614698 _ EN. pdf.

European Union, "End Militarization of South China Sea", 13 March 2016, http:// www. rappler. com/world/regions/asia-pacific/125681 – european-union-militarization-south-china-sea.

Mogherini F. , "Europe and Asia-together for a more secure world", Brussels, 28 May 2018.

NATO, "London Declaration 2019", 3 – 4 December 2019, https:// www. nato. int/cps/en/natohq/officid_ texts_ i7i584. htm.

Office of the United States Trade Representative, "Section 301 of the Trade Act of 1974 empowers the US Trade Representative to investigate and respond to unfair trade practices by America's trade partners", https:// ustr. gov/about-us/policy-offices/press-office/fact-sheets/2018/june/section – 301 –investigation-fact-sheet.

The European Commission, "Joint Report to the European Parliament and The Council: EU-China A Strategic Outlook", https://eur-lex. europa. eu/legal-content/EN/TXT/PDF/? uri = CELEX: 52019JC0005, last accessed on December 31, 2020.

The White House, "National Security Strategy of the United States of America", Washington, D. C., 2017, https://trumpwhitehouse. archives. gov/wp-content/uploads/2017/12/NSS-Final-12-18-2017-0905. pdf.

The White House, "President trump's administration is advancing a free and open Indo-Pacific through investments and partnerships in economics, security, and governance", 18 November 2018, https://www. whitehouse. gov/briefings-statements/president-trumps-administration-advancing-free-open-indo-pacific-investments-partnerships-economics-security-governance/.

Ursula von der Leyen, "Mission Letter to Josep Borrell", 10 September 2019, https://ec. europa. eu/commission/sites/beta-political/files/mission-letter-josep-borrell-2019_ en. pdf.

Ursula von der Leyen, "Political Guidelines for the Next European Commission 2019 - 2024", 16 July 2019, https://ec. europa. eu/commission/sites/beta-political/files/political-guidelines-next-commission_ en. pdf.

World Bank Group, "Russia Economic Report: Modest Growth-Focus on Informality", Russia Economic Report, No. 41, June 2019, http:// documents. worldbank. org/curated/en/332081560895493011/pdf/Russia-Economic-Report-Modest-Growth-Focus-on-Informality. pdf.

著作:

Barry, Buzan and Foot, Roswmary, eds. , Does China Matter? A Reassessment: Essays in Memory of Gerald Segal, London: Routledge, 2004.

Castellan, G. , History of the Balkans: From Mohammed the Conqueror to Stalin, NewYork: Colombia University Press, 1992.

Demko George J. and Wood, Wiliam B. , eds. , Reordering the World:

Geopolitical Perspectives on the 21st Century (Second Edition), Boulder: Westview Press, 1999.

Dodds Klaus and Atkinson, David, ed al., Geopolitical Traditions: A Century of Geopolitical Thought, London: Routledge, 2000.

Flint, Colin and Taylor, Peter J., Political Geography, London: Routledge, 2018.

George, Susan, We the Peoples of Europe, London: Pluto Press, 2008.

Gramsci, Antonio, Selections from the Prison Notebooks, translated by Quintin Hoare and Geoffrey Nowell-Smith, London: Lawrence & Wishart, 1971.

Guzzini, Stefano, The Return of Geopolitics in Europe: Social Mechanisms and ForeignPolicy Identity Crises, UK: Cambridge University Press, 2013.

Haas, Ernst B., The Uniting of Europe: Political, Social and Economic Forces 1950-1957, Stanford University Press, 1958.

Helen R., eds., The Geography of the Peace, New York: Harcourt Brace & Co, 1944.

Hill, Christopher and Smith, Karen, eds., European Foreign Policy: Key Documents, London: Routledge, 2000.

Hüther, Michael, eds., Matthias Diermeier and Henry Goecke, Die erschöpfte Globalisierung: Zwischen transatlantischer Orientie-rung und chinesischem Weg, Wiesbaden, 2018.

Jelavich, Barbara, History of the Balkans. Eighteenth and nineteenth centuries, Cambridge: Cambridge University Press, 1983.

Joris Larik, "The EU's Global Strategy in the Age of Brexit and 'America First' ", December 2017, https: //ghum. kuleuven. be/ggs/publications/working_ papers/2017/193larik, last accessed on Janurary 17, 2018.

Mackinder, Halford, Democratic Ideals, and Reality: A Study in the Politics of Reconstruction, London: Constable, 1919.

Mackinder, Halfors, Democratic Ideals, and Reality: A Study in the Politics of Reconstruction, London: constable, 1919.

Mahan, Alfred Thayer, The Influence of Sea Power Upon History, 1660 – 1783, New York: Little and Brown, 1987.

Mccormic, John, Understanding the European Union, London: Macmillan Press, 1999.

Pap, András L. , "Democratic Decline in Hungary: Law and Society in an Illiberal Democracy", London: Routledge, 2018.

Slon, Geoffrey, Geopolitics in United States Strategic Policy, 1890 – 1987, New York: Palgrave Macmillan, 1988.

Watson, Hugh Seton, Eastern Europe between the Wars: 1918 – 1941, London: Cambridge University Press, 1946.

Whitman, Richard G. , From Civilian Power to Superpower? The International Identityof the European Union, London: Macmillan Press LTD, 1998.

Wiessala, Georg, Wilson, John, and Taneja, Pradeep, eds. , The European Union and China, London: Red Globe Press, 2019.

文章:

Attila Ágh, "The Renewal of the EU Democracy: From Multilevel Governance to Global Governance", *Journal of Comparative Politics*, Vol. 3, No. 1, 2010.

Banik, Dan and Bull, Benedicte, "Chinese Engagement in Africa and Latin America: Does It Matter for State Capacity?", *Third World Thematics: ATWQ Journal*, Vol. 3, No. 4, 2018.

Biden, Joseph R. Jr. , "Why America Must Lead Again: Rescuing U. S. Foreign Policy After Trump", *Foreign Affairs*, Vol. 99, No. 2, 2020.

Chen, Xuechen, "The role of ASEAN's identities in reshaping the ASEAN-EU relationship", *Contemporary Southeast Asia*, Vol. 40, No. 2, 2018.

Christou, George, "European Union Security Logics to the East: The European Neighbourhood Policy and the Eastern Partnership", *European Security*, Vol. 19, No. 3, 2010.

Crowe, Brian, "Towards a European Foreign Policy", *The Hague Journal of Diplomacy*, Vol. 1, No. 1, 2006.

Damro, Chad, "Market power European", *Journal of European Public Policy*, Vol. 19, No. 5, 2012.

David, Wilkinson, "Unipolarity without Hegeminy", *International Studier Review*, Vol. 1, No. 2, 1999.

Edwards, Geoffrey, "The Construction of Ambiguity and the Limits of Attraction: Europe and its Neighbourhood Policy", *Journal of European Integration*, Vol. 30, No. 1, 2008.

Farrell, Henry and Newman, Abraham L. , "Weaponized Interdependence: How Global Economic Networks Shape State Coercion", *International Security*, Vol. 44, No. 1, 2019.

Felgenhauer, Pavel, "Russia Exports Its Missile Early-Warning Knowhow to China", *The Jamestown Foundation, Eurasia Daily Monitor*, Vol. 16, No. 140, 2019.

Klinke, Ian, "Geopolitics and the political right: lessons from Germany", *International Affairs*, Vol. 94, No. 3, May 2018.

Kmezić, Marko, "Rule of Law and Democracy in the Western Balkans: Addressing the Gap between Policies and Practice", *Southeast European and Black Sea Studies*, Vol. 20, No. 1, 2020.

Krickovic Andrej, "When Interdependence Produces Conflict: EU-Russia Energy Relations as a Security Dilemma", *Contemporary Security Policy*, Vol. 36, No. 1, 2015.

Kropatcheva, Elena, "Playing Both Ends Against the Middle: Russia's Geopolitical Energy Games with the EU and Ukraine", *Geopolitics*, Vol. 16, No. 3, 2011.

Levitsky, Steven and Way, Lucan Ahmad, "International linkage and democratization", *Journal of Democracy*, Vol. 16, No. 3, 2005.

Manners, I. , "The Normative ethics of the European Union", *International Affairs*, Vol. 84, No. 1, 2008.

Marco Siddi, "The Role of Power in EU-Russia Energy Relations: The Interplay between Markets and Geopolitics", *Europe Asia Studies*, Vol. 70, No. 10, December 2018.

Michael Smith, "Implementing the Global Strategy Where It Matters Most: The EU's Credibility Deficit and the European Neighbourhood", *Contemporary Security Policy*, Vol. 37, No. 3, 2016.

Mroz, John Edwin and Pavliuk, Oleksandr, "Ukraine: Europe's Linchpin", *Foreign Affairs*, Vol. 75, No. 3, May/June 1996.

Mudde, Cas, "The 2019 EU Elections: Moving the Center", *Journal of Democracy*, Vol. 30, No. 4, October 2019.

Nathalie Tocci, "The Making of the EU Global Strategy", *Contemporary Security Policy*, Vol. 37, No. 3, 2016.

Nitoiu, Cristian and Sus, Monika, "Introduction: The Rise of Geopolitics in the EU's Approach in its Eastern Neighbourhood", *Journal Geopolitics*, Vol. 24, No. 1, 2019.

Richard, Yann and Guérin-Pace, France, "The EU and Its Neighbourhoods: A Textual Analysis on Key Documents of the European Neighbourhood Policy", *Geopolitics*, Vol. 20, No. 4, 2015.

Riddervold, Marianneand Newsome, Akasemi, "Transatlantic Relations in Times of Uncertainty: Crises and EU-US Relations", *Journal of European Integration*, Vol. 40, No. 5, 2018.

Ross Robort S. , "The Geography of the Peace: East Asia in the Twenty-first Century", *International Security*, Vol. 23, No. 4, 1999.

Shao, Cheng Tang, "The EU's Policy Towards China and the Arms Embargo", *Asia Europe Journal*, Vol. 1, No. 3, 2005.

Shapiro, Jeremy, "Why Trump Can Safely Ignore Europe", *Foreign Affairs*, 15 May 2018.

Siddi, Marco, "The EU's Botched Geopolitical Approach to External Energy Policy: The Case of the Southern Gas Corridor", *Geopolitics*, Vol. 24, No. 1, 2019.

Silva, Paul M. and Selden, Zachary, "Economic Interdependence and Economic Sanctions: A Case Study of European Union Sanctions on Russia", *Cambridge Review of International Affairs*, Vol. 33, No. 2, 2020.

Smith, Michael E. , "Transatlantic Security Relations since the European Security Strategy: What Role for the EU in its Pursuit of Strategic Autonomy?", *Journal of European Integration*, Vol. 40, No. 5, 2007.

Sven Biscop, "All or Nothing? The EU Global Strategy and Defence Policy after the Brexit", *Contemporary Security Policy*, Vol. 37, No. 3, 2016.

Viljar Veebel and Raul Markus, "Lessons from the EU-Russia Sanctions 2014-2015", *Baltic Journal of Law & Politics*, Vol. 8, No. 1, 2015.

Vilpiauskas, Ramūnas, "Eurozone Crisis and European Integration: Functional Spillover, Political Spillback?", *Journal of European Integration*, Vol. 35, No. 3, 2013.

智库报告:

Carlson, Brian G. , "Vostok-2018: Another Sign of Strengthening Russia-China Ties. Not an Alliance, but Defense Cooperation Is Growing", German Institute for International and Security Affairs, SWP Comment, No. 47, November 2018, https://www. swp-berlin. org/fileadmin/ contents/products/comments/2018C47_ Carlson. pdf.

Center, Pew Research, "Attitudes toward China", 5 December 2019, https://www. pewresearch. org/global/2019/12/05/attitudes-toward-china - 2019/.

Center, Pew Research, "Chinese Public Sees More Powerful Role in World, Names U. S. as Top Threat", 5 October 2016, https://www. pewres earch. org/global/2016/10/05/chinese-public-sees-more-powerful-role-in-world-names-u-s-as-top-threat/.

Center, Pew Research, "Global Attitudes Toward China and the U. S. ", 21 September 2017, https://www. pewresearch. org/global/2017/09/21/global-attitudes-toward-china-and-the-u-s/.

Center, Pew Research, "International publics divided on China", 1 October 2018, https://www. pewresearch. org/global/2018/10/01/international-publics-divided-on-china/.

Center, Pew Research, "Russians warm to China as relations with U. S. cool", 8 July 2015, https://www. pewresearch. org/fact-tank/2015/07/08/russians-warm-to-china-as-relations-with-u-s-cool/

Diamantopoulou, Anna, "Five ways that the coronavirus should transform the EU", 3rd June 2020, https://www. ecfr. eu/article/commentary_five_ ways_ that_ the_ coronavirus_ should_ transform_ the_ eu.

Gros, Daniel, "This is not a trade war, it is a struggle for technological and geo-strategic dominance", CESifo Forum 1/2019 March Volume 20.

Landesmann, Michael, "The New North-South Divide in Europe: Can the European Convergence Model be Resuscitate?", *Vienna Institute Monthly Report*, 2013.

Lippert, Barbara, eds. , "European Strategic Autonomy: Actors, Issues, Conflicts of Interests", SWP Research Paper, March 2019, https://www. swp-berlin. org/fileadmin/contents/products/research_ papers/2019 RP04_ lpt_ orz_ prt_ web. pdf.

Munich Security Report 2017, "Post-Truth, Post-West, Post-Order?", https://security conference. org/.

Munich Security Report 2018, "To the Brink-and Back?", https://security conference. org/.

Munich Security Report 2019, "The Great Puzzle: Who Will Pick Up the Pieces?", https://security conference. org/.

Munich Security Report 2020, "Westlessness", https://security conference. org/.

NATO, "Remark by NATO Secretary General Jens Stoltenberg on launching #NATO2030 – Strengthening the Alliance in an increasingly competitive world", https://www. nato. int/cps/en/natohq/opinions_ 176197. htm.

Sandschenider, Eberhard, "Is China's military modernization a concern for the EU?", in Marcin Zaborowski, ed. , *Facing China's Rise: Guidelines for an EU Strategy*, Chaillot paper, EU Institute for Security Studies, Paris, December 2006.

Schulze, Matthias and Voelsen, Daniel, "Digital Spheres of Influence", in SWP Berlin, "Strategic Rivalry between United States and China", April 2020.

Servoz, Michael, "The Future of Work? Work of the Future: On How Artificial Intelligence, Robotics and Automation are Transforming Jobs", European Commission Report, May 2019.

Zenglein, Max J. and Holzmann, Anna, "Evolving Made in China 2025: China's IndustrialPolicy in the Quest for Global Tech Leadership", Berlin: Mercator Institute for China Studies, July 2019, https://www. merics. org/sites/default/files/2019−07/MPOC_ 8_ MadeinChina_ 2025_ final_ 3. pdf.

网站:

Aron, Leon, "Are Russia and China Really Forming an Alliance? The Evidence Is LessThan Impressive", Foreign Affairs, 4 April 2019, https: //www. foreignaffairs. com/articles/china/2019-04-04/are-russia-and-china-really-forming-alliance.

Balazs Ujvari, ed. , "The EU Global Strategy: Going beyond Effective Multilateralism?", June 2016, https: //core. ac. uk/download/pdf/7683080 7. pdf, last accessed on May10, 2019.

Chen, YoJung, "South China Sea: The French Are Coming", The Diplomat, 14 July 2016, https: //carnegieeurope. eu/2019/09/06/young-russians-are-losing-trust-in-putin-s-regime-and-thinking-of-leaving-country-pub-79806.

Frank, Anastasia, "Vector of the European Political Agenda is Changing: Russia is Becoming a Necessary Partner", The Duran, 19 February 2020, https: //theduran. com/vector-of-the-european-political-agenda-is-changing-russia-is-becoming-a-necessary-partner/.

Franke, Ulrike and Sartori, Paola, "Machine Politics: Europe and the AI Revolution", Policy Brief, European Council on Foreign Relations, July 2019.

HR/VP speeches, "The EU in the multilateral system", https: //eeas. europa. eu/headquarters/headquarters-homepage/85409/eu-multilateral-system_ en.

Joseo Borrell, "Building multilateralism for the 21st Century", 17/02/2021, https: //eeas. europa. eu/headquarters/headquarters-homepage/93360/ building-multilateralism-21st%C2%A0century_ en.

Joseo Borrell, "Europe security and defence: the way forward", https: // eeas. europa. eu/headquarters/headquarters-homepage/81247/europe-security-and-defence-way-forward_ en.

Josep Borrell, "A new start for the Mediterranean", 02/03/2021, https: // eeas. europa. eu/headquarters/headquarters-homepage/94666/new-start-med iterranean_ en

Josep Borrell, "Green light for EU membership talks with Albania and North Macedonia is good news for the region and the EU", https: //eeas. europa. eu/regions/western-balkans/76539/hrvp-josep-borrell-green-light-eu-membership-talks-albania-and-north-macedonia-good-news_ en.

Josep Borrell, "Making the EU a global player", https: //eeas. europa. eu/headquarters/headquarters-homepage/93220/making-eu-global-player_ en.

Kaczmarski, Marcin, "The Future of Russia-China Relations", Atlantic Community, 16 July 2019, https: //atlantic-community. org/the-future-of-russia-china-relations/.

Kluge, Janis, "Mounting Pressure on Russia's Government Budget. Financial and PoliticalRisks of Stagnation", German Institute for International and Security Affairs, SWP ResearchPaper, No. 2, February 2019, https: //www. swp-berlin. org/fileadmin/contents/products/research_ papers/2019RP02_ klg. pdf

Markovic, Frantisek, "Vladimir Putin's Regime is Battling to Survive", Forbes, 6 September 2019, https: //www. forbes. com/sites/frantisek markovic/2019/09/06/vladimir-putins-regime-is-battling-to-survive/.

Osborn, Andrew and Lee, Joyce, "First Russian-Chinese Air Patrol in Asia-Pacific Draws Shots from South Korea", Reuters, 23 July 2019, https: //www. reuters. com/article/us-southkorea-russia-aircraft/first-russian-chinese-air-patrol-in-asia-pacific-draws-shots-from-south-korea-idUSKCN1UI072.

Paikin, Zachary, "Russia's Pivot to the East: Where Does It Leave the EU?", European Council on Foreign Relations, 21 February 2019, https: //www. ecfr. eu/article/commentary_ russias_ pivot_ to_ the_ east_ where_ does_ it_ leave_ the_ eu.

Robert Kappel, "The Challenge to Europe: Regional Powers and the Shifting of the Global Order", *Intereconomics*, Vol. 46, 2011, https: //www. in tereconomics. eu/contents/year/2011/number/5/article/the-challenge-to-europe-regional-powers-and-the-shifting-of-the-global-order. html，last accessed on April 6，2018.

Sasse，Gwendolyn and Krawatzek，Félix，"Young Russians Are Losing Trust in Putin's Regime and Thinking of Leaving the Country"，Carnegie Europe，6 September 2019.

### （二）中文文献

中文著作：

［德］弗里德里希·李斯特：《政治经济学的国民体系》，陈万煦译，商务印书馆 1983 年版。

《马克思恩格斯全集》第 20 卷，人民出版社 1971 年版。

［法］戴高乐：《希望回忆录·第一卷·复兴（1958—1962）》，上海人民出版社 1973 年版。

［法］法布里斯·拉哈：《欧洲一体化史 1945—2004》，中国社会科学出版社 2005 年版。

［法］吉斯卡尔·德斯坦：《德斯坦回忆录——权利与人生》，世界知识出版社 1991 年版。

［法］帕斯卡尔·拉米：《以欧洲的名义》，苗建敏译，中信出版社 2004 年版。

［联邦德国］彼得·本德尔：《盘根错节的欧洲》，马灿荣译，世界知识出版社 1984 年版。

［美］戴维·卡莱欧：《欧洲的未来》，冯绍雷、袁胜育、王蕴秀译，上海人民出版社 2003 年版。

［美］亨利·基辛格：《动乱年代——基辛格回忆录》，世界知识出版社 1980 年版。

［美］科林·弗林特、［英］皮特·泰勒：《政治地理学：世界—经济、民族—国家与地方》，刘云刚译，商务印书馆 2016 年版。

［美］罗伯特·A.帕斯特：《世纪之旅：七大国百年外交风云》，胡利来、杨韵琴译，上海人民出版社 2001 年版。

［美］罗伯特·卡根：《历史的回归和梦想的终结》，陈小鼎译，社会科学文献出版社 2013 年版。

［美］麦金德：《陆权论》，徐枫译，群言出版社 2015 年版。

［美］尼古拉斯·斯皮克曼：《和平地理学：边缘地带的战略》，上海人民出版社 2016 年版。

［美］塞缪尔·亨廷顿：《第三波：20 世纪后期民主化浪潮》，生活·读书·新知三联书店 1998 年版。

［美］约瑟夫·奈：《美国霸权的困惑——为什么美国不能独断专行》，郑志国等译，世界知识出版社 2002 年版。

［美］约瑟夫·奈：《权力大未来》，王吉美译，中信出版社 2012 年版。

［美］詹姆斯·多尔蒂、小罗伯特·普法尔茨格拉夫：《争论中的国际关系理论》，阎学通、陈寒溪等译，世界机械出版社 2015 年版。

［美］兹比格纽·布热津斯基：《大棋局：美国的首要地位及其地缘战略》，中国国际问题研究所译，上海世纪出版社 2007 年版。

［意］马里奥·泰洛：《国际关系理论：欧洲视角》，潘忠岐等译，上海人民出版社 2011 年版。

［英］巴里·布赞：《美国与诸大国：21 世纪的世界政治》，刘永涛译，上海世纪出版社 2007 年版。

［英］巴里·布赞、理查德·利特尔：《世界历史中的国际体系——国际关系研究的再构建》，刘德斌等译，高等教育出版社 2004 年版。

［英］杰弗里·帕克：《地缘政治学：过去、现在和未来》，刘从德译，新华出版社 2003 年版。

［英］玛格丽特·撒切尔：《撒切尔夫人回忆录·唐宁街十号》，远方出版社 1997 年版。

［英］苏珊·斯特兰奇：《权力流散：世界经济中的国家与非国家权威》，肖宏宇、耿协峰译，北京大学出版社 2005 年版。

程卫东、李靖堃译：《欧洲联盟基础条约——经〈里斯本条约〉修订》，社会科学文献出版社 2010 年版。

陈朝高：《欧洲一体化与世界》，时事出版社 1999 年版。

房乐宪：《欧洲政治一体化理论与实践》，中国人民大学出版社 2009 年版。

冯特君：《当代世界政治经济与国际关系》，中国人民大学出版社 1992 年版。

郭华榕、徐天新：《欧洲的分与合》，京华出版社 1996 年版。

何春超：《国际关系史（1945—1980）》，法律出版社 1997 年版。

惠一鸣：《欧洲联盟发展史》（下），中国社会科学出版社 2008 年版。

刘从德：《地缘政治学：历史、方法与世界格局》，华中师范大学出版社 1998 年版。

罗伯特·吉尔平：《国际关系政治经济学》，杨宇光译，中国经济出版社 1990 年版。

世界银行：《1984 年世界发展报告》，中国财政经济出版社 1984 年版。

王湘穗：《欧盟军事力量的发展》，载周弘主编《欧盟是怎样的力量》，社会科学文献出版社 2008 年版。

王正毅、张岩贵：《国际政治经济学——理论范式与现实经验研究》，商务印书馆 2003 年版。

伍贻康：《全球化与多极化》，载周弘《欧盟是怎样的力量》，社会科学文献出版社 2008 年版。

严双伍：《第二次世界大战与战后欧洲一体化起源研究》，武汉大学出版社 2004 年版。

叶江：《中欧关系新管窥——以国际体系转型及全球治理为视角的分析》，上海人民出版社 2015 年版。

朱淀银：《欧盟安全战略发展研究》，军事谊文出版社 2009 年版。

朱立群：《国际体系与中欧关系》，世界机械出版社 2008 年版。

朱晓青主编：《变化中的国际法：热点与前沿》，中国社会科学出版社

2012 年版。

兹比格纽·布热津斯基：《大棋局：美国的首要地位及其地缘战略》，中国国际问题研究所译，上海人民出版社 1998 年版。

　　中文期刊：

班静轩：《欧洲联盟的力量特性》，《国际关系学院学报》2011 年第 4 期。

陈新：《深析当前欧洲的地缘政治焦虑》，《人民论坛·学术前沿》2020 年第 5 期。

陈玉刚：《欧洲的方向性困惑与不确定性焦虑》，《学术前沿》2019 年第 3 期。

程卫东：《欧洲一体化的政策选择与未来走向》，《人民论坛》2020 年第 5 期。

戴炳然：《对欧洲一体化历史进程的再认识——以马克思主义哲学为方法论的一些思索》，《欧洲研究》2017 年第 1 期。

戴炳然：《后冷战时期地缘政治视野下的中欧关系》，《外交评论》2010 年第 1 期。

戴炳然：《解读〈里斯本条约〉》，《欧洲研究》2008 年第 2 期。

戴炳然：《深化与扩大的挑战：再评〈阿姆斯特丹条约〉》，《欧洲》1998 年第 1 期。

冯怡然：《超国家主义与政府间主义融合：欧盟新防务建设举措及前景》，《国际安全研究》2020 年第 5 期。

高华：《欧盟独立防务：开端、问题和前景》，《世界经济与政治》2002 年第 7 期。

葛汉文：《"退向未来"：冷战后德国地缘政治思想刍议》，《欧洲研究》2011 年第 4 期。

葛汉文：《"退向未来"：冷战后德国地缘政治思想刍议》，《欧洲研究》2011 年第 4 期。

何韵、史志钦：《欧洲议会选举视阈下的欧盟碎片化及其影响》，《现代国际关系》2019 年第 9 期。

洪延青、朱玲凤、张朝、谢晨曦：《欧盟提出"技术主权"概念，引领
　　欧盟数字化转型战略》，《中国信息安全》2020 年第 3 期。

洪邮生：《"规范性力量欧洲"与欧盟对华外交》，《世界经济与政治》
　　2010 年第 1 期。

蒋璇芳：《欧盟贸易救济立法修改述评——以 WTO 改革为背景》，《武
　　大国际法评论》2019 年第 2 期。

金玲：《"主权欧洲"：欧盟向"硬实力"转型?》，《国际问题研究》
　　2020 年第 1 期。

金玲：《"主权欧洲"、新冠疫情与中欧关系》，《外交评论》2020 年第
　　4 期。

金玲：《欧盟作为"规范性力量"面临的挑战及前景》，《当今世界》
　　2020 年第 9 期。

科林·弗林特、张晓通：《"一带一路"与地缘政治理论创新》，《外交
　　评论》2016 年第 3 期。

雷少华：《新冠疫情影响下的全球价值链》，《国际政治研究》2020 年
　　第 3 期。

李家、刘阳子：《中国对欧盟直接投资：在规制与挑战中前行》，《国际
　　贸易》2019 年第 9 期。

李明明：《欧洲一体化与欧盟政治分歧的发展》，《德国研究》2019 年
　　第 2 期。

梁雪村：《欧盟为什么需要民族国家?——兼论欧洲一体化的理论误
　　读》，《欧洲研究》2020 年第 1 期。

林德山：《2019 年欧洲议会选举及其影响评析》，《当代世界》2019 年
　　第 7 期。

倪峰：《新冠肺炎下的美国与中美关系》，《世界经济与政治》2020 年
　　第 4 期。

邱静：《中美数字科技博弈中的欧洲策略》，《现代国际关系》2020 年

第 9 期。

裴元伦：《欧盟的出路图》，《欧洲研究》2005 年第 5 期。

阮建平：《"地缘竞争"与"区域合作"：美国对"一带一路"倡议的地缘挑战与中国的应对思考》，《太平洋学报》2019 年第 12 期。

宋国友：《欧美债务危机对国际经济格局的影响》，《现代国际关系》2011 年第 12 期。

王展鹏：《"规范"和"市场"之间欧债危机背景下的欧盟力量研究》，《欧洲研究》2015 年第 2 期。

吴白乙：《后冷战国际体系变动与中欧关系》，《欧洲研究》2005 年第 5 期。

吴万宝：《欧洲安全战略之研究》，台湾：《研究与动态》2004 年第 10 期。

伍慧萍：《2019 年欧洲议会选举以来西欧民粹政党的新变化及其影响》，《当代世界》2020 年第 2 期。

伍贻康、戴炳然：《一个不对称的机构——评马约框架中的欧洲联盟》，《欧洲》1993 年第 4 期。

谢军瑞：《略论欧洲议会在欧洲联盟中职能的演变》，《国际观察》1999 年第 5 期。

忻华：《"欧洲经济主权与技术主权"的战略内涵分析》，《欧洲研究》2020 年第 4 期。

忻华：《从"欧日经济伙伴关系"的确立看欧盟对外战略布局》，《当代世界》2019 年第 6 期。

杨成玉：《欧盟复苏计划及其潜在效应》，《现代国际关系》2020 年第 8 期。

杨洁勉：《疫情和当代国际关系互动初探》，《国际问题研究》2020 年第 3 期。

杨鹰：《〈里斯本条约〉的制度创新与欧盟领导力的提升》，《国际关系学院学报》2011 年第 2 期。

叶江:《〈欧盟外国补贴白皮书〉的投资保护问题刍议》,《国际法研究》2020年第3期。

余南平:《人工智能革命背景下的大国博弈——以全球价值链的结构变化为分析视角》,《国际关系研究》2020年第1期。

# 后 记

正如开篇所言，世界百年未有之大变局深入发展，如滚滚洪流将世界各国卷入其中，如何在这股洪流中站稳脚跟，在危机中育先机，于变局中开新局，是当今世界各国都面临的首要问题。欧洲作为全球主要力量之一，自然不愿随波逐流，被主宰，被边缘化，也希望趋利避害，有所作为，在一个剧烈变化的世界中找准自己的位置，捍卫自己的利益。在这样的背景下，欧盟出台了新安全战略。过去几年来，在新安全战略的指导下，欧洲的全球行为方式发生重要变化，其所带来的地缘政治影响也已经显现并将长期发酵。通过分析欧盟新安全战略的效果及中国的应对，可以得出如下结论。

首先，仔细分析欧盟新安全战略，让人不禁产生疑问，欧盟到底要原则还是要务实？欧盟到底是要欧美联盟还是要实现战略自主？"多速欧洲"是能促进一体化还是使欧盟走向更大的分裂？欧盟新安全战略所立下的雄心壮志，初衷是好的，设计也是全面的，但由于内忧外患，新安全战略又能取得多少务实的成果呢？

一直以来，欧盟成员国的内部矛盾不断。新冠疫情以后，欧盟凝聚力被进一步削弱。波兰、匈牙利等中东欧国家近年来与欧盟及德、法等西欧国家关系持续紧张。一是这些国家拒绝接收难民特别是穆斯林难民。二是欧盟认为这些国家正在走向"专制"的道路，违反了欧盟价值观和法治原则。因为反对欧盟将资金分配与成员国的法治标准联系起来，波兰和匈牙利两国一度威胁否决欧盟2021—2027年长期预算。欧盟试图抵消中国在某些特定政策领域（如贸易、基础设施、技术、数字化，甚至思想）日益增长的影响力，但同时也会使自身的二元分化进一步扩大，① 一些市场较小的成员国对中国投资债券、港口建设的依赖程度很高，因此并不愿意参与欧盟层面的协调行动。② 2021 年 6 月 4日，匈牙利动用"一票否决权"，阻止欧盟发布一份涉港声明。这是匈牙利两个月内第三次利用否决权阻止欧盟发布涉华声明。匈牙利政府媒体办公室对此解释道："欧盟对中国的制裁是'毫无意义、狂妄和有害的'。欧盟迄今已就中国发表了多项声明。但迄今为止，还没有哪一项（声明）证明是成功的，以至于有必要再发布一项（声明）吗？"③ 如果欧盟在内部都无法坚持其一贯主张的价值观，那欧盟还需要坚持原则吗？如果成员国内难以达成协调，欧盟如何实现战略自主，甚至是"主权欧洲"？④

　　对于上述问题的回答，我们可以得出第一个结论：欧盟新安全战略是一个矛盾体，反映了欧盟在坚持价值观和追求利益、坚持原则和强调务实、坚持战略自主和加强伙伴关系、坚持一体化和强调"多速欧洲"上的摇摆不定。⑤ 欧盟新安全战略目标的实现，纵然受诸多外部因素影响和制约，但根本上仍然取决于欧盟如何处理自身存在的多个两难之

---

① The World Bank, "Global Economy to Expand by 4% in 2021 Vaccine Deployment and Investment Key to Sustaining the Recovery", https：//www. worldbank. org/en/news/press-release/2021/01/05/global-economy-to-expand-by-4-percent-in-2021-vaccine-deployment-and-investment-key-to-sustaining-the-recovery.

② Vivienne Walt, "Boxed in at the Docks：How a Lifeline from China Changed Greece", Fortune, https：//fortune. com/longform/cosco-piraeus-port-athens/.

③ 《匈牙利两个月第三次阻止欧盟发布涉华声明，德国官员急了》，2021 年 6 月 6 日，观察者（https：//baijiahao. baidu. com/s？ id=1701797400433963403 & wfr=spider & for=pc）。

④ Pol Morillas, *Strategy-Making in the EU From Foreign and Security Policy to External Action*, https：//link. springer. com/content/pdf/10. 1007%2F978-3-319-98627-2. pdf, pp. 133-147; Pol Morrillas Bassedas, "Strategy-making in the Era of Intergovernmentalism：The Policy-making Processes of the Eueopean Security Strategy（2003）and the EU Global Strategy（2016）", PhD Thesis, Universidad Autonoma de Barcelona, p. 57.

⑤ Michael E. Smith, "Implementing the Global Strategy Where It Matters Most：The EU's Credibility Deficit and the European Neighbourhood", *Contemporary Security Policy*, Vol. 37, No. 3, 2016, p. 457.

选：主权与超主权之间的两难、扩大与深化之间的两难、民主与效率之间的两难、同一与多元之间的两难、开放与安全之间的两难、自主与依赖之间的两难。①

其次，欧盟新安全战略对中欧合作而言既是机遇又是挑战，但我们在把握新安全战略下中欧关系的总体趋势的基础上，要从欧美关系、中美关系等双边关系视角，从七国集团、"D10"联盟、二十国集团、世界贸易组织、世界卫生组织、联合国等多边关系视角，甚至从更宏大的历史与现实视角（如新科技革命、数字货币、太空及网络空间等新疆域的竞争的视角）把握相互依存的世界中的中欧关系。例如，拜登就任美国第四十六任总统，预计不会弥合美中两国在贸易、投资、技术、地缘政治竞争、国家安全、人权等实质性问题上的分歧，只是其中的优先次序可能会改变，人权问题越来越受到关注。不过，中美竞争展开的基调和方式将从特朗普政府时期的单边主义转变为拜登政府时期努力与欧洲、亚洲等"志同道合"的国家建立联盟，以应对中国发展带来的挑战。在某种程度上，拜登建立联盟的做法可能会加大对世界其他国家的压力，迫使它们选边站队。② 从刚刚结束的G7峰会和欧美峰会来看，欧美正在用"正面清单"模式来取代中美和中欧投资协定的"负面清单"模式。美国2021年6月推出涉及4个行业的《供应链韧性100天回顾》，欧盟2021年2月提出"开放性战略自主"、降低"战略依附"，以及2021年5月5日欧盟委员会提出《战略依附和能力工作文件》。这等于实质上宣告中美、中欧双边投资协定的死亡，意味着过去几十年来我们与西方一起倡导的自由贸易的精神也将被管制贸易取代。中国作为世界第一大贸易国，急需找到应对之策，发挥引领作用，顶住这股投资保护主义"逆流"，积极倡导商谈多边投资协定、重启中美投资协定谈判，积极推动中欧双边投资协定签署批约。就欧美安全领域的双扩张趋

---

① 王鸿刚：《欧盟的结构性难题与一体化的未来》，《国际展望》2018年第2期。

② Hung Tran, "How the Rest of the World Responds to the US-China Split", https://www.atlanticcouncil.org/in-depth-research-reports/issue-brief/how-the-rest-of-the-world-responds-to-the-us-china-split/, pp. 2-7.

势而言，中国的应对办法就是跳到"外线"，在环印太地区采取一系列战略伴动和地缘经济动作，缓解中国家门口的压力。这里说的"外线"，指的是环绕"印太"地区的巨大"环形地带"，按逆时针方向清点的话，具体包括俄罗斯、巴基斯坦、伊朗、中东、东非、斯里兰卡、东盟、新西兰、南太平洋、拉美加勒比海地区。中国急需与这个巨大"环形地带"的国家和地区深化战略对话与实质性经贸合作。

最后，中国应制定应对欧美的"全面战略"。欧盟的对外战略强调硬实力与软实力的综合。① 在硬实力方面，欧盟善于运用包括市场准入、全球经济和监管权力以及对俄罗斯的广泛制裁等各种手段。② 此外，欧盟还将信誉视为硬实力和软实力的关键来源，③ 善于运用能源外交、文化外交、经济外交等各项政策优先事项实现战略目标。④ 欧盟对华政策文件也指出，与中国打交道，需要整体思路，要切实采用成员国连贯一致的方式，连接欧盟委员会、欧洲对外行动署和其他机构的行动。⑤ 各成员国在与中国的双边关系中，应强化已达成的欧盟立场。鉴于欧美都各自在形成应对中国的全面战略，并且形成联盟来遏制中国，中国也应从议题的内外部联系的视角，制定应对欧美的"全面战略"，综合运用军事、政治、经济、法律、外交、教育等多种手段应对遏制中国的混合威胁。

---

① Maria Mälksoo, "From the ESS to the EU Global Strategy: External Policy, Internal Purpose", *Contemporary Security Policy*, Vol. 37, 2016, pp. 374-388.

② Luis Simón, "European Strategy in Times of Geopolitical Interdependence", http://www. realinstitutoelcano. org/wps/wcm/connect/94fd2cde-d00d - 4b6d-b4f1 - 208e5165ec37/Simon-European-Strategy-in-times-of-geopolitical-interdependence. pdf? MOD = AJPERES & CACHEID = 94fd2cde-d00d-4b6d-b4f1-208e5165ec37.

③ Mai'a K. Davis Cross, "Building a European Diplomacy: Recruitment & Training to the EEAS", *European Foreign Affairs Review*, Vol. 16, No. 4, 2011, pp. 447-64.

④ Jérôme LEGRAND, Does the new EU Global Strategy deliver on security and defense?, https://www. europarl. europa. eu/RegData/etudes/IDAN/2016/570472/EXPO _ IDA% 282016% 29570472_ EN. pdf, pp. 10-18.

⑤ 房乐宪、关孔文:《欧盟对华新战略要素: 政策内涵及态势》,《和平与发展》2017年第4期。